저자 **임태승**

성균관대학교 학·석사
중국 베이징北京대학 철학박사(동양미학 전공)
미국 하버드대학교 옌칭연구소 포닥
중국 난창南昌대학, 화동華東사범대학, 산동山東대학
교수 역임
현재 성균관대학교 교수
lintsh@naver.com

유가미학 원전 선역
儒家美學 原典 選譯

임태승 역주

목차

머리말 • 6

01. 『역경(易經)』 • 16

02. 『논어(論語)』 • 23

03. 『맹자(孟子)』 • 32

04. 『순자(荀子)』 • 44

05. 「악기(樂記)」 • 72

06. 『예기(禮記)』 • 106

07. 한유(韓愈) • 122

08. 유종원(柳宗元) • 131

09. 소옹(邵雍) • 136

10. 정호(程顥)・정이(程頤) • 144

11. 주희(朱熹) • 151

12. 육구연(陸九淵) • 178

13. 왕수인(王守仁) • 181

14. 황종희(黃宗羲) • 190

15. 고염무(顧炎武) • 206

16. 왕부지(王夫之) • 222

17. 유희재(劉熙載) • 262

해제: 유가미학의 역사 개관

임태승

　유구한 중국과 동아시아의 문화예술의 역사에서 유가미학은 줄곧 주도적이고 특징적인 역할과 성격을 보여주었다. 선진(先秦)시기에 태동한 유가미학은 유학(儒學) 혹은 유교(儒敎)가 중국 및 동아시아에서 줄곧 지배이념이 되면서 예술문화의 지배원리가 되었던 것이다. 이러한 유가미학의 본질과 정수는 역대의 유가 경전과 저술에 담겨있다. 이 책은 유가의 논술 속에 담긴 미학적 담론을 선별하여 번역하고 필요한 주석을 덧붙임으로써 유가미학의 내용을 역사적으로 고찰할 수 있도록 한 것이다.
　미학이라는 담론이 처음 제시된 시기는 주대(周代)부터이다. 서주(西周)시기의 사람들은 미감과 미적 본질에 대한 인식에서 미선(美善)을 같은 뜻으로 여기고, 심미 가운데 윤리에 위배되는 일체의 반조화(反調和)적 희열이나 애원(哀怨)의 감정들을 모두 밀어냈다. 춘추시기에 이르러 사회제도가 봉건제로 옮겨가면서 사람들의 심미의식에도 커다란 변화가 일어났다. 춘추시기 심미예술, 특히 조각과 회화의 문양과 숭고한 건축물이 빠르게 발전함에 따라 사람들은 점차 시각적 심미예술형상의 숭고함과 화려함을 미(美)로 생각하게 되었다. 중국 고대에, 사람들의 미(美)와 선(善)의 관계에 대한 인식은 문(文)과 질(質)의 관계에 대한 인식과 서로 밀접한 관계가 있다. 문과 질은 서로 상대적이다. 문은 원래 가지고 있던 소질을 훗날 인위적으로 가공하여 미화한 것이다. 사람들의 질에 대한 이해와 문질(文質)의 관계에 대한 인식은 인성(人性)에 대한 인식의 심화와 밀접한 관계가 있다. 춘추 말기를 살펴볼 때, 미와 선의 관계에 대한 인식이 주로 예술의 심미에 사용됐다고 한다면, 문질관계에 대한 인식은 사람의 심미에 주로 사용되었다. 전국(戰國)시대와 그 이후의 인격미(人格美)에 대한 인식은 바로 이런 기초 아래 발전을 이룬 것이다. 서주(西周)시기의 화(和)의 철학미학사상은 춘추시대 후기에 이르러 일정 부분 정치적 요인과 맞물림으로써 화(和)하면서도 지나치지 않는다는 특성으로 진일보 발전하여 중화(中和)라는 새로운 개념을 형성하였다. 공자(孔子) 시대에 와서 중화 관념은 음양오행사상의 속박에서 벗어나 진일보 성숙하였다.

춘추시대 유가미학의 차원에서 중요한 특징은 공자(孔子)와 유가(儒家)의 심성(心性)미학 수립이다. 심성미학은 심성(心性)의 존양(存養)을 보존하고 나아가 그것을 인간세계로 이끌어 만인에게 두루 확산시키고자 하는 것이다. 먼저 심신(心身)을 조화롭게 한 다음 가정을 조화롭게 하고 나아가 사회를 조화롭게 한다는 이른바 인간의 완성과 국가의 완성이 일신(一身)에서 하나가 되는 교육 및 정치노선을 말한다. 또한 이 때문에 중국은 상고이래로 줄곧 서양의 심미문화와는 다른 길을 걸어오게 되었고, 중국고대 심미의 중심은 사람에게 있는 것이지 예술에 있지 않으며 예술의 중요성은 인간의 완성이란 기능에 있다는 특징이 확립되었다. 공자의 이른바 심성과 인간의 완성을 중시하는 사상의 영향 아래, 그의 "문질빈빈(文質彬彬)"·"낙이불음(樂以不淫)"·"진선진미(盡善盡美)" 등의 미학사상의 출현하였고, 시가(詩歌)의 기능과 관련된 흥(興)·관(觀)·군(群)·원(怨)의 분석이 나왔으며, 그리고 "흥어시(興於詩), 입어예(立於禮), 성어악(成於樂)"이라는 전인(全人)교육 과정 및 심미특징과 "지어도(志於道), 거어덕(據於德), 의어인(依於仁), 유어예(游於藝)"이란 도의와 미학이 결합한 독특한 내용들이 제시되었다. 인애(仁愛)를 기점으로 하고 중화(中和)를 영혼으로 삼으며 예(藝)를 도(道)에 종속되게 하고 수심양성(修心養性)을 통하여 사회화합에 도달하고자 함이 공자 미학사상의 특색이며, 이는 이후 이 천년에 걸쳐 전통 심미문화의 기조가 되었다.

위진(魏晉)육조는 중국 고대 심미인식이 비약적으로 발전하는 지극히 중요한 시기이다. 이 시기에 철학·정치·사상에 거대한 변화가 생기는 동시에, 심미의 중점이 인간에서 예술로, 예술의 기능이 예술의 창작으로 변하는 인식의 전환이 이루어졌다. 심미의 중점이 달라짐에 따라 미의 본질에 대한 인식에 있어서도 인간적 심미로부터 예술적 심미로의 변화가 일어났다.

당대(唐代) 심미의 전반적인 추세는, 웅장하고 씩씩함에서 수수하고 고상하게, 그리고 장려함에서 우아하고 아름다운 방향으로 흘러갔다. 당대(唐代) 심미의 이러한 변화는 한대(漢代)에서 위진(魏晉)까지의 심미의 변화와 유사하면서도 표현에 있어 다른 점이 있다. 당대(唐代) 심미에는 상외지상(象外之象)·미외지미(味外之味)의 출현으로 말미암아 일품(逸品)의 지위가 신(神)·묘(妙)·능품(能品)의 위에 오르는 변화가 일어났다. 이는 한편으로는 심미인식의 심층적인 확장을 의미함과 동시에 작품의 현실성이 약해졌음을 반영한다.

송(宋)·원(元)·명(明)은 중국 고전미학사상 발전의 성숙기이다. 그 주요 특징은 첫째, 유도불(儒道佛)의 융합이다. 둘째, 사람들의 문(文)과 도(道)의 관계에 대한 인식이 변화하였다. 문도(文道) 관계의 변화는 중국 고대에서 시종 유가사상과 유가의 도(道)의 내용변화 및 그것의 통치사상과 문예사상에서의 지위와 밀접한 관계를 가지고 있다. 셋째, 의경(意境)으로부터 운미(韻味)로의 변화 발전이다. 넷째, 창작사유의 규율에 대한 인식이 심화되었다. 송대 철학에서 유도불의 결합은 직접적으로 의경과 운미의 발전에 영향을 주는 동시에, 한 걸음 더 나아가 문예 창작사유 활동의 심화를 촉진하였다. 다섯째, 자연 심미인식의 심화이다. 유가사상을 주체로 하면서 도·불가와 연관된 관점을 흡수하고, 한걸음 더 나아가서 정치 참여와 정신적 한거(閑居), 출세(出世)와 입세(入世), 은둔의 즐거움과 부귀의 즐거움을 한데 집성하는 처세철학과 자연심미관 및 예술심미관이 탄생하였다.

청초(淸初)의 철학에서 심물관(心物觀)과 관계있는 두 가지 대립적 관점이 서로 해소되는 동시에, 심미인식도 사심(師心)과 사물(師物), 중화(中和)와 비중화(非中和), 정(情)의 중시와 이(理)의 중시, 아(雅)의 중시와 속(俗)의 중시 등 대립되는 항목들이 서로 받아들이고 영향을 주는 전면적인 변증적 인식의 양상을 보였다. 청대 중기 때 문예와 심미 관념에 다시 한 번 뚜렷한 변화가 일어났다. 중국 사대부의 높은 인격과 곧은 절개를 표현하는 동시에, 시문(詩文) 예술의 강개(慷慨)가 남김없이 드러날 것이 강조되었다. 청대 중기와 근대 초기에 이르러 청초 이래의 중국 고전 미학사상 발전은 새로운 단계에 접어들었다. 이는 대표적으로 문(文)·시(詩)·부(賦)·사(詞)·곡(曲)·서예 등의 문예발전을 전반적으로 총결한 유희재(劉熙載)의 『예개(藝概)』에 잘 나타나 있다.

이러한 발전 맥락을 갖는 유가미학의 내용은 이 책에서 20개의 전적을 중심으로 소개될 것이다. 각기 전적에 수록된 유가미학 내용의 개관은 아래와 같다.

『역경(易經)』은 고대의 점복서(占卜書)이자 유가의 중요한 경전 가운데 하나이다. 『역경』은 철학사상의 발전에 직접 영향을 미쳤을 뿐 아니라 미학사상의 발전에도 커다란 영향을 주었다. 『역경』의 음양(陰陽)·강유(剛柔)·동정(動靜) 등 기본적인 변증법 사상은, 후대에 미와 예술풍격의 기본 유형을 구분하는 데에 영향을 주었을 뿐 아니라 또한 문예창작과 문예감상에서의 많은 대립적인 심미범주의 탄생과 발전에도 일정 정도 영향을 끼쳤다.

공자(孔子: 기원전 551~기원전 479)는 이전의 미학 사상을 비교적 체계 있게 정리함으로써 자신의 미학 이론을 정립하였다. 그는 문예의 사회적 기능을 중시했으며, 흥(興)·관(觀)·군(群)·원(怨) 등의 개념을 제기함으로써 시(詩)의 특징과 기능에 대해 개괄하였다. 『논어』에는 악(樂)·문(文)·미(美)와 대(大) 등에 관한 미학 논설이 담겨있다.

맹자(孟子: 대략 기원전 390~기원전 305)는 인간이 태어나면서부터 심미적 욕구와 능력을 지닌다고 생각하고, 미감(美感)의 공동성(共同性)이란 명제를 제기하였다. 또 음악의 미감이 갖는 기능을 강조하면서 통치자가 "백성과 함께 즐거울 것[與民同樂]"을 요구하였다. 『맹자』에는 선함이 제 몸에 충만하게 채워져 있는 것을 아름답다고 한다거나 누구나 아름답다 여기는 것이 같다는 등의 미학 논설이 담겨있다.

순자(荀子: 약 기원전 313~기원전 238)는 심미와 예술의 정치적 및 교육적 기능을 중시한다. 그의「악론(樂論)」편은 체계적으로 음악이론을 논한 글이며, 그 가운데 일부는 상당히 심오한 수준을 보여준다. 순자의 인식론은 이후의 미학사상, 특히 창작에서의 물아(物我) 관계에 대한 인식에 깊은 영향을 미쳤다. 『순자』에는 온전치 못하고 순수하지 못한 것은 아름답다고 할 수 없다거나 이목(耳目)의 분별은 타고나고 성색(聲色)은 누구나 좋아한다거나,

마음에는 인지능력이 있는데 반드시 선천적인 감각에 의거한다는 등의 미학 논설이 담겨있다. 또한 묵자(墨子)가 음악을 비난한 것에 대한 반박도 주목할 만하다.

「악기(樂記)」는 중국 최초의 음악이론서이다. 전해지기로는 모두 23편이나, 11편만이 『예기(禮記)』에 편입되어 있다. 「악기」는 진(秦)나라 이전의 음악미학사상을 총결하고 있다. 심미와 예술에 연관된 중요한 문제들을 다루고 있기 때문에 깊은 연구가 필요하다. 「악기」는 또한 여러 가지 다양한 각도에서 예술과 정치의 관계를 논하는데, 특히 음악은 반드시 정치와 윤리의 제약을 받아야 한다는 점을 강조한다.

『예기』는 고대 중국의 문물제도와 유가의 관점을 연구하는데 중요한 참고서이다. 「악기」편 외에도 『예기』에는 여러 곳에서 악(樂)에 대해 논하고 있다. 그 뿐 아니라 악(樂)과 예(禮)·인(仁)의 관계에 대해서도 많이 언급하고 있다. 구체적으로 보면 『예기』에는, 애락(哀樂)의 감정과 복식(服飾)·예악(禮樂)의 기원·예(禮)와 악(樂)의 상성(相成) 관계·예(禮)의 문채와 본질·문식(文飾)과 덕행(德行) 등에 관한 미학 논설이 담겨있다.

문학이론 방면에서 한유(韓愈: 768~824)는 "불평즉명(不平則鳴)"이라는 논점을 제기했다. 그는 이것이 자연계와 인간사회 및 문학 창작 등에 공통적으로 존재하는 현상이며, 또한 물(物)과 물(物) 및 물(物)과 자신 사이의 모순이 격렬해져 나오는 표현이라고 생각했다. 한유(韓愈)는 문(文)과 도(道), 기(氣)와 언(言) 등의 관계를 논했을 뿐 아니라 세상이 진귀하게 여기는 글은 필시 평범한 글이 아니라거나 문장은 반드시 그 안에 뜻이 있어야 한다거나 글은 옛 성현(聖賢)의 뜻을 법 삼아야 한다는 등의 미학 논설을 남겼다.

유종원(柳宗元: 773~819)은 명확히 "문학은 도(道)를 밝히는 것"이라는 주장을 제기했다. 유종원의 이러한 주장 및 기타 몇몇 문학에 관한 주장은 모두 한유(韓愈)의 주장과 같거나 가까운 것이다. 그는 사람의 생활이란 여러 방면이 필요하다고 생각했으며, 이 때문에 문예의 체재와 취미 및 풍격은 마땅히 다양해야 한다고 여겼다.

소옹(邵雍: 1011~1077)의 물아(物我)관계에 관한 논술은 도학가(道學家)의 철학사상과 심미관점을 드러내고 있다. 그는 "도(道)로써 도(道)를 보고, 성(性)으로써 성(性)을 보며, 마음으로써 마음을 보고, 몸으로써 몸을 보며, 물(物)로써 물(物)을 볼 것"을 제창했다. 그는 이물관물(以物觀物)과 이아관물(以我觀物), 작시(作詩)와 관물(觀物) 등에 대한 미학적 견해를 남겼으며, 사람들의 마음과 천지의 이치는 모두 시(詩)에 의해 전해진다거나 글을 다듬으면 좋은 구절을 얻고 뜻을 다듬으면 여운을 얻게 된다는 등의 미학 논설을 남겼다.

정호(程顥: 1032~1085)와 정이(程頤: 1033~1107) 형제는 철학적으로 북송이학(北宋理學)의 기초를 닦았다. 문예사상의 측면에서 그들은, 글을 짓는 것은 도(道)를 해치는 것이며 시(詩)를 배우는 것은 일의 도모를 방해한다는 이른바 문(文)과 도(道)는 양립할 수 없다는 주장을 강하게 제기하였다. 이정(二程)은 시작(詩作)은 일의 도모를 방해하고 작문(作文)은 도의 체득을 방해한다거나 마음속에 화순함이 있으면 외면으로 자연스레 광채가 드러난다는 등의 미학 논설을 남겼다.

주희(朱熹: 1130~1200)는 "도(道)는 문(文)의 근본이요, 문(文)은 도(道)의 지엽(枝葉)"이며, "문(文)은 모두 도(道)로부터 나온다."고 생각했다. 이러한 관점은 송대(宋代)의 다른 도학자(道學者)들의 관점과 본질적으로 일치하는 것이다. 즉 전통윤리도덕이 가장 지고한 것임을 설파하고 예술의 가치를 부정한 것이다. 그는 흥(興), 자연(自然)과 인공(人工), 야일(野逸)과 농염(濃艷), 리(理)와 상(象) 등에 대하여 미학적 견해를 제시하였다. 또한 그는 문자의 쓰임은 반드시 뜻을 드러내고 이치를 담아야 한다거나, 내면의 덕을 갖춘 다음에 언사(言辭)에 수식을 더해야 한다거나, 문장은 멋을 내기보다는 온후하고 차분한 풍치를 담아야 한다는 등의 미학 논설을 남겼다.

육구연(陸九淵: 1139-1193)은 언(言)과 문(文)이 모두 자기 마음으로부터 나오며 "마음으로 마음을 이해하는 것"이라 생각했다. 이로써 그는 시문(詩文)이 현실로부터 나오는 것이란 점을 근본적으로 부정했다. 그는 또 도(道)가 곧 예(藝)이며 예(藝)가 곧 도(道)라고 생각했으며, 정감을 표현하는 문예(文藝)를 예(藝)로 인정하지 않았다.

왕수인(王守仁: 1472~1528)은, 예술이란 현실에서 나오는 것이 아니고 "내 마음의 상도(常道)"에서 비롯되는 것이라고 여겼다. 도(道)는 근본이며, 문(文)이란 이 도(道) 안에 포함되어있다는 것이다. 사람들이 오직 도(道)에 전념하면 문사(文辭)의 기능은 저절로 나온다고 보았다. 그는 옛사람의 다스림은 우선 사람의 마음을 화평케 한 후 음악을 만들었다고 하며 고악(古樂)의 회복을 주장했으며, 예(禮)가 밖으로 드러난 것이 문(文)이요 문이 그 안에 있는 것이 예라는 등의 미학 논설을 남겼다.

이지(李贄: 1527~1602)의 문예사상의 핵심은 동심설(童心說)이다. 그는 천하의 가장 아름다운 문예작품은 동심에서 나온다고 생각하였다. 동심은 진심(眞心)이고, 마음의 시초이며, 최초의 본심이라는 것이다. 그는 자연스레 성정(性情)에서 나오면 저절로 예의(禮義)에 합당해진다거나, 거문고란 그 마음을 읊는 것이라는 등의 미학 논설을 남겼다.

원굉도(袁宏道: 1568~1610)는 서로 다른 시대의 문학작품에 나타난 체재와 풍격을 답습해선 안 되며, 문체(文體)는 날로 변화하고 글을 짓는 마음도 날로 공교해지므로 옛것이 더 나을 수 없고 나중 것이 더 떨어질 것도 없으니, 다만 각기 그 변화를 궁구하고 그 풍취를 지극히 하면 그것이 바로 좋은 작품이라고 생각했다. 이 때문에 원굉도는 "성정(性情)을 좇아 거리낌 없이 발산"하라는 성령설(性靈說)을 주장하였다. 그는 시대에는 변화가 있고 문장에는 고금(古今)이 있으니, 오늘날의 일은 오늘의 방식으로 하듯 오늘날의 문장은 오늘에 맞게 해야 함을 주장했다. 또한 그는 읊는 바가 진실하지 않으면 들어도 감동이 없다거나, 글을 짓는 마음과 물의 기능은 같은 종류면서 형태만 다르다는 등의 미학 논설을 남겼다.

원중도(袁中道: 1570-1623)는 문학예술이 부단히 변화하는 가운데 발전하는 것이며, 그 발전의 동력은 문예에서의 주정(主情)과 주법(主法) 두 창작사상 내지 창작방법의 투쟁이라고 생각하였다. 그는 정(情)과 경(景), 자연(自然)과 인공(人工), 야일(野逸)과 농염(濃艶), 식(識)·재(才)·학(學)·담(膽)·취(趣) 등에 대한 미학적 견해를 피력했으며, 또한 문장에는 변해야하는 세(勢)가 있는데 담대한 자가 처음으로 바꾼다거나, 의(意)로 법(法)을 이끌어야 좋은 시문(詩文)이 나온다거나, 시는 성령(性靈)을 드러내는 것이 가장 중요하다는 등의 미학 논설을 남겼다.

황종희(黃宗羲: 1610-1695)는 지극한 문장은 지극한 정(情)에서 나온다고 생각했다. 이러한 지극한 정이 곧 '천지의 원기(元氣)'이고 '천지의 양기(陽氣)'라고 본 것이다. 그는 생각하기를, 위기가 닥칠 때 천지가 막히고, "양기가 아래에 있으면 중양(重陽)이 붙들어 매니 곧 격분하여 우레가 된다."고 하였다. 이래야만 가장 좋은 문장이 생겨난다는 것이다. 그는 시(詩)와 성정(性情), 문장의 리(理)와 정(情), 태각체(台閣體)와 산림체(山林體)의 문장, 흥(興)·관(觀)·군(群)·원(怨) 등에 대하여 미학적 견해를 남겼다.

고염무(顧炎武: 1613~1682)는 문예사상에서 실(實)을 주장했다. 이른바 실(實)이란, 글이 세상일을 바로잡고 그림은 사실을 창작의 소재로 삼아 정감과 문예가 일치됨으로써 사람으로 하여금 선행(善行)을 본받고 나쁜 일은 경계하게 하여 세상에 이롭도록 하려는 것을 말한다. 그래서 그는 글은 반드시 천하에 이로워야 한다고 주장했다. 또한 그는 교언(巧言), 시의 음운, 시의 제목, 시와 악(樂) 등에 대하여 미학적 견해를 남겼다.

왕부지(王夫之: 1619~1692)는 생각하기를, 객관적 현실 자체가 바로 미

(美)이며 이러한 미는 사물의 운동 중에 생성되고 발전한다고 여겼다. 예술가는 이러한 현실미(現實美)를 진솔하게 반영해야만 예술미(藝術美)를 창작할 수 있다고 보았다. 왕부지는 또 우수한 작품은 모두 안으로는 재정(才情)을 지극히 하고, 밖으로 물리(物理)를 두루 살피고 있다고 생각했다. 아울러 그는 상당한 편폭에 걸쳐 문(文)과 질(質), 정(情)과 경(景), 비(比)와 흥(興), 의(意)·상(象)·세(勢), 시(詩)와 이(理), 시(詩)와 의론(議論), 시(詩)와 사(史), 시(詩)와 악(樂) 등의 주제에 대하여 미학적 견해를 남겼다.

유희재(劉熙載: 1813~1881)가 지은 『예개(藝槪)』의 내용은 문(文)·시(詩)·부(賦)·사곡(詞曲)·서예(書藝) 등의 영역을 망라한다. 이 책에서 그는 특히 예술풍격·창작수법·작품의 의경(意境)·작가의 수양 등 문제에 대해 깊이 있는 분석을 하였다. 유희재는 사실상 유가미학의 총결자라고 봐도 무방하다.

1. 『역경(易經)』

　天尊地卑, 乾坤定矣. 卑高以陳, 貴賤位矣. 動靜有常, 剛柔斷矣. 方以類聚, 物以群分, 吉凶生矣. 在天成象, 在地成形, 變化見矣.(「繫辭上」)

　하늘은 존귀하고 땅은 비천하니 이로써 건괘(乾卦)와 곤괘(坤卦)의 구별이 정해졌다. 하늘의 높음과 땅의 낮음의 위치가 배열됨으로써 건괘의 귀하고 곤괘의 천한 지위가 정해진 것이다. 하늘의 움직이는 것과 땅의 고요함은 일정하며, 하늘의 강건함과 땅의 유연함 또한 분별이 있다. 사람〈원문에서의 "方"은 "人"의 誤字〉은 유별(類別)에 따라 합하고 만물은 무리에 따라 나뉘니, 그 상호 작용에 따라 길(吉) · 흉(凶)이 생겨난다. 하늘에서의 해 · 달 · 별 · 바람 · 우레 · 구름 · 비 등은 각종 현상을 만들고, 땅에서의 산(山) · 천(川) · 초(草) · 목(木) · 조(鳥) · 수(獸) 등은 대지의 형상을 조성했는데, 이러한 하늘과 땅의 현상은 변화 발전을 보여준다.

　聖人有以見天下之賾, 而擬諸其形容, 象其物宜, 是故謂之象.(「繫辭上」)

　성인(聖人)은 역괘(易卦)를 가지고 천하 만물의 번잡한 현상을 보여주며, 나아가 적합한 상징으로써 사물의 표상을 비유하고 사물의 특성을 드러내니, 이에 그것을 일러 괘상(卦象)이라 한다.

　子曰: "知變化之道者, 其知神之所爲乎. 『易』有聖人之道四焉, 以言者尙其辭, 以動者尙其變, 以制器者尙其象, 以卜筮者尙其占." …… 參伍以變, 錯綜其數. 通其變, 遂成天下之文; 極其數, 遂定天下之象. 非天下之至變, 其孰能與於此?(「繫辭上」)

공자(孔子)가 말하였다. "음양변화의 이치를 아는 이는 신(神)의 조화를 알 것이다. 『역경』에 성인(聖人)의 도(道)가 네 가지 있다. 『역경』을 가지고 일을 논의할 때는 역괘(易卦)의 괘사(卦辭)·효사(爻辭)를 숭상하고, 『역경』을 가지고 행동을 하려 할 때는 음양변화의 이치를 중시하며, 『역경』을 가지고 기물(器物)을 만들려 할 때는 역괘(易卦)의 괘상(卦象)을 존중하고, 『역경』을 가지고 길흉을 묻는 점을 칠 때는 역괘(易卦)의 점괘(占卦)를 중시한다." …… 역괘(易卦) 각 효(爻)의 변화를 통해 각기 괘(卦)의 수를 복잡하게 얽음으로써 그 역괘의 변화를 완전히 이해하면 천하 만물 변화에 관한 형상을 만들어낼 수 있다. 역괘의 수(數)의 복잡한 관계를 궁구하면 천하 만물 변화의 현상을 판단할 수 있다. 만약 천하의 지극히 복잡한 변화의 법칙이 아니라면 다른 무엇이 이러한 정도에 이를 수 있단 말인가?

子曰: "夫『易』, 何爲者也? 夫『易』, 開物成務, 冒天下之道, 如斯而已者也." …… 是故闔戶謂之坤, 闢戶謂之乾. 一闔一闢謂之變, 往來不窮謂之通. 見乃謂之象, 形乃謂之器, 制而用之謂之法, 利用出入, 民咸用之謂之神. 是故『易』有太極, 有生兩儀. 兩儀生四象, 四象生八卦, 八卦定吉凶, 吉凶生大業. 是故法象莫大乎天地, 變通莫大乎四時, 縣象著明莫大乎日月, 崇高莫大乎富貴, 備物致用, 立成器以爲天下利, 莫大乎聖人, 探賾索隱, 鉤深致遠, 以定天下之吉凶, 成天下之亹亹者, 莫大乎蓍龜. 是故天生神物, 聖人則之. 天地變化, 聖人效之. 天垂象, 見吉凶, 聖人象之. 河出圖, 洛出書, 聖人則之.(「繫辭上」)

공자(孔子)가 말하였다. "대체 『역경』이란 무엇인가? 『역경』은 사물의 진상(眞象)을 드러내고 일의 방법을 확정하며 천하 사물의 도리를 포괄하는 책이다. 『역경』의 기능은 대체로 이렇다." …… 이런 까닭에 문을 닫는 것을 곤(坤)

이라 하고, 문을 여는 것을 건(乾)이라 한다. 한 번 닫고 한 번 여는 것을 변화라 하고, 가고 옮에 막힘이 없는 것을 통한다고 말한다. 표상을 드러내는 것을 상(象)이라 하고, 형체를 갖춘 것을 기(器)라 한다. 만들어서 사용하게 하는 것을 규범이라 하고, 이 규범을 이용함에 때로 나오고 때로 들어가는 변화의 움직임이 있는데 사람들이 모두 그것을 이용하는 것을 일러 신묘(神妙)라 한다. 그러므로 『역경』의 이치에는 태극이 있다. 태극이 하늘과 땅을 낳고, 하늘과 땅은 사시(四時)를 낳으며, 사시(四時)는 팔괘를 낳고, 팔괘는 길흉을 정하며, 길흉은 사업의 미래를 결정한다. 따라서 법상(法象)으로는 천지(天地)보다 큰 것이 없고, 변화하고 통하는 것으로는 사시(四時)의 순환보다 큰 것이 없으며, 현상의 밝게 드러남은 일월(日月)보다 큰 것이 없고, 사업의 숭고함으로는 부귀보다 큰 것이 없다. 온갖 물자를 준비하여 여러 가지 쓰임에 적용하고 많은 기물을 고안해 내어 천하를 이롭게 하는 데는 성인(聖人)보다 더 위대한 이는 없다. 복잡하고 은미한 정황을 탐색하며 깊은 곳과 먼 곳을 탐구하여 천하 사물의 길흉을 판정함으로써 사람들로 하여금 천하의 사업을 완성하도록 권면하는 데는 시점귀복(蓍占龜卜)의 작용보다 더 큰 것은 없다. 이런 까닭에 하늘이 신령스런 물건을 내리니 성인(聖人)이 그를 법칙삼고 천지(天地)의 천변만화(千變萬化)를 성인(聖人)이 본받으며, 하늘이 표상을 내리어 길흉을 보이니 성인(聖人)이 그를 본떴다. 황하(黃河)에서 그림이 나오고 낙수(洛水)에서 글이 나오니 성인(聖人)이 또 그것을 법칙으로 삼았다.

　　子曰: "書不盡言, 言不盡意." 然則, 聖人之意, 其不可見乎? 子曰: "聖人立象以盡意, 設卦以盡情僞, 繫辭焉以盡其言, 變而通之以盡利, 鼓之舞之以盡神." …… 是故形而上者謂之道, 形而下者謂之器, 化而裁之謂之變, 推而行之謂之通, 擧而錯之天下之民謂之事業.(「繫辭上」)

공자(孔子)가 말하였다. "본디 글은 하고잔 말을 다 드러내지 못하고, 말은 드러내려한 뜻을 다 밝히지 못하는 법이다." 그러면 성인(聖人)의 도(道)는 정녕 알 수가 없는 것인가? 공자가 말하였다. "그래서 성인은 상징을 통해 그 도(道)를 드러내고, 괘를 만들어 사람의 본성과 행할 바를 나타내며, 괘(卦)와 효(爻)에 설명을 붙여 표상으로써 다 하지 못한 말을 다 하였다. 여기에 더해 변통으로써 이로움을 극진히 하고 백성들을 고무하여 그 신묘함을 다하는 것이다." …… 형이상(形而上)의 것을 도(道)라 하고, 형이하(形而下)의 것을 기(器)라 한다. 이 도(道)와 기(器)를 결합하여 조절하는 것을 변(變)이라 하고, 결합된 이 둘을 운용케 하는 것을 통(通)이라 한다. 도(道)와 기(器)를 천하의 백성에게 조처하는 것을 사업(事業)이라 한다.

古者包犧氏之王天下也, 仰則觀象於天, 俯則觀法於地, 觀鳥獸之文與地之宜, 近取諸身, 遠取諸物[1], 於是始作八卦, 以通神明之德, 以類萬物之情. 作結繩而爲罔罟, 以佃以漁, 蓋取諸「離」. 包犧氏沒, 神農氏作, 斲木爲耜, 揉木爲耒, 耒耨之利, 以敎天下, 蓋取諸「益」. 日中爲市, 致天下之民, 聚天下之貨, 交易而退, 各得其所, 蓋取諸「噬嗑」. 神農氏沒, 黃帝堯舜氏作, 通其變, 使民不倦, 神而化之, 使民宜之. 『易』窮則變, 變則通, 通則久. 是以自天祐之, 吉無不利. 黃帝堯舜垂衣裳而天下治, 蓋取諸「乾」「坤」. 刳木爲舟, 剡木爲楫, 舟楫之利, 以濟不通, 致遠以利天下, 蓋取諸「渙」. 服牛乘馬, 引重致遠, 以利天下, 蓋取諸「隨」. 重門擊柝, 以待暴客, 蓋取諸「豫」. 斷木爲杵, 掘地爲臼, 臼杵之利, 萬民以濟, 蓋取諸「小過」. 弦木爲

---

1. "근취제신(近取諸身), 원취제물(遠取諸物)": 근취제신(近取諸身)이란 말은 나중에 철학적인 개념으로 발전하였는데, 이 경우는 자연의 이법(理法)을 스스로 체험으로부터 터득한다는 뜻이다.

弧, 剡木爲矢, 弧矢之利, 以威天下, 蓋取諸「睽」. 上古穴居而野處, 後世聖人易之以宮室, 上棟下宇, 以待風雨, 蓋取諸「大壯」. 古之葬者, 厚衣之以薪, 葬之中野, 不封不樹, 喪期無數, 後世聖人易之以棺槨, 蓋取諸「大過」. 上古結繩而治, 後世聖人易之以書契, 百官以治, 萬民以察, 蓋取諸「夬」.(「繫辭下」)

옛날에 포희씨(包犧氏)가 천하에 왕 노릇할 때, 우러러서는 하늘의 상(象)을 관찰하고, 아래로는 땅의 법(法)을 관찰하며, 새와 짐승의 문채(文彩)와 땅의 마땅한 바를 관찰하여 가까이는 내면의 덕을 살피고 멀게는 천지만물의 정상(情狀)을 파악하였다. 이에 비로소 팔괘(八卦)를 만들어 신명(神明)의 덕(德)과 회통(會通)하며 만물의 정상(情狀)을 분류하고 구분하였다. 끈으로 매듭 지어 그물을 만들어서 짐승을 사냥하고 물고기를 잡는 것은 대개 이괘(離卦)에서 취한 것이다. 포희씨(包犧氏)가 죽으니 신농씨(神農氏)가 일어나서, 나무를 깎아 보습을 만들고 나무를 휘어 쟁기를 만들었다. 신농씨는 이러한 갈고 매는 이(利)를 천하에 가르쳤는데, 이것은 대개 익괘(益卦)에서 취한 것이다.〈또 신농씨는〉낮에 시장을 열어 천하의 백성들을 오게 하고 천하의 화물(貨物)을 모이게 함으로써 물건을 바꾸어 가게 하여 각기 필요한 것을 얻도록 하였다. 이는 대개 서합괘(噬嗑卦)에서 취한 것이다. 신농씨가 죽은 뒤로 황제(黃帝)·요(堯)·순(舜) 등 어진 성군(聖君)이 일어났다. 그들은 천지만물의 변화하는 원리에 통달하여 백성들로 하여금 지치지 않게 하고, 여기에 신묘한 음양의 변화를 더해 백성들로 하여금 각기 그 마땅한 바를 얻게 하였다. 『역경』의 법칙은 궁극에 이르면 변화하고 변화하면 통하며 통하면 그 변화의 이치가 오래간다는 것이다. 그리하여 하늘로부터 돕게 되니 길하며 이롭지 않은 것이 없게 된다. 황제(黃帝)·요(堯)·순(舜)은 작위(作爲)를 하지 않아도 천하가 크게 다스려졌는데, 이는 대개 건괘(乾卦)와 곤괘(坤卦)에서 취한 것이다. 나무를 쪼개서 배를 만들고 나무를 깎아서 노를 만드니, 배와 노의 이로움으로써 통하지 않던 곳을 지나게 되어 먼 곳의 것을 가져오게 되어 천하의 이롭게 하였다. 이는 대개 환괘(渙卦)에서 취한 것이다. 소를 길들이고 말을 타게 하여 무거운 것을 끌어 먼 곳으로 옮김으로써 천하를 이롭게 하였는데, 이는 대개 수괘(隨卦)에서 취한 것이다. 이중문(二重門)을 설치하고 야간에 딱딱이를 쳐서 난폭한 외부자를 경계하게 하였는데, 이는 대개 예괘(豫卦)에서 취한 것이다. 나무를 잘라서 절굿공이를 만들고 땅을 파서 절구를 만드니, 절구와 공이의 이로움이 만백성을 구제하였다. 이는 대개 소과괘(小過卦)에서 취한 것이다. 나무를 구부려 시위를 잡아매어 활을 만들고, 나무를 꺾어 화살을 만들었다. 활과 화살의 이로움이 천하에 위용을 떨치게 하니, 이는 대개 규괘(睽卦)에서 취한 것이다. 옛날에는 동굴이나 들에서 살았다. 나중에 성인(聖人)이 궁실을 지어 사람들의 주거방식을 바꾸었다. 위에는 마룻대를 세우고 아래에는 서까래를 놓아 바람과 비에 대비하게 하였다. 이는 대개 대장괘(大壯卦)에서 취한 것이다. 옛날에 장사를 지낼 때 섶으로 두텁게 싸서 들판에 장사지냈다. 봉분을 만들거나 나무를 심지도 않았으며 장사 기간도 일정한 시일이 없었다. 그런데 후세에 성인(聖人)이 섶 대신 관을 써서 장사 지내는 것으로 바꾸었는데, 이는 대개 대과괘(大過卦)에서 취한 것이다. 옛날에는 끈을 매듭 지어 뜻을 밝혀 다스렸다. 그런데 후세에 성인(聖人)이 서계(書契)로 기사(記事)의 방법을 바꾸어 백관(百官)으로 하여금 서계를 써서 정무(政務)를 처리하게 하였고 만백성으로 하여금 서계를 통해서 지난 일을 알게 하였다. 이는 대개 쾌괘(夬卦)에서 취한 것이다.

    子曰, …… 夫『易』…… 其稱名也小, 其取類也大; 其旨遠, 其辭文; 其言曲而中, 其事肆而隱; 因貳以濟民行, 以明失得之報.(「繫辭下」)

    공자(孔子)가 말하였다. "무릇『역경』에서 …… 그 이름으로 일컫는 것은 작으나 그것이 같은 부류를 포괄하면 그 범위는 큰 것이다. 그 뜻은 함축하는 바가 있어 심원(深遠)하고, 그 글은 상징하는 바가 있어 문채(文彩)가 있다. 그 말은 완곡하나 만사의 이치에 들어맞는다. 설명하는 일은 직접적이나 함축하는 바가 있다. 사람들이 의혹하는 데에는 점사(占辭)를 통해 그들의 행동을 이끌어내고, 이로써 선악에 대한 길흉의 응보(應報)를 밝혀준다."

『易』之爲書也, 廣大悉備, 有天道焉, 有人道焉, 有地道焉. 兼三材而兩之, 故六; 六者非他也, 三材之道也. 道有變動故曰爻, 爻有等故曰物, 物相雜故曰文, 文不當故吉凶生焉.(「繫辭下」)

『역경』이란 책은 그 내용이 넓고 커서 모든 것이 다 갖추어져 있다. 그 속에는 천도(天道)도 있고 인도(人道)도 있으며 지도(地道)도 있다. 또한 천지인(天地人) 삼재(三才)를 가지고 그것으로 각각 두 효(爻)씩을 나타내게 하니 한 괘(卦)는 곧 육효(六爻)가 된다. 육효라는 것은 다른 것이 아니다. 하늘과 땅과 사람의 법칙, 즉 삼재(三才)의 법칙을 보인 것이다. 법칙은 언제나 변화하는데 효(爻)는 바로 그 변화를 표시하는 것이다. 효(爻)의 위치상 구별이 있는데 양효(陽爻)와 음효(陰爻)가 그것이다. 이 양효와 음효가 서로 섞여 있기에 괘상(卦象)이 이루어지는 것이다. 음양의 뒤섞임이 온당하지 않은 까닭에 길하고 흉한 일이 생겨나는 것이다.

將叛者其辭慚, 中心疑者其辭枝. 吉人之辭寡, 躁人之辭多, 誣善之人其辭游, 失其守者其辭屈.(「繫辭下」)

장차 배반을 하려는 자의 말에는 어딘지 부끄러움이 배어 있고, 마음속에 의심이 있는 자의 말은 논리가 정연하지 못하다. 덕이 있는 자의 말은 적고, 조급한 자는 말이 많으며, 선한 것을 악한 것으로 무고(誣告)하는 자의 말은 갈피를 잡지 못하고, 자신의 굳은 지조를 잃어버린 자의 말은 비굴하다.

2. 『논어(論語)』

　子曰: "弟子入則孝, 出則弟, 謹而信, 汎愛衆, 而親仁. 行有餘力, 則以學文."(「學而」)

　공자가 말하였다. "제자들은 집에 들어와서는 효도하고 밖에 나가서는 공손해야 할 것이며, 신중히 행동하고 신의를 지키며, 널리 사람들을 사랑하되 어진 이를 가까이 해야 할 것이다. 이러한 것들을 행하고도 남는 힘이 있으면 글을 배워야 할 것이다."

　子貢曰: "貧而無諂, 富而無驕, 何如?" 子曰: "可也, 未若貧而樂, 富而好禮者也." 子貢曰: "『詩』云, '如切如磋, 如琢如磨', 其斯之謂與?" 子曰: "賜也, 始可與言『詩』已矣, 告諸往而知來者."(「學而」)

　자공(子貢)이 말하였다. "가난해도 아첨하지 않고, 부유해도 교만하지 않는다면 어떻습니까?" 공자가 말하였다. "괜찮기는 하다. 하지만 가난하면서도 도를 즐기고, 부유하면서도 예를 좋아하는 것만은 못하다." 자공이 말했다. "『시경』에 '끊는 듯이, 가는 듯이, 쪼는 듯이, 가는 듯이 한다.'고 하였는데, 그것은 이 말을 두고 한 것입니까?" 공자가 말하였다. "사(賜)야! 비로소 너와 더불어 시를 논할 수 있겠다. 지나간 일을 일러주니 앞으로 올 일을 아는구나."

　子曰: "『詩』三百, 一言以蔽之, 曰: '思無邪.'"(「爲政」)

　공자가 말하였다. "『시경(詩經)』 삼백 편을 한 마디로 말하자면 '생각에 사특함이 없다.'는 것이다."

　子曰: "人而不仁, 如禮何? 人而不仁, 如樂何?"(「八佾」)

공자가 말하였다. "사람으로서 인(仁)하지 않으면 예(禮)는 배워 무엇 하며, 사람으로서 인(仁)하지 않으면 악(樂)은 배워 무엇 하겠는가?"

子夏問曰: "'巧笑倩兮, 美目盼兮, 素以爲絢兮.' 何謂也?" 子曰: "繪事後素." 曰: "禮後乎?" 子曰: "起予者, 商也, 始可與言『詩』已矣!"(「八佾」)

자하(子夏)가 물었다. "'예쁜 웃음에 보조개며 아름다운 눈에 눈동자여! 흰색으로써 채색을 완성한다.'고 하니 무엇을 말하는 것입니까?" 공자가 말하였다. "수를 놓고 그림 그리는 일은 흰 색을 뒤에 더 하는 것이다." 〈자하가 말하길〉 "예(禮)를 〈내면의 덕성을 먼저 갖춘 다음〉 그 뒤에 더하는가 봅니다."라고 하였다. 이에 공자가 말하였다. "나를 일으킨 자는 상(商 : 子夏)이다. 비로소 가히 더불어 시를 말할 수 있겠다."

子曰: "「關雎」樂而不淫, 哀而不傷."(「八佾」)

공자가 말하였다. "『시경(詩經)』의 「관저(關雎)」는 그 소리가 중화(中和)를 얻어서 즐거우면서도 지나치지 않고 슬프면서도 마음을 상하게 하지 않는다."

子謂「韶」: "盡美矣, 又盡善也." 謂「武」: "盡美矣, 未盡善[2]

---

2. "진선진미(盡善盡美)": 소(韶)는 순(舜) 시대의 악무(樂舞)이고, 무(武)는 무왕(武王) 시대의 악무(樂舞)이다. 순(舜)은 요(堯)의 뒤를 이어서 정치를 잘 한 제왕이자 성인(聖人)이다. 무왕(武王)은 상(商)의 폭군 주(紂)를 무력으로 제압하여 주(周)의 건국에 공이 큰 인물이다. 순(舜)은 요(堯)의 선양에 의해 제왕이 되었으나, 무왕(武王)은 피를 부르는 정벌을 통해 왕자(王者)의 위치에 올랐으니 양자의 차이가 분명하다. 따라서 이러한 차이가 악무(樂舞)에도 반영되어 있으니, 순(舜) 시대의 악무(樂舞)는 예술적 아름다움에 덕성(德性)의 아름다움까지 더했다[盡善盡美]고 하는 것이다.

也."(「八佾」)

공자가 순(舜)의 음악인 소(韶)에 대해 비평하기를, "아름다우면서도 또한 선하다."라고 하였다. 또 주(周) 무왕(武王)의 음악인 무(武)를 비평하여 말하기를, "아름답기는 하나 선(善)하지는 못하다."라고 하였다.

子貢問曰: "孔文子何以謂之'文'也?" 子曰: "敏而好學, 不恥下問, 是以謂之'文'也."(「公冶長」)

자공(子貢)이 물었다. "공문자(孔文子)를 어찌하여서 문(文)이라 이르십니까?" 공자가 말하였다. "민첩하면서 배우기를 좋아하며 아래 사람에게 묻기를 부끄러워하지 않기에, 문이라 이른 것이다."

子曰: "質勝文則野[3], 文勝質則史. 文質彬彬, 然後君子."(「雍也」)

공자가 말하였다. "내면의 자질이 외면의 문채보다 지나치면 촌스럽고, 외면이 내면보다 지나치면 성실함이 부족해진다. 문(文)과 질(質)이 적절해야 비로소 군자라 할 수 있다."

子曰: "知之者不如好之者, 好之者不如樂之者."[4](「雍也」)

공자가 말하였다. "아는 자는 좋아하는 자만 못하고, 좋아하는 자는 즐기는

---

3. "질승문즉야(質勝文則野)": 내면의 도덕적 바탕이 적절함을 넘어서서 너무 숭고해지면 현실감이나 상규(常規)로부터 멀어지게 되니 오히려 거칠고 촌스럽게 된다는 것이다.

4. 지(知)는 외재적 지식을 말한다. 호(好)는 자기 마음속으로부터 우러나오는 요구로서, 주·객체간의 거리를 없앤 것이라 할 수 있다. 반면 락(樂)은 즐거움의 경지와 그러한 즐거움의 상태를 만들어 준 대상이 완전히 하나로 융합된 상태를 말한다. 유가에서 말하는 즐거움[樂]의 경지는 사람이 인(仁)과 성(誠)을 경험할 때 일종의 내심의 유열(愉悅)을 느낀다는 것이다.

자만 못하다."

子曰: "知者樂水, 仁者樂山. 知者動, 仁者靜. 知者樂, 仁者壽."[5](「雍也」)

공자가 말하였다. "지혜로운 자는 물을 좋아하고 어진 자는 산을 좋아하는데, 지혜로운 자는 동적(動的)이고 어진 자는 정적(靜的)이기 때문이다. 지혜로운 자는 즐기고 어진 자는 오래 산다."

子曰: "君子博學於文, 約之以禮, 亦可以弗畔矣夫!"(「雍也」)

공자가 말하였다. "문(文)을 널리 배우고 예(禮)로써 단속하면, 또한 가히 〈道에서〉 어긋나지 않을 것이다."

子曰: "志於道, 據於德, 依於仁, 遊於藝."(「述而」)

공자가 말하였다. "일단은 도(道)에 뜻을 둠에서부터 비롯하고, 다음으로 덕(德)과 인(仁)에 근거하여 모든 것을 이루니, 이러한 면모들을 모두 충족할 수 있는 경지에 이르면 비로소 예(藝)를 즐김으로써 더욱 넉넉해 질 수 있다."

子在齊聞「韶」, 三月不知肉味, 曰: "不圖爲樂之至於斯也."(「述而」)

---

5. 자연에 대한 감상은 정신 속에 내재된 도덕과의 감응에 의해 이루어짐을 암시하는 대목이다. 사람의 정신적 품격이 다른 만큼 자연산수에 대한 애호도 다른 법이다. 지자(知者)는 사태파악과 일 처리에 능하니 그 자신이 동적(動的)이다. 지자(知者)가 물을 좋아하는 것은 물이 쉼 없이 흐르는 동(動)의 특징, 즉 자기와의 유사성을 지녔기 때문이다. 너그럽고 침착한 인자(仁者)는 정적(靜的)이다. 인자(仁者)가 산을 좋아하는 것은 만물을 떠안고 기르는 산의 장엄함과 넉넉함이 자신의 취향과 흡사한 정(靜)의 이미지를 지녔기 때문이다.

공자가 제(齊)에 있으면서 소악(韶樂)를 듣고 석 달 동안 고기 맛을 알지 못하며 말하였다. "악(樂)을 만든 것이 이렇게까지 이르렀는지는 생각지 못하였다."

子曰: "興於『詩』, 立於禮, 成於樂."(「泰伯」)

공자가 말하였다. "시(詩)에 대한 공부를 통해 세계에 대한 서사(敍事)적 이해를 도모하고, 나아가 예(禮)를 익힘으로써 나를 사회에 적응시키며, 궁극적으로 악(樂)을 통해 나의 완성을 예술적으로 발현한다."

子曰: "大哉! 堯之爲君也. 巍巍乎! 唯天爲大, 唯堯則之. 蕩蕩乎! 民無能名焉. 巍巍乎! 其有成功也. 煥乎! 其有文章."(「泰伯」)

공자가 말하였다. "크도다! 요(堯)의 임금됨이여. 높고 높도다! 오직 하늘이 크거늘 다만 요(堯)가 법 받았구나. 넓고 넓도다! 그 공덕(功德)을 백성(百姓)이 능히 무어라 이름 지을 수 없구나. 높고 높도다! 그 공(功)을 이루심이여. 빛나도다! 그 문장(文章)이여."

子曰: "吾未見好德如好色者也."(「子罕」)

공자가 말하였다. "내가 덕(德) 좋아하기를 색(色) 좋아하듯 하는 자를 보지 못했다."

子路·曾晳·冉有·公西華侍坐. 子曰: "以吾一日長乎爾, 毋吾以也. 居則曰: '不吾知也.' 如或知爾, 則何以哉?" 子路率爾而對曰: "千乘之國, 攝乎大國之間, 加之以師旅, 因之以饑饉, 由也爲之, 比及三年, 可使有勇, 且知方也." 夫子哂之. "求, 爾何如?" 對曰: "方六七十, 如五六十, 求也爲之, 比及三年, 可使足民. 如其禮樂, 其俟君子." "赤, 爾何如?" 對曰: "非曰能之, 願學焉. 宗廟之事, 如會同, 端章甫, 願爲小相焉." "點, 爾何如?" 鼓瑟希, 鏗爾, 舍瑟而作, 對曰: "異乎三子者之撰." 子曰: "何傷乎? 亦各言其志也." 曰: "莫春者, 春服旣成, 冠者五六人, 童子六七人, 浴乎沂, 風乎舞雩, 詠而歸." 夫子喟然歎曰: "吾與點也."(「先進」)

자로(子路), 증점(曾點), 염유(冉有), 공서화(公西華)가 공자를 모시고 자리를 같이 했다. 공자가 말했다. "내가 너희보다 조금 어른이라고 하여 나를 어렵게 여기지 말라. 평상시에 말하기를 '나를 알아주지 않는다.'고 하는데, 만일 너를 알아준다면 어찌하겠는가?" 자로가 경솔하게 대답하였다. "천(千) 대의 수레를 가진 나라가 큰 나라 사이에 끼어서 군사적으로 압박을 당하고 게다가 굶주림까지 따를 때에, 제가 다스리면 3년 만에 백성들로 하여금 용맹이 있고 또 옳게 가야할 방향을 알게 하겠습니다." 공자는 빙그레 웃었다. 〈공자가 또 물었다.〉 "구(求)야, 너는 어떠하냐?" 〈염유(冉有)가〉 대답하였다. "사방(四方) 육칠십 리 혹은 오륙십 리를 제가 다스리면 3년 만에 백성들을 풍족하게 할 수 있습니다. 하지만 그 예(禮)와 악(樂) 같은 것들은 군자를 기다리겠습니다." 〈공자가 또 물었다.〉 "적(赤)아, 너는 어떠하냐?" 〈공서화(公西華)가〉 대답하였다. "저는 능하다는 것이 아니고 배우기를 원합니다. 종묘의 일에 있어서나 혹은 제후들이 회동할 때 현단복(玄端服)을 입고 장보관(章甫冠)을 쓰고 작은 집례자(執禮者)가 되기를 원합니다." 〈공자가 또 물었다.〉 "점(點)아, 그러면 너는 어떠하냐?" 〈증석(曾晳)이〉 비파 타기를 드문드문 하더니, 쨍 하고 비파를 내려놓고 대답하였다. "저는 세 사람과는 다릅니다." 공자가 말하였다. "괜찮다. 그저 다들 자기의 뜻을 말한 것이다." 이에 증석(曾晳)이 답하였다. "그저 늦은 봄에 얇은 봄옷이 만들어지면 어른 대여섯, 아이 예닐곱과 함께 기수(沂水: 강이름)에서 물놀이도 하고 무우(舞雩: 너른 언덕)에서 봄바람 쐬면서 그리곤 좋은 싯구로 가락이나 읊으며 돌아오겠습니다." 공자가 감탄하며 말하였다. "나는 점(點)과 함께 할 것이다."

子曰: "…… 名不正則言不順, 言不順則事不成, 事不成則禮樂不興, 禮樂不興則刑罰不中, 刑罰不中則民無所措手足. 故君子名之必可言也, 言之必可行也. 君子於其言, 無所苟而已矣."(「子路」)

공자가 말하였다. "명분이 바르지 않으면 말이 이치에 맞지 않고, 말이 이치에 맞지 않으면 일이 이루어지지 않는다. 일이 이루어지지 않으면 예악(禮樂)이 일어나지 않고, 예악이 일어나지 않으면 형벌(刑罰)이 알맞게 적용되지 않고, 형벌이 제대로 적용되지 않으면 백성들이 손발을 둘 곳이 없어진다. 그러므로 군자가 명분을 붙인다면 반드시 말할 만해야하며 말할 만하면 반드시 행할 만해야하니, 군자는 그 말하는 바에 구차함이 없어야 한다."

子曰: "誦『詩』三百, 授之以政, 不達; 使於四方, 不能專對; 雖多, 亦奚以爲?"(「子路」)

공자가 말하였다. "시경(詩經)』 삼백 편을 외울 줄 알면서도 정사(政事)를 맡겼을 때에 제대로 하지 못하고, 또 사방에 사신 가서 혼자서 능히 일을 해결하지 못한다면, 비록 많이 외운다고 해도 무엇에 쓰겠는가."

子路問成人. 子曰: "若藏武仲之知, 公綽之不欲, 卞莊子之勇, 冉求之藝, 文之以禮樂, 亦可以爲成人矣."(「憲問」)

자로(子路)가 전인(全人)에 대해 물으니, 공자가 말하였다. "장무중(臧武仲)의 지혜와 공작(公綽)의 사심 없음과 변장자(卞莊子)의 용기와 염구(冉求)의 재주 같은 것에다 예악(禮樂)으로써 문채(文彩)를 낸다면, 또한 전인(全人)이라고 할 수 있을 것이다."

陳亢問於伯魚曰: "子亦有異聞乎?" 對曰: "未也. 嘗獨立, 鯉趨而過庭. 曰: '學『詩』乎?' 對曰: '未也.' '不學『詩』, 無以言.' 鯉退而學『詩』. 他日, 又獨立, 鯉趨而過庭. 曰: '學禮乎?' 對曰: '未也.' '不學禮, 無以立.' 鯉退而學禮. 聞斯二者." 陳亢退而喜曰: "問一得三, 聞『詩』, 聞禮, 又聞君子之遠其子也."(「季氏」)

진항(陳亢)이 백어(伯魚)에게 물었다. "그대는 〈공자에게〉 특별히 들은 것이 있는가?" 〈백어가〉 대답하였다. "없었다. 일찍이 〈공자께서〉 홀로 서 계시거늘 내가 종종걸음으로 뜰을 지나가는데, '시(詩)를 배웠느냐?'고 물으시기에 '다 배우지 못했습니다.'하고 대답하였다 그러자 '시를 배우지 않으면 말을 할 수 없다.'고 하시어 내가 물러가 시를 배웠다. 다른 날에 또 홀로 서 계시거늘 내가 종종걸음으로 뜰을 지나가는데, '예(禮)를 배웠느냐?'고 물으시기에 '다 배우지 못했습니다.'하고 대답하였다. 그랬더니 '예를 배우지 않으면 설 수 없다.'고 하시어 내가 물러가 예를 배웠다. 이 두 가지를 들었다." 진항이 물러나와 기뻐하며 말했다. "하나를 물어서 셋을 들었으니, 시(詩)를 듣고 예(禮)를 듣고 또 군자가 그 자식을 멀리함을 들었도다."

子曰: "小子何莫學夫『詩』? 『詩』, 可以興, 可以觀, 可以群, 可以怨; 邇之事父, 遠之事君; 多識於鳥獸草木之名."(「陽貨」)

공자가 말하였다. "너희들은 어찌하여 『시경(詩經)』을 배우지 않는가? 시(詩)는 의지(意志)를 일깨울 수 있고, 역사의 득실을 고찰할 수 있으며, 많은 이와 화합할 수 있고, 원망할 수 있다. 또한 가까이는 부모를 섬길 수 있으며, 멀리는 임금을 섬길 수 있고, 조수(鳥獸)와 초목(草木)의 이름을 많이 알 수 있다."

子曰: "禮云禮云, 玉帛云乎哉! 樂云樂云, 鍾鼓云乎哉!"(「陽貨」)

공자가 말하였다. "예(禮)다 예(禮)다 하지만, 옥과 비단을 이르는 것이겠느냐? 악(樂)이다 악(樂)이다 하지만 종과 북만을 이르는 것이겠느냐?"

子曰: "惡紫之奪朱也, 惡鄭聲之亂雅樂也, 惡利口之覆邦家者."(「陽貨」)

공자가 말하였다. "자색(紫色)이 붉은 색을 빼앗는 것을 미워하며, 정성(鄭聲)이 아악(雅樂)을 어지럽히는 것을 미워하며, 말 잘하는 입이 나라를 뒤엎는 것을 미워한다."

3. 『맹자(孟子)』

孟子見梁惠王. 王立於沼上, 顧鴻雁麋鹿, 曰: "賢者亦樂此乎?"

孟子對曰: "賢者而後樂此; 不賢者雖有此, 不樂也. 『詩』云: '經始靈臺, 經之營之, 庶民攻之, 不日成之. 經始勿亟, 庶民子來, 王在靈囿, 麀鹿攸伏, 麀鹿濯濯, 白鳥鶴鶴. 王在靈沼, 於牣魚躍.' 文王以民力爲臺爲沼, 而民歡樂之, 謂其臺曰'靈臺', 謂其沼曰'靈沼', 樂其有麋鹿魚鱉. 古之人與民偕樂, 故能樂也! 「湯誓」曰: '時日害喪, 予及汝偕亡.' 民欲與之皆亡, 雖有臺池鳥獸, 豈能獨樂哉?"(「梁惠王章句上」)

맹자가 양(梁)의 혜왕(惠王)을 만났다. 왕이 늪가에 서서 크고 작은 기러기와 사슴을 돌아보며 말하였다. "어진 사람도 이런 것을 즐깁니까?"

맹자가 대답하였다. "어진 사람이 된 이후에야 이런 것을 즐깁니다. 어질지 못한 사람은 설령 이러한 것이 있더라도 즐기지 못합니다. 『시경(詩經)·대아(大雅)·영대(靈臺)』에 이런 말이 있습니다. '영대(靈臺)를 지으려고 자로 재고 둘레를 표시해 놓았구나. 여러 사람이 일을 하여 며칠 안 가 이루어 놓았다네. 터를 재며 서둘 것이 없다 해도 많은 사람이 자식처럼 몰려 왔네. 왕이 영유(靈囿)에 있으면 사슴은 엎드려 있구나. 사슴은 윤기가 흐르고 백조는 희고도 희다. 왕이 영소(靈沼)에 있으면 가득히 물고기가 뛰노는구나.' 문왕(文王)이 백성의 힘으로 대(臺)를 만들고 소(沼)를 만들었지만, 백성은 그것을 즐거워하여 그 대(臺)를 영대(靈臺)라 하고 그 소(沼)를 영소(靈沼)라 하여 그 안에 사슴과 물고기와 자라가 있는 것을 즐겼습니다. 이는 저 옛사람이 백성과 함께 즐겼기 때문에 그 즐거움을 누릴 수 있었던 것입니다. 『서경(書經)·탕서(湯誓)』에 이런 말이 있습니다. '이 해는 언제 없어지려나. 내가 너와 함께 죽으

리라!' 백성이 함께 죽기를 바란다면 비록 대(臺)와 못과 새와 짐승이 있다한들 어찌 홀로 즐거움을 누릴 수 있겠습니까?"

　莊暴見孟子, 曰: "暴見於王, 王語暴以好樂, 暴未有以對也." 曰: "好樂何如?"
　孟子曰: "王之好樂甚, 則齊國其庶幾乎!"
　他日, 見於王, 曰: "王嘗語莊子以好樂, 有諸?"
　王變乎色, 曰: "寡人非能好先王之樂也, 直好世俗之樂耳."
　曰: "王之好樂甚, 則齊其庶幾乎! 今之樂, 由古之樂也."
　曰: "可得聞與?"
　曰: "獨樂樂, 與人樂樂, 孰樂?"
　曰: "不若與人."
　曰: "與少樂樂, 與衆樂樂, 孰樂?"
　曰: "不若與衆."
"臣請爲王言樂. 今王鼓樂於此, 百姓聞王鍾鼓之聲, 管籥之音, 擧疾首蹙頞而相告曰: '吾王之好鼓樂, 夫何使我至於此極也? 父子不相見, 兄弟妻子離散.' 今王田獵於此, 百姓聞王車馬之音, 見羽旄之美, 擧疾首蹙頞而相告曰: '吾王之好田獵, 夫何使我至於此極也? 父子不相見, 兄弟妻子離散.' 此無他, 不與民同樂也!"
"今王鼓樂於此, 百姓聞王鍾鼓之聲, 管籥之音, 擧欣欣然有喜色而相告曰: '吾王庶幾無疾病與, 何以能鼓樂也?' 今王田獵於此, 百姓聞王車馬之音, 見羽旄之美, 擧欣欣然有喜色而相告曰: '吾王庶幾無疾病與, 何以能田獵也?' 此無他, 與民同樂也! 今王與百姓同樂, 則王矣."(「梁惠王章句下」)

　〈제선왕(齊宣王)의 신하〉 장포(莊暴)가 맹자를 만나보고 말하였다. "제가 왕을 뵈었더니, 왕이 제게 음악을 아주 좋아한다고 하였습니다. 그런데 제가 대답을 미처 못 했습니다. 임금으로서 음악을 좋아하면 어떻습니까?"

맹자가 대답하였다. "왕이 음악을 그렇게 좋아한다면 제나라는 아마 잘 다스려질 겁니다."

후일 맹자가 왕을 만나보고 말하였다. "왕께서 전에 장포에게 음악을 좋아한다고 말했다는데, 그런 일이 있었습니까?"

왕이 낯빛을 바꾸며 말하였다. "내가 음악을 좋아한다는 것은 선왕(先王)의 정악(正樂)을 좋아한다는 것이 아니고, 그저 세간의 속악(俗樂)을 즐긴다는 것입니다."

맹자가 말하였다. "왕께서 음악을 아주 좋아한다면, 제나라는 아마 잘 다스려질 겁니다. 지금의 음악도 〈백성과 함께 즐긴다는 면에서〉 옛날의 음악과 마찬가지입니다."

왕이 말하였다. "그 얘기를 자세히 들을 수 있겠습니까?"

맹자가 말하였다. "왕께서는 혼자서 음악을 즐기는 것과 사람들과 함께 음악을 즐기는 것, 둘 중 어느 것이 더 즐겁습니까?"

왕이 말하였다. "당연히 사람들과 함께 즐기는 것이 더 즐겁겠지요."

맹자가 말하였다. "그렇다면 몇 사람하고 음악을 즐기는 것과 많은 사람과 함께 음악을 즐기는 것, 둘 중 어느 것이 더 즐겁겠습니까?"

왕이 말하였다. "그야 많은 사람과 즐기는 것이 더 즐겁겠지요."

맹자가 말하였다. "제가 왕을 위하여 음악을 말씀드리겠습니다. 지금 왕이 음악을 연주한다고 합시다. 백성들이 왕의 종과 북을 울리는 소리와 생황 및 퉁소 소리를 듣고는 골치를 아파하며 인상을 쓰면서 서로 말합니다. '우리 임금님은 음악을 좋아도 하누나! 백성들을 이 지경에 이르도록 하고선. 부자간에 서로 만나지도 못하고, 형제와 처자는 서로 흩어졌는데.' 또 이제 왕이 여기서 사냥을 한다고 합시다. 백성들이 왕의 수레와 말의 소리를 듣고 또 깃발의 깃털 장식이 아름다운 것을 보고는 골치를 아파하며 인상을 쓰면서 서로 말합니다. '우리 임금님은 사냥을 좋아도 하누나! 백성들을 이 지경에 이르도록 하고선, 부자간에 서로 만나지도 못하고, 형제와 처자는 서로 흩어졌는데.' 이는 다름이 아니라 백성들과 함께 즐기지 않는 까닭입니다."

"이제 왕이 여기서 음악을 연주한다고 할 때, 백성들이 왕의 종과 북을 울리는 소리와 생황 및 통소 소리를 듣고는 모두가 기쁜 마음으로 희색이 되어 이렇게 서로 말한다고 합시다. '우리 임금님이 아마 병환이 없으신가 보다. 그렇지 않다면 어찌 이리 음악을 연주할 수 있겠는가?' 이제 왕이 여기서 사냥을 한다고 할 때, 백성들이 왕의 수레와 말의 소리를 듣고 또 깃발의 깃털 장식이 아름다운 것을 보고는 모두가 기쁜 마음으로 희색이 되어 이렇게 서로 말한다고 합시다. '우리 임금님이 아마 병환이 없으신가 보다. 그렇지 않다면 어찌 이리 사냥을 할 수 있겠는가?' 이는 다름이 아니라 백성들과 함께 즐긴 까닭입니다. 이제 왕께서 백성들과 함께 즐긴다면 천하에 왕노릇을 할 수 있을 것입니다."

齊宣王見孟子於雪宮. 王曰: "賢者亦有此樂乎?"
孟子對曰: "有. 人不得, 則非其上矣. 不得而非其上者, 非也; 爲民上而不與民同樂者, 亦非也. 樂民之樂者, 民亦樂其樂; 憂民之憂者, 民亦憂其憂. 樂以天下, 憂以天下, 然而不王者, 未之有也. ……"(「梁惠王章句下」)

제(齊)의 선왕(宣王)이 설궁(雪宮)에서 맹자를 만났다. 왕이 말하였다. "어진 사람도 이러한 즐거움이 있습니까?"

맹자가 대답하였다. "있습니다. 백성은 이러한 즐거움을 얻지 못하면 〈그 즐거움을 함께 하지 않는다고〉 윗사람을 비난하는데, 이는 잘못입니다. 또 백성의 윗사람이 되어서 그들과 즐거움을 함께 하지 않는다면, 역시 잘못입니다. 〈임금이〉 백성의 즐거움을 즐거워하면 백성 또한 그의 즐거움을 즐거워할 것입니다. 〈임금이〉 백성의 근심을 걱정하면 백성 또한 그의 근심을 걱정할 것입니다. 천하와 함께 즐거워하고 천하와 함께 근심하고서도 왕노릇을 하지 못한 경우는 있지 않았습니다. ······"

(孟子曰): "······ 夫志, 氣之帥也; 氣, 體之充也. 夫志至焉, 氣次焉. 故曰: '持其志, 無暴其氣.'" "旣曰'志至焉, 氣次焉', 又曰'持其志, 無暴其氣'者, 何也?" 曰: "志壹則動氣, 氣壹則動志也. 今夫蹶者趨者, 是氣也, 而反動其心." "敢問夫子惡乎長?" 曰: "我知言, 我善養吾浩然之氣." "敢問何謂浩然之氣?" 曰: "難言也! 其爲氣也, 至大至剛, 以直養而無害, 則塞於天地之間. 其爲氣也, 配義與道; 無是, 餒也. 是集義所生者, 非義襲而取之也. 行有不慊於心, 則餒矣. ······"(「公孫丑章句上」)

〈맹자가 말하였다.〉"······ 무릇 뜻은 기(氣)의 주재자(主宰者)요, 기(氣)는 몸에 가득 찬 것이다. 뜻이 지극하면 기(氣)는 이에 따라오는 것이다. 그래서 '그 뜻을 잘 지닌 다음 그 기(氣)를 함부로 쓰지 않는다.'고 하는 것이다."〈공손추(公孫丑)가 말하였다.〉"뜻이 지극하면 기(氣)가 이에 따라오는 것이라 하고선, 그 뜻을 잘 지니고도 그 기(氣)를 함부로 쓰지 않는다 함은 무슨 뜻인가요?" 맹자가 말하였다. "뜻이 집중되어 있으면 기(氣)를 움직이고, 기(氣)가 한결같으면 뜻을 움직인다. 지금 엎어지거나 달리거나 하는 것이 기(氣)이기는 하나, 그것이 도리어 마음을 흔들리게 한다."〈공손추(公孫丑)가 말하였다.〉"감히 묻겠습니다. 선생님은 어떤 것을 잘 하십니까?" 맹자가 말하였다. "나는 남이 하는 말을 잘 알아듣는다. 그리고 나는 나의 호연지기(浩然之氣)를 잘 기른다."〈공손추(公孫丑)가 말하였다.〉"감히 묻건대, 호연지기란 무엇입니까?" 맹자가 대답하였다. "말하기 어렵다. 그 기(氣)란 지극히 크고 강하여서, 바르게 길러 해치지 않는다면 더욱 넓게 퍼져 하늘과 땅 사이에 가득 들어차게 될 것이다. 이 기(氣)는 정의(正義)와 정도(正道)에 부합하는 것으로서, 이 호연지기가 없으면 몸이 허탈해진다. 그것은 정의를 많이 행하여 자연스레 이룬 것이지, 갑자기 정의를 조금 행한다고 얻어지는 것이 아니다. 사람이 행동함에 있어 도의에 벗어나는 일이 있어 마음에 걸리면 그 호연지기는 그만 시들해 버린다. ……"

"何謂知言?" 曰: "詖辭知其所蔽, 淫辭知其所陷, 邪辭知其所離, 遁辭知其所窮. ……(「公孫丑章句上」)

〈공손추(公孫丑)가 물었다.〉 "남의 말을 안다는 것은 무슨 말입니까?" 〈맹자가〉 말하였다. "한쪽으로 치우친 말을 들으면 그 사람이 무엇에 가려진 것을 알며, 지나친 말을 들으면 그 사람이 어디에 빠져 있음을 알며, 간사한 말을 들으면 그 사람의 마음이 바른 도리에서 떠나 있음을 알며, 회피하는 말을 들으면 그 사람이 어떤 궁지에 몰려 있음을 안다. ……"

孟子曰: "仁之實, 事親是也; 義之實, 從兄是也; 智之實, 知斯二者弗去是也; 禮之實, 節文斯二者是也; 樂之實, 樂斯二者, 樂則生矣; 生則惡可已也, 惡可已, 則不知足之蹈之手之舞之."(「離婁章句上」)

맹자가 말하였다. "인(仁)의 실질은 부모를 섬기는 것이고, 의(義)의 실질은 형을 따르는 것이다. 지(智)의 실질은 이 둘[인의(仁義)]을 잘 알고서 견지하는 것이다. 예(禮)의 실질은 이 둘을 잘 조절하고 꾸미는 것이다. 악(樂)의 실질은 이 둘을 즐거워하는 것이다. 즐거우니 이로부터 또한 인의(仁義)의 마음이 저절로 생기는 것이다. 마음이 생기면 그칠 수가 없다. 그칠 수 없는 데서 나오는 희열이 곧 발이 뛰고 손이 춤을 추는 것을 알지 못하는 정도이다.

徐子曰: "仲尼亟稱於水, 曰'水哉, 水哉!' 何取於水也?"
孟子曰: "原泉混混, 不舍晝夜, 盈科而後進, 放乎四海. 有本者如是, 是之取爾. 苟爲無本, 七八月之間雨集, 溝澮皆盈; 其涸也, 可立而待也. 故聲聞過情, 君子恥之."(「離婁章句下」)

서자(徐子)가 말하였다. "공자가 물을 자주 칭찬하여 '물이여! 물이여!'하였는데, 물에서 무엇을 취한 것입니까?"

맹자가 말하였다. "근원이 있는 물은 밤낮을 가리지 않고 콸콸 흘러 구덩이가 있으면 채우고 또 다시 흘러 마침내 바다에까지 이른다. 근본이 있음이란 이런 것이니, 이를 취한 것이다. 만약 근원이 없다면 칠팔월 사이에 내린 비가 모여 이런 저런 도랑을 채우지만, 그 물이 쉬이 말라버리는 것은 옆에 서서 기다릴 수 있을 정도이다. 그러므로 이름이 실제보다 지나침을 군자는 부끄러워한 것이다."

孟子曰: "西子蒙不潔, 則人皆掩鼻而過之; 雖有惡人, 齋戒沐浴, 則可以祀上帝."(「離婁章句下」)

맹자가 말하였다. "서시(西施)와 같은 미인이라도 불결한 것을 뒤집어쓰고 있으면 사람들이 모두 코를 막고 지나갈 것이다. 반면 못난 사람이라도 깨끗이 목욕재계하면 상제(上帝)에게 제사지내는 것도 할 수 있을 것이다."

(孟子)曰: "…… 故說詩者, 不以文害辭, 不以辭害志; 以意逆志, 是爲得之. 如以辭而已矣, 「雲漢」之詩曰: '周餘黎民, 靡有孑遺.' 信斯言也, 是周無遺民也. ……"(「萬章章句上」)

〈맹자가〉 말하였다. "…… 그러므로 시를 해석하는 사람은 그 시에 있는 글자로 그 말뜻을 해쳐서도 안 되고, 그 말뜻으로 해서 전체의 대의를 해쳐서도 안 된다. 자신의 마음으로 본래 작자가 말하려는 의미를 새겨야만 비로소 올바르게 이해할 수 있는 것이다. 그런데 만약 말의 뜻만으로 시를 이해하려 한다면, 마치 『시경(詩經)·대아(大雅)·운한(雲漢)』에 나오는 '여왕(厲王)의 난이 일어난 후 주나라의 백성은 하나도 남지 않았다.'라는 것도 사실로 믿어 정말 주나라에는 백성이 하나도 남지 않았다는 것이 되고 만다. ……"

口之於味, 有同耆也, 易牙先得我口之所耆者也. 如使口之於味也, 其性與人殊, 若犬馬之與我不同類也, 則天下何耆皆從易牙之於味也? 至於味, 天下期於易牙, 是天下之中相似也. 惟耳亦然. 至於聲, 天下期於師曠, 是天之下耳相似也, 惟目亦然. 至於子都, 天下莫不知其姣也, 不知子都之姣者, 無目者也. 故曰, 口之於味也, 有同耆焉; 耳之於聲也, 有同聽焉; 目之於色也, 有同美焉. 至於心, 獨無所同然乎? 心之所同然者何也? 謂理也, 義也. 聖人先得我心之所同然耳. 故理義之悅我心, 猶芻豢之悅我口.(「告子章句上」)

입으로 맛을 보는 것에도 사람들이 다함께 좋아하는 것이 있다. 유명한 요리사인 역아(易牙)는 우리의 미각을 누구보다도 먼저 안 사람이다. 만약에 입이 느끼는 맛의 성질이 사람마다 다르기가 마치 개나 말이 우리와 동류가 아닌 것처럼 그렇게 다르다면, 세상 사람들이 왜 역아의 맛을 따라 가겠는가? 맛에 있어서 모두가 역아에게 기대하는 바가 있는데, 이는 세상 사람의 입맛이 서로 비슷하기 때문이다. 미각뿐 아니라 청각의 경우도 마찬가지이다. 음악 소리에 대해서는 세상사람 모두가 사광(師曠)에게 기대하는데, 이는 그들의 청각이 모두 비슷하기 때문이다. 시각의 경우 또한 그렇다. 자도(子都)로 말할 것 같으면, 세상 사람이 모두 그의 아름다움을 알고 있다. 자도가 예쁘다는 것을 모르는 사람은 눈이 없는 사람이라 할 정도다. 그래서 말하건대, 입으로 느끼는 맛에 누구나 좋아하는 것이 같고, 귀로 듣는 소리에 누구나 좋아하는 것이 같으며, 눈으로 보는 여색에 누구나 좋아하는 것이 같다. 그런데 마음에 이르러 유독 다 같이 그렇다고 여기는 바가 없겠는가? 마음이 다 같이 그렇다고 여기는 것은 무엇인가? 그것은 바로 리(理)요, 의(義)다. 성인(聖人)이라는 사람은 다만 우리가 그렇다고 여기는 바를 먼저 알았을 뿐이다. 그러니 리(理)와 의(義)가 우리의 마음을 기쁘게 하는 것은 마치 쇠고기나 돼지고기가 우리의 입을 즐겁게 하는 것과 같다.

公孫丑問曰: "高子曰: 「小弁」, 小人之詩也.'" 孟子曰: "何以言之?"

曰: "怨."

曰: "固哉, 高叟之爲詩也! 有人於此, 越人關弓而射之, 則己談笑而道之; 無他, 疏之也. 其兄關弓而射之, 則己垂涕泣而道之; 無他, 戚之也.「小弁」之怨, 親親他. 親親, 仁也. 固矣夫, 高叟之爲詩也!"

曰: "「凱風」何以不怨?"

曰: "「凱風」, 親之過小者也;「小弁」, 親之過大者也. 親之過大而不怨, 是愈疏也; 親之過小而怨, 是不可磯也. 愈疏, 不孝也; 不可磯, 亦不孝也. ……"(「告子章句下」)

공손추(公孫丑)가 물었다. "고자(高子)는『시경(詩經)·소아(小雅)·소변(小弁)』의 시를 소인(小人)이 지은 시라 하였습니다."

맹자가 말하였다. "무엇 때문에 그렇게 말한 건가?"

공손추가 말하였다. "자식이 부모를 원망하였기 때문입니다."

맹자가 말하였다. "고자(高子)의 시 해석은 완고하구나. 여기 어떤 사람이 있다고 하자. 월(越)나라 사람이 활을 당겨 그를 쏘려고 한다면, 자기는 담소나 하면서 쏘아서는 안 된다고 말할 것이다. 이렇게 급박하지 않은 것은 월나라 사람이 자기와는 관계가 없는 남이기 때문이다. 그러나 자기 형이 활을 당겨 그 사람을 쏘려고 한다면, 자기는 눈물을 흘리면서 쏘지 말라고 말할 것이다. 다름 아니라 골육간이기 때문에 그렇게 간절히 만류하는 것이다. 「소변(小弁)」의 시가 부모를 원망하는 것도 이와 마찬가지로 부모를 부모로 여긴 데서 나온 것이다. 부모를 부모로 여기는 것이 인(仁)이다. 고자(高子)의 시 해석은 정말 완고하구나."

공손추가 말하였다. "그러면 『시경(詩經)·패풍(邶風)·개풍(凱風)』의 시에는 왜 부모에 대한 원망이 나오지 않습니까?"

맹자가 말하였다. "「개풍(凱風)」의 시는 부모의 허물이 작은 경우이고, 「소변(小弁)」의 시는 부모의 과실이 큰 경우이다. 부모의 허물이 큰데도 원망하지 않으면 소원해지는 것이요, 부모의 허물이 작은데 원망하면 이는 건드리지도 못하게 하는 것이다. 부모와 더욱 소원해지는 것도 불효요, 건드리지도 못하게 하는 것도 역시 불효이다. ……"

孟子曰: "仁言不如仁聲之入人深也. 善政不如善敎之得民也. 善政, 民畏之; 善敎, 民愛之. 善政得民財, 善敎得民心."(「盡心章句上」)

맹자가 말하였다. "인한 말은 인자함의 평판이 사람의 마음에 깊이 파고드는 것만 못하다. 선한 정치는 선한 가르침으로 인심을 얻는 것만 못하다. 선한 정치는 백성이 두려워하고 선한 가르침은 백성이 사랑한다. 선한 정치는 백성으로부터 재물〈세금〉을 얻고, 선한 가르침은 백성의 마음을 얻는다."

孟子曰: "孔子登東山而小魯, 登泰山而小天下, 故觀於海者難爲水, 遊於聖人之門者難爲言. 觀水[6]有術, 必觀其瀾. 日月有明, 容光

---

6. "관수(觀水)": 관수(觀水)라는 미학적 행위의 근원은 공자의 다음 말에 있다. "지혜로운 자는 물을 좋아하고 어진 자는 산을 좋아하는데, 지혜로운 자는 동적(動的)이고 어진 자는 정

必照焉. 流水之爲物也, 不盈科不行; 君子之志於道也, 不成章不達."(「盡心章句上」)

맹자가 말하였다. "공자는 동산(東山)에 오르고선 노(魯)나라가 작다고 느꼈고, 태산(泰山)에 오르고서 천하가 크지 않음을 느꼈다. 그러므로 바다를 본 사람은 다른 물이 눈에 들어오기 어렵고, 성인(聖人)의 문하에서 공부한 사람은 다른 의론에 쉬이 귀가 기울여지지 않는다. 물을 보는 데에는 방법이 있는데, 반드시 〈그 근원을 알 수 있는〉 급한 여울을 봐야 한다. 해와 달은 밝은 빛이 있어 조그만 틈조차도 반드시 비춘다. 흐르는 물은 구덩이를 채우지 않고는 다시 앞으로 나아가지 않으며, 군자가 도에 뜻을 두는 것도 일정한 성과를 이루지 못하면 통달할 수 없다."

浩生不害問曰: "樂正子何人也?" 孟子曰: "善人也, 信人也." "何謂善? 何謂信?" 曰: "可欲之謂善, 有諸己之謂信, 充實之謂美, 充實而有光輝之謂大, 大而化之之謂聖, 聖而不可知之之謂神. 樂正子, 二之中, 四之下也."(「盡心章句下」)

〈제(齊)나라 사람인〉 호생불해(浩生不害)가 맹자에게 물었다. "악정자(樂正子)는 어떤 사람입니까?" 맹자가 답하였다. "선한 사람이고 성실한 사람입니다." "무엇을 선하다 하고, 무엇을 성실하다 하는 것입니까?" 맹자가 말하였다. "사람들이 모두 그렇게 되고 싶어 하는 것을 선하다 하고, 자신의 몸에 선을 지니는 것을 성실하다고 합니다. 그 선함이 제 몸에 충만하게 채워져 있는

적(靜的)이기 때문이다.[知者樂水, 仁者樂山. 知者動, 仁者靜,『論語·雍也』] 자연에 대한 감상은 정신 속에 내재된 도덕과의 감응에 의해 이루어짐을 말한다. 사람의 정신적 품격이 다른 만큼 자연산수에 대한 애호도 다르다. 지혜로운 자는 사태파악과 일 처리에 능하니 그 자신이 동적(動的)이다. 물은 낮은 데로, 좀 더 낮은 데로 기민하게 움직인다. 지자(知者: 智者)가 물을 좋아하는 것은, 물이 좀 더 낮은 데로 쉼 없이 영민하게 흐르는 동(動)의 특징을 지녔기 때문이다.

것을 아름답다 하고, 가득 채워져 있어 바깥으로 빛이 나는 것을 위대하다고 합니다. 위대하여 천하를 감화시키는 것을 성스럽다 하고, 성스러우면서도 그 작용을 알 수 없는 것을 신령스럽다고 합니다. 악정자(樂正子)는 앞의 둘, 즉 선(善)과 신(信)에는 해당하지만, 뒤의 네 가지, 즉 미(美)·대(大)·성(聖)·신(神)의 경지에는 들지 못하는 인물입니다."

孟子曰: "言近而指遠者, 善言也; 守約而施博者, 善道也. 君子之言也, 不下帶而道存焉. ……"(「盡心章句下」)

맹자가 말하였다. "말은 천근(淺近)하면서도 함축된 의미가 있는 것이 좋은 말이다. 간략하면서도 그 효과가 널리 미치는 것이 좋은 도(道)이다. 군자의 말은 일상적인 것이지만 도(道)가 그 안에 있다. ……"

4. 『순자(荀子)』

故『書』者, 政事之紀也;『詩』者, 中聲之所止也;『禮』者, 法之大分, 類之綱紀也. 故學至乎『禮』而止矣. 夫是之謂道德之極.『禮』之敬文也,『樂』之中和[7]也,『詩』『書』之博也,『春秋』之微[8]也, 在天地之間者畢矣.(「勸學」)

『서경(書經)』은 정치에 관한 일을 기록한 것이고,『시경(詩經)』은 음악에 알맞은 것들이 있는 것이며,『예기(禮記)』는 법의 커다란 근본이자 여러 가지 일에 관한 규범이다. 그래서 배움은『예기』에 이르러 끝맺게 된다. 대체로 이를 일러 도덕의 준칙이라 한다.『예기』에서 문식(文飾)을 중요하게 여기는 것과,『악기(樂記)』에서 조화를 알맞게 하는 것과,『시경』과『서경』의 광범함과,『춘추(春秋)』의 미세함은 하늘과 땅 사이에 있는 모든 것을 포괄한다.

---

7. "중화(中和)": 유가는 중화(中和)를 말하고 또 중(中)을 중시하는데, 이는 곧 사물에 대한 불편부당(不偏不黨: 한쪽에만 치우치지 않음)한 태도를 말한다. 여기서 나오는 중정(中正)의 표준이란 다시 말하자면 예의규범에 부합함을 가리킨다. 또한, 두 대립물이 조화통일에 이르게 되는 이러한 사상에서 더 나아가 유가는 문질상부(文質相扶: 외형과 내면이 서로 받쳐 줌)와 진선진미(盡善盡美: 외적으로 아름다우면서 또한 내적 자질도 모자람이 없음)의 사상을 제기하게 되니, 이들은 곧 한쪽에만 집착하거나 극단에 치우치게 됨을 반대하는 것이다. 유가의 중화관은 대립하는 양단(兩端) 중 일방이 다른 일방을 제압하는 것이 아닌 평형감각을 지닌 채 상호의 차이를 존중하며 자신의 영역을 타인에게 이바지할 수 있도록 노력하는 한편 자신도 다른 일방의 장점을 흡수할 수 있도록 노력하는 이른바 공존공영을 지향한다. 미학영역에서 발휘된 유가의 중화관은 한편으로는 예의로써 정감을 절도 있도록 하는 소위 "즐겁거나 슬프거나 일정한 도를 넘어서는 지나침이 없다.[樂而不淫, 哀而不傷,『論語・八佾」]"라는 중화적 미학표준을 설정하며, 다른 한편으로 예술요소의 상반상성(相反相成)을 중시함으로써 대립하는 양단의 조화를 통해 변증법적 통일에 이르는 예술효과를 강조한다.

8. "미(微)": 미언대의(微言大義)를 가리킨다. 작은 것을 통해서 큰 것을 본다는 뜻이다.

百發失一, 不足謂善射; 千里蹞步不至, 不足謂善御; 倫類不通, 仁義不一, 不足謂善學. 學也者, 固學一之也. 一出焉, 一入焉, 涂巷之人也; 其善者少, 不善者多, 桀紂盜跖也; 全之盡之, 然後學者也. 君子知夫不全不粹之不足以爲美也, 故誦數以貫之, 思索以通之, 爲其人以處之, 除其害者以持養之. 使目非是無欲見也, 使耳非是無欲聞也, 使口非是無欲言也, 使心非是無欲慮也. 及至其致好之也, 目好之五色, 耳好之五聲, 口好之五味, 心利之有天下. 是故權利不能傾也, 群衆不能移也, 天下不能蕩也. 生乎由是, 死乎由是, 夫是之謂德操. 德操然後能定, 能定然後能應. 能定能應, 夫是之謂成人. 天見其明, 地見其光, 君子貴其全也.(「勸學」)

백 발을 쏘아서 한 번이라도 실패하면 훌륭한 사수(射手)라 할 수 없고, 천릿길을 가는데 반걸음이라도 마저 다 이르지 못하면 최고의 수레꾼이라 할 수 없다. 마찬가지로 사회윤리에 통하지 못하고 인의(仁義)가 한결같지 못하면 잘 배웠다고 할 수 없다. 학문이란 모름지기 배운 바가 한결같아야 한다. 한 번은 잘했다 한 번은 잘못했다 하는 것은 보통 사람이 하는 바이며, 잘 하는 것은 적고 잘못하는 것이 많은 자는 곧 걸(桀)·주(紂)나 도척(盜跖) 같은 이들이다. 배움을 온전히 하고 익힘을 다한 연후에야 학자라 할 것이다. 군자는 온전치 못하고 순수하지 못한 것은 아름답다고 할 수 없다는 것을 알아야 한다. 그러므로 경서를 읽고 익힘으로써 그 배움을 꿰뚫고, 사색함으로써 그 배움에 통달한다. 또 훌륭한 옛 사람처럼 되도록 처신하고, 학문에 해가 되는 것은 배제함으로써 자신을 지키고 기른다. 눈으로는 옳지 않은 것은 보려 하지 않고, 귀로는 옳지 않은 것은 들으려 하지 않으며, 입으로는 옳지 않은 것은 말하려 들지 않고, 마음으로는 옳지 않은 것은 생각하려 들지 않아야한다. 학문을 좋아하는 극치에 이르면, 눈은 어여쁜 빛깔보다도 학문을 더 좋아하고, 귀는 아름다운 소리보다도 학문을 더 좋아하며, 입은 달콤한 맛보다도 학문을 더 좋아하고, 마음은 천하를 차지하는 것보다 학문을 더 이롭게 여기게 된다. 그리하여 권력과 이익도 그의 마음을 기울이지 못하고, 많은 사람도 그의 마음을 바꾸지 못하며, 천하도 그를 움직일 수 없다. 살아서도 학문을 추구하고, 죽음에 이르러서도 학문을 추구하는데, 이를 일러 절조(節操) 있는 덕이라 한다. 절조 있는 덕이 있은 뒤에야 심지가 정해지고, 심지가 정해진 다음에야 세상에 조응할 수 있게 되는데, 심지가 정해지고 세상에 조응하게 되면 비로소 그를 일러 완성된 사람이라 한다. 하늘은 그 광명함을 드러내고, 땅은 그 광대함을 드러내며, 군자는 그 덕의 온전함을 귀하게 여긴다.

君子寬而不僈, 廉而不劌, 辯而不爭, 察而不激, 寡[9]立而不勝, 堅強而不暴, 柔從而不流, 恭敬謹愼而容: 夫是之謂至文[10]. 『詩』曰: "溫溫恭人, 惟德之基." 此之謂矣.(「不苟」)

군자는 너그럽지만 게으름 피우지 않고, 검소하지만 사람에게 해를 입히지 않으며, 말은 잘 하지만 다투지 않고, 잘 살펴 알지만 지나치지 않으며, 바르게 서지만 남을 이기려 들지 않고, 굳고 강하지만 포악하지 않으며, 부드럽고 잘 따르지만 세속에 휩쓸리지 않고, 공경하고 근신하지만 포용력이 있다. 이러한 것을 일러 지극히 문채(文采)가 난다고 한다. 『시경(詩經)』에 "온순하고 공손한 사람이 덕의 터전이다."라고 한 것은, 바로 이것을 뜻하는 말이다.

---

9. 이 '과(寡)'자는 '직(直)'자가 마땅하다.
10. "문(文)": 문식(文飾), 수식(修飾)으로 내보이는 내면적인 아름다움으로서의 문채(文采)를 말한다. 공자(孔子)가 "문질빈빈(文質彬彬)"을 말하면서 외면의 반듯함이란 뜻도 추가했다. 복장·몸가짐·말투·표정 등뿐 아니라, 더 나아가서 색의 종류 및 짙고 엷음·시간의 길고 짧음·각도의 높고 낮음·속도의 빠름과 늦음 등등 사람의 외양에 드러나고 이루어지는 일체의 것들을, 공자 혹은 유가는 "예(禮)"라는 이름으로 지극히 중시하였다. 그 이유는 손짓, 안색, 어투 등등 그 어느 하나 마음가짐과 따로 떨어진 것은 없다고 보았기 때문이다. 그러니 외양은 그 사람 내면의 반영이요, 내면의 덕을 쌓으면 그만큼 겉으로 드러나게 된다.

凡人有所一同: 飢而欲食, 寒而欲煖, 勞而欲息, 好利而惡害, 是人之所生而有也, 是無待而然者也, 是禹桀之所同也; 目辨白黑美惡, 耳辯音聲淸濁, 口辨酸鹹甘苦, 鼻辨芬芳腥臊, 骨體膚理辨寒暑疾養, 是又人之所常生而有也, 是無待而然者也, 是禹桀之所同也. 可以爲堯·禹, 可以爲桀·跖, 可以爲工匠, 可以爲農賈, 在勢注錯習俗之所積耳, 是又人之所生而有也, 是無待而然者也, 是禹桀之所同也.(「榮辱」)

　　모든 사람은 같은 바가 있다. 배고프면 먹기를 바라고, 추우면 따뜻하기를 바라며, 피로하면 쉬기를 바라고, 이로움을 좋아하되 해로운 것은 싫어한다. 이것들은 사람들이 태어나면서부터 타고 나는 것이다. 이것들은 다른 무엇에 의해 그렇게 된 것이 아니며, 성왕(聖王)인 우왕(禹王)이나 폭군(暴君)인 걸왕(桀王)이나 모두 같다. 눈은 희고 검은 것과 아름답고 추한 것을 가려내고, 귀는 소리와 가락과 맑은 소리와 탁한 소리를 가려내며, 입은 신 맛과 짠 맛과 단 맛과 쓴 맛을 가려내고, 코는 향기로운 냄새와 비리고 누린 냄새를 가려내며, 골육(骨肉)과 피부는 추위와 더위와 아픔과 가려움을 가려낸다. 이것들도 모두 사람들이 통상 태어나면서부터 지니고 있는 것이다. 이것들은 다른 무엇에 의해 그렇게 된 것이 아니며, 성왕(聖王)인 우왕(禹王)이나 폭군(暴君)인 걸왕(桀王)이나 모두 같다. 누구나 요(堯)임금이나 우(禹)임금이 될 수 있고, 걸왕(桀王)이나 도척(盜跖)이 될 수 있으며, 목수나 장인(匠人)이 될 수도 있고, 농부나 상인이 될 수도 있다. 그것은 형세와 마음가짐과 노력과 버릇이 쌓여 그렇게 될 뿐이다. 이것들은 사람들이 태어나면서부터 타고 나는 것이다. 이것들은 다른 무엇에 의해 그렇게 된 것이 아니며, 성왕(聖王)인 우왕(禹王)이나 폭군(暴君)인 걸왕(桀王)이나 모두 같다.

　　聖人也者, 道之管也. 天下之道管是矣, 百王之道一是矣, 故

『詩』『書』『禮』『樂』之歸是矣.『詩』言是, 其志也;『書』言是, 其事也;『禮』言是, 其行也;『樂』言是, 其和也;『春秋』言是, 其微也. 故「風」之所以爲不逐者, 取是以節之也;「小雅」之所以爲「小雅」者, 取是而文之也;「大雅」之所以爲「大雅」者, 取是而光之也;「頌」之所以爲至者, 取是而通之也. 天下之道畢是矣.(「儒效」)

성인(聖人)이란 도(道)의 중추(中樞)가 되는 사람이다. 천하의 도(道)의 핵심이 바로 이것이며, 여러 성왕(聖王)의 도(道)가 하나로 꿰었다는 것도 바로 이것이다. 그러므로『시경(詩經)』·『서경(書經)』·『예기(禮記)』·『악기(樂記)』가 최종적으로 귀결되는 바도 이 성인(聖人)의 도(道)이다.『시경』에서 말하는 것이 성인의 뜻이요,『서경』에서 말하는 것이 성인의 일이며,『예기』에서 말하는 것이 성인의 행동이고,『악기』에서 말하는 것이 성인의 조화이며,『춘추』에서 말하는 것이 성인의 미언대의(微言大義)이다. 그러므로『시경』의「국풍(國風)」이 방탕한 방향으로 흐르지 않은 것은 성인의 뜻을 취해 조절하였기 때문이다.『시경』의「소아(小雅)」가「소아(小雅)」일 수 있는 것은 성인의 뜻을 취해 문채를 냈기 때문이다.「시경』의「대아(大雅)」가「대아(大雅)」일 수 있는 것은 성인의 뜻을 취해 빛냈기 때문이다.「시경』의「송(頌)」이 지극할 수 있었던 것은 성인의 뜻을 취해 세상에 통하게 했기 때문이다. 천하의 도(道)가 모두 성인의 뜻에 집약되어 있다.

人之生, 不能無群, 群而無分則爭, 爭則亂, 亂則窮矣. 故無分者, 人之大害也; 有分者, 天下之本利也; 而人君者, 所以管分之樞要也. 故美之者, 是美天下之本也; 安之者, 是安天下之本也; 貴也者, 是貴天下之本也. 古者先王分割而等異之也, 故使或美, 或惡, 或厚, 或薄, 或佚, 或樂, 或劬, 或勞, 非特以爲淫泰夸麗之聲, 將以明仁之文, 通仁之順也. 故爲之雕琢刻鏤黼黻文章, 使足以辨貴賤而已. 不求其觀: 爲之鍾鼓管磬琴瑟竽笙, 使足以辨吉凶合歡定和而已. 不求其餘: 爲之宮室臺榭, 使足以避燥濕養德辨輕重而已, 不求其外.『詩』曰: "雕琢其章, 金玉其相, 亹亹我王, 綱紀四方." 此之謂也.(「富國」)

　사람은 무리를 이루어 생활하지 않을 수가 없다. 무리를 이루어 생활하는데 사람들 사이에 분등이 없다면 서로 다투게 된다. 서로 다투면 혼란해지고, 혼란해지면 곤궁해진다. 그러므로 분등이 없는 것은 사람들에게 커다란 해가 되며, 분등이 있게 되면 천하에 근원적인 이로움이 된다. 임금은 이 분등을 통괄하는 요체이다. 그러므로 임금을 찬미하는 것은 바로 천하의 근본을 찬미하는 것이다. 임금을 편안하게 하는 것은 바로 천하의 근본을 안정되게 하는 것이다. 임금을 귀하게 받드는 것은 바로 천하의 근본을 소중히 하는 것이다. 옛날에 선왕(先王)들은 사람들 사이의 분등을 마련하여 차이를 두었다. 그래서 어떤 이는 아름답게 수식하게 하고 어떤 이는 초라하게 수식케 하며, 어떤 이는 풍족하게 하고 어떤 이는 궁핍하게 하며, 어떤 이는 편안하고 즐겁게 하고 어떤 이는 수고롭고 고생하게 하였다. 그것은 일부러 지나치게 안락하고 화려하게 지내려는 것이 아니라, 인덕(仁德)에 맞는 문채(文采)를 드러내고 인덕의 질서가 통하도록 하기 위해서이다. 그러므로 옥이나 상아에 조각을 하고 옷에 여러 가지 화려한 무늬를 수놓는 것은, 사람들의 귀하고 천한 신분을 분별하는 데에 목적이 있지 겉모양만을 꾸미려는 것은 아니다. 종·북·피리·경(磬)·금(琴)·슬(瑟)·우(竽)·생(笙) 등은 길하고 흉한 일을 분별하고 환락과 화합을 도모할 수 있으면 그뿐이지, 그 다른 것은 추구하지 않는다. 궁실과 누대(樓臺)는 더위와 습기를 피하고 덕을 기르며 신분의 경중을 분별할 수 있게 하면 그뿐이지, 그 밖의 다른 것은 추구하지 않는다.『시경』에 "그의 외관은 조각한 것처럼 아름답고, 그의 자질은 금이나 옥처럼 뛰어나네. 우리 임금 부지런히 힘써, 온 천하의 기강을 세우네."라 한 것은, 이것을 뜻하는 말이다.

墨子之言昭昭然爲天下憂不足. 夫不足, 非天下之公患也, 特墨子之私憂過計也. 今是土之生五穀也, 人善治之, 則畝數盆, 一歲而再獲之; 然後瓜桃棗李一本數以盆鼓, 然後葷菜百蔬以澤量, 然後六畜禽獸一而剸車, 黿鼉魚鱉鰍鱣以時別一而成群, 然後飛鳥鳧雁若煙海, 然後昆蟲萬物生其間, 可以相食養者不可勝數也. 夫天地之生萬物也, 固有餘足以食人矣; 麻葛繭絲鳥獸之羽毛齒革也, 固有餘足以衣人矣. 夫有餘不足, 非天下之公患也, 特墨子之私憂過計也.(「富國」)

묵자의 말은 명료하다. 그는 세상에 물자(物資)가 부족하게 될 것을 걱정하는 것이다. 그런데 부족하다는 것은 천하가 모두 걱정하는 바가 아니라, 오직 묵자 개인의 사사로운 걱정이자 지나친 궁리일 뿐이다. 지금 땅에서 오곡이 생산되고 있는데, 사람들이 이것을 잘 다스리면 땅 한 무(畝)에서 여러 동이를 거둘 수 있고 또 일 년에 두 번 수확할 수도 있다. 나아가 오이·복숭아·대추·자두 등은 한 나무에서 여러 동이를 딴다. 파·마늘이나 여러 가지 채소도 넉넉할 만큼 수확한다. 여러 가지 가축과 새와 짐승은 그 한 마리가 수레에 꽉 찰 만큼 자란다. 큰 자라·악어·물고기·자라·미꾸라지·전어 등은 철마다 새끼를 쳐서 각기 한 종류만으로도 크게 무리를 이룬다. 또 나는 새와 오리·기러기 등은 구름이 깔린 바다만큼 많다. 또 곤충과 기타 여러 가지 생물들이 그 사이에 생산 되니 서로 먹고 살아갈 수 있는 것은 이루 다 헤아릴 수 없을 정도이다. 무릇 하늘과 땅이 만물을 낳음에는 본디 충분하여 사람들을 족히 먹일 수 있고, 삼·칡·누에와 면사·새의 깃과 짐승의 털·이빨과 가죽 등은 본시부터 풍족하여 사람들을 입히기에 충분한 것이다. 이처럼 여유가 있는데도 부족하다고 말하는 것은 천하 전체의 걱정이 아니라, 다만 묵자의 개인적인 걱정이요 지나친 염려에 불과한 것이다.

天下之公患, 亂傷之也. 胡不嘗試相與求亂之者誰也? 我以墨子之"非樂"也, 則使天下亂; 墨子之"節用"也, 則使天下貧; 非將墮之也, 說不免焉. 墨子大有天下, 小有一國, 將蹙然衣麤食惡, 憂戚而非樂. 若是則瘠, 瘠則不足欲, 不足欲則賞不行. 墨子大有天下, 小有一國, 將少人徒, 省官職, 上功勞苦, 與百姓均事業, 齊功勞. 若是則不威, 不威則罰不行. 賞不行, 則賢者不可得而進也; 罰不行, 則不肖者不可得而退也. 賢者不可得而進也, 不肖者不可得而退也, 則能不能不可得而官也. 若是, 則萬物失宜, 事變失應, 上失天時, 下失地利, 中失人和, 天下敖然, 若燒若焦; 墨子雖爲之衣褐帶索, 嚽菽飮水, 惡能足之乎! 旣以伐其本, 竭其原, 而焦天下矣.(「富國」)

천하 전체의 걱정은 혼란과 상해(傷害)이다. 왜 세상을 어지럽히는 자가 누구인지 모두는 생각해 보지 않는가? 나는 묵자가 음악을 부정하는 것이 천하를 어지럽게 만드는 것이며, 물자를 절약하여 사용하자는 것이 천하를 가난하게 만드는 것이라 생각한다. 그를 깎아내리려는 것이 아니라, 말하자면 그러하지 않음이 없기 때문이다. 묵자가 크게는 천하를 차지하고 작게는 한 나라를 차지한다면, 근심에 가득 차 거친 옷을 입고 나쁜 음식을 먹으면서 걱정하고 슬퍼하며 음악을 내칠 것이다. 이렇게 하면 생산이 줄게 되고, 생산이 줄면 욕망을 충족시키지 못하고, 욕망이 충족되지 않으면 상을 내릴 만한 일이 행해 지지 않을 것이다. 묵자가 크게는 천하를 차지하고 작게는 한 나라를 차지한다면, 부리는 사람들을 적게 하고 관직을 줄이며, 공(功)을 드높이고 노고를 하면서 백성들과 같이 일을 하며 공과 노고를 함께 쌓을 것이다. 이렇게 하면 위엄이 서지 않고, 위엄이 서지 않으면 형벌이 행해지지 않을 것이다. 상을 내리는 일이 행해지지 않으면 현명한 사람이 나와 벼슬할 수 없고, 형벌이 행해지지 않으면 못난 자들을 벼슬자리에서 물러낼 수 없다. 현명한 사람이 벼슬할 수 없고 못난 사람이 물러날 수 없다면, 곧 능력 있는 사람과 능력 없는 사람을 적당하게 분별하여 맞는 벼슬을 줄 수가 없다. 이렇게 되면 만물이 그 합당함을 잃고, 일의 변화가 시기를 놓치게 되며, 위로는 하늘의 때를 놓치고, 아래로는 땅의 이로움을 놓치며, 그 사이로는 사람들이 조화를 잃게 되어, 천하는 불이 붙어 타버린 듯 메마르게 될 것이다. 묵자가 비록 천하를 위하여 칡베옷을 입고 새끼 띠를 매며 콩죽을 먹고 냉수를 마신다 할지언정 어찌 천하를 충족시킬 수 있겠는가? 이미 그 뿌리를 자르고 그 근원을 마르게 하여 온 천하를 태워 버렸는데 말이다.

故先王聖人爲之不然: 知夫爲人主上者不美不飾之不足以一民也, 不富不厚之不足以管下也, 不威不强之不足以禁暴勝悍也. 故必將撞大鍾擊鳴鼓吹笙竽彈琴瑟, 以塞其耳; 必將雕琢刻鏤黼黻文章, 以塞其目; 必將芻豢稻粱五味芬芳, 以塞其口. 然後衆人徒備官職漸慶賞嚴刑罰, 以戒其心, 使天下生民之屬, 皆知己之所願欲之擧在是于也, 故其賞行; 皆知己之所畏恐之擧在是于也, 故其罰威. 賞行罰威, 則賢者可得而進也, 不肖者可得而退也, 能不能可得而官也. 若是, 則萬物得宜, 事變得應, 上得天時, 下得地利, 中得人和, 則財貨渾渾如泉源, 汸汸如河海, 暴暴如丘山, 不時焚燒, 無所藏之, 夫天下何患乎不足也. 故儒術誠行, 則天下大而富, 使而功, 撞鍾擊鼓而和. 『詩』曰: "鍾鼓喤喤, 管磬瑲瑲. 降福穰穰, 降福簡簡, 威儀反反. 旣醉旣飽, 福祿來反." 此之謂也. 故墨術誠行, 則天下尙儉而彌貧, 非鬪而日爭, 勞苦頓萃而愈無功, 愀然憂戚非樂而日不和. 『詩』曰: "天方薦瘥, 喪亂弘多. 民言無嘉, 憯莫懲嗟." 此之謂也.(「富國」)

그러므로 선왕(先王)과 성인(聖人)들은 그렇게 하지 않았다. 그들은 무릇 백성의 임금된 이가 아름답지 않거나 문식(文飾)을 하지 않으면 백성들을 통일

할 수 없으며, 부유하지 않거나 두텁지 않으면 아랫사람들을 관할할 수 없고, 위엄이 없거나 강하지 않으면 포악한 자를 금하고 흉악한 자를 이겨낼 수 없음을 알고 있었다. 그래서 반드시 큰 종을 두드리고, 소리가 널리 울리는 북을 치며, 생황(笙簧)과 우(竽)를 불고, 금(琴)과 슬(瑟)을 타게 하여 그들의 귀를 막았다. 반드시 조각을 새겨 넣고 여러 가지 색으로 아름답게 수놓은 무늬를 그려 그들의 눈을 막았다. 반드시 소·돼지나 벼·수수나 여러 가지 맛과 향기로운 물건으로 그들의 입을 막았다. 그런 뒤에 일하는 사람들을 늘리고 관직을 갖추며 상을 내리고 형벌을 엄하게 하여 그들의 마음을 경계시켰다. 천하의 백성들이 자기가 바라던 것이 모두 이 점에 있다는 것을 알도록 하기 위해 그들에게 상을 내리는 것이다. 자기가 두려워하는 것 또한 모두 이 점에 있다는 것을 알도록 하기 위해 그들을 형벌로 압박하는 것이다. 상을 내리고 형벌로 다스리면 곧 현명한 사람을 얻어 일을 할 수 있게 하고, 못난 자들을 물러나게 할 수 있으며, 능력 있고 능력 없는 이들이 각기 적절하게 그에 맞는 벼슬을 할 수 있게 된다. 이렇게 되면 곧 만물은 그 합당함을 얻게 되고, 일의 변화는 적절한 시기에 호응하며, 위로는 하늘의 때를 잘 맞추고, 아래로는 땅의 이로움을 잘 이용하며, 그 사이로는 사람들이 잘 화합할 수 있는 것이다. 그러면 재화(財貨)는 샘물이 솟듯 넘쳐나고, 강물이나 바닷물처럼 가득 차며, 산더미처럼 높이 쌓여, 때로 얼마간 태워 없어져도 그것을 저장할 곳이 없을 정도로 넉넉할 것이다. 그러니 온 천하가 어찌 부족함을 걱정하겠는가? 그러므로 유가(儒家)의 도(道)가 진실로 행해진다면 곧 천하는 크고 부유해 지며, 안락하면서도 많은 공업(功業)을 이루고, 종을 치고 북을 두드리는 가운데 화합하게 될 것이다.『시경(詩經)』에 이르기를, "종소리 북소리 울리고, 피리소리 경소리 울리네. 내려 주는 복이 넘쳐나고, 내려 주는 복이 크기도 하네. 점잖은 모양은 위엄이 서리고, 취하고 배부르니 복과 녹(祿)이 계속 이어지네."라 한 것은, 바로 이것을 가리키는 말이다. 그런데 묵가(墨家)의 도(道)가 만약 행해진다면, 곧 천하는 검소함을 숭상함으로써 더욱 가난해지고, 싸우려 들지 않는 데도 매일 다투게 되며, 노력하고 수고하여도 오히려 공(功)은 이루어지지 않게 되고, 초췌한 얼굴로 걱정하고 슬퍼하며 음악을 폐지하니 매일처럼 화합하지 못할 것이다.『시경』에 이르기를, "하늘이 거듭 고통을 내리시니, 환란이 너무나 많도다. 백성들이 하는 말은 모두 불평뿐이로니, 슬프게도 그 누구 이를 막지 않구나!"라 한 것은, 바로 이를 가리키는 말이다.

國危則無樂君, 國安則無憂民. 亂則國危, 治則國安. 今君人者, 急逐樂而緩治國, 豈不過甚矣哉. 譬之是由好聲色而恬[11]無耳目也, 豈不哀哉! 夫人之情, 目欲綦色, 耳欲綦聲, 口欲綦味, 鼻欲綦臭, 心欲綦佚. 此五綦者, 人情之所必不免也. 養五綦者有具, 無其具, 則五綦者不可得而致也. 萬乘之國, 可謂廣大富厚矣, 加有治辨強固之道焉, 若是則恬愉無患難矣, 然後養五綦之具具也. 故百樂者, 生於治國者也; 憂患者, 生於亂國者也. 急逐樂而緩治國者, 非知樂者也. 故明君者, 必將先治其國, 然後百樂得其中. 暗君必將急逐樂而緩治國, 故憂患不可勝校也, 必至於身死國亡然後止也, 豈不哀哉! 將以爲樂, 乃得憂焉; 將以爲安, 乃得危焉; 將以爲福, 乃得死亡焉, 豈不哀哉!(「王霸」)

나라가 위태로우면 즐기는 임금이 없고 나라가 편안하면 근심하는 백성이 없다. 혼란하면 나라가 위태롭고, 잘 다스려지면 나라가 편안하다. 지금 임금들은 즐거움을 추구하기에 급급해서 나라를 다스리는 일에는 분발하지 않고 있다. 어찌 잘못이 심하지 않다고 할 수 있겠는가? 이는 마치 소리와 색깔을 좋아하면서도 귀와 눈을 기울이지 않고 조용히 지내는 것과 같다. 어찌 슬픈 일이 아니겠는가? 무릇 사람들의 감정이란, 눈은 색깔을 좋아하고, 귀는 음악

---

11. "념(恬)": 미학범주로는 념담(恬澹)의 의미로 쓰인다.

을 좋아하며, 입은 맛을 따르고, 코는 냄새를 쫓으려 하며, 마음은 편안함을 추구한다. 이 다섯 가지의 욕구란 사람들의 감정으로서 절대 피할 수 없는 것이다. 이 다섯 가지의 욕망을 잘 추구하기 위해서는 갖추어야 할 조건이 있다. 이 조건이 갖추어지지 않으면 다섯 가지의 욕망은 이룰 수가 없다. 천자(天子)의 나라라면 광대하고 부유하다고 할 수 있다. 그런데 여기에 나라를 잘 다스려 강하고 튼튼하게 할 방도까지 갖추고 있다면 그 나라는 편안하여 환란이 없을 것이다. 그렇게 된 다음에야 다섯 가지의 추구를 위해 필요한 조건들이 비로소 갖추어진다. 그러므로 모든 즐거움이란 나라를 잘 다스리는 데에서 생겨나는 것이다. 걱정과 환란은 나라가 어지러운 데에서 생겨나는 것이다. 즐거움을 추구하는데 급급해서 나라 다스리는 일을 게을리 하는 사람은 즐길 줄을 모르는 자이다. 그러므로 현명한 임금은 반드시 먼저 그의 나라를 잘 다스린 뒤에 온갖 즐거움을 그 속에서 얻는 것이다. 어리석은 임금은 필경 즐거움을 추구하는 데 급급하여 나라를 다스리는 일을 게을리 하게 된다. 그러므로 걱정과 환란이 헤아릴 수 없을 정도가 된다. 반드시 그의 몸이 죽고 나라가 망한 뒤에야 그만두게 될 것 이다. 어찌 슬픈 일이 아니겠는가? 즐기려 하다가 근심을 얻게 되고, 안락하게 지내려다가 위험을 얻게 되며, 복을 받으려다가 죽고 망하게 되는 것이다. 어찌 슬픈 일이 아니겠는가? 아! 임금된 자는 또한 이 내용을 잘 살필 수 있어야 할 것이다.

夫貴爲天子, 富有天下, 名爲聖王, 兼制人, 人莫得而制也, 是人情之所同欲也, 而王者兼而有是者也. 重色而衣之, 重味而食之, 重財物而制之, 合天下而君之; 飮食甚厚, 聲樂甚大, 臺謝甚高, 園囿甚廣, 臣使諸侯, 一天下, 是又人情之所同欲也, 而天下之禮制如是者也. 制度以陳, 政令以挾; 官人失要則死, 公侯失禮則幽, 四方之國有侈離之德則必滅; 名聲若日月, 功績如天地, 天下之人應之如景響, 是又人情之所同欲也, 而王者兼而有是者也. 故人之情, 口好味而臭味莫美焉; 耳好聲而聲樂莫大焉; 目好色而文章致繁婦女莫衆焉; 形體好佚而安重閑靜莫愉焉; 心好利而穀祿莫厚焉. 合天下之所同願兼而有之, 睪牢天下而制之若制子孫, 人苟不狂惑戇陋者, 其誰能睹是而不樂也哉.(「王霸」)

    천자(天子)처럼 존귀하고, 천하를 차지할 정도로 부유하며, 성왕(聖王)이라는 명성을 얻고, 모든 사람을 제어하되 다른 사람에게 제어당하지 않는 것은, 바로 감정이 있는 사람이라면 누구나가 바라는 일이다. 그런데 왕자(王者)는 이런 것들을 모두 가지고 있는 사람이다. 여러 가지 색깔의 옷을 입고, 온갖 맛있는 음식을 먹으며, 풍부한 재물들을 마음대로 쓰고, 온 천하를 평정하여 임금 노릇을 하며, 먹고 마실 것이 더없이 풍부하고, 음악을 성대하게 즐기며, 높은 누각과 넓은 정원을 소유하고, 제후들을 신하로 부리면서 천하를 통일한다는 것은, 또한 감정이 있는 사람이라면 누구나가 바라는 일이다. 그런데 천자(天子)의 예제(禮制)에서는 그처럼 할 수 있다. 여러 제도가 시행되고 정령(政令)이 널리 펼쳐져, 관리들이 중요한 점에서 그릇되면 사형을 시키고, 제후들이 예의에 어긋나는 짓을 하면 잡아 가두며, 사방의 여러 나라들 가운데 덕에 어긋나는 나라가 있으면 반드시 멸망시킴으로써, 명성은 해와 달 같고, 공적은 하늘과 땅 같으며, 천하 사람이 그를 그림자나 산울림처럼 따르는 것은, 역시 감정이 있는 사람이라면 누구나가 바라는 일이다. 그런데 왕자(王者)는 이런 것들을 모두 가지고 있는 사람이다. 그러므로 사람들의 감정이란 것이, 입은 맛있는 것을 좋아하지만 왕자(王者)보다 더 맛있는 것을 먹을 수는 없고, 귀는 좋은 소리를 좋아하지만 왕자(王者)보다 더 좋은 음악을 들을 수는 없으며, 눈은 아름다운 색깔을 좋아하지만 왕자(王者)보다 더 아름다운 무늬와 장식을 즐기고 많은 여자를 거느릴 수는 없고, 육체는 편안한 것을 좋아하지만 왕자(王者)보다 더 안정되고 즐겁게 지낼 수는 없으며, 마음은 이로움을 좋아하지만 녹(祿)으로 받는 곡식이 왕자(王者)보다 더 많을 수는 없다. 왕자(王者)는 천하 사람이 바라는 것을 모두 차지하고, 천하를 제어하기를 자기 자손 다루듯이 하고 있는데, 사람이라면 실로 미쳤거나 모자란 사람이 아닌 이상 그 누가 이런 것을 보고서 즐겁지 않다고 할 수 있겠는가?

恭敬, 禮也; 調和, 樂也; 謹愼, 利也; 鬪怒, 害也. 故君子安禮樂利, 謹愼而無鬪怒, 是以百擧不過也. 小人反是.(「臣道」)

공경은 예(禮)에 상관하고, 조화는 악(樂)에 상관하는 것이다. 근신하는 것은 이로움으로 연결되고, 다투며 화내는 것은 해로움에 연결된다. 그러므로 군자는 예의와 음악으로 편안히 지내 이롭고, 근신하여 다투거나 화내지 않는다. 그런 까닭에 어떤 행동에도 잘못이 없다. 그러나 소인은 이와 반대이다.

禮起於何也? 曰: 人生而有欲, 欲而不得, 則不能無求; 求而無度量分界, 則不能不爭. 爭則亂, 亂則窮. 先王惡其亂也, 故制禮義以分之, 以養人之欲, 給人之求. 使欲必不窮乎物, 物必不屈於欲, 兩者相持而長, 是禮之所起也.(「禮論」)

예(禮)는 어디에서 기원하는가? 사람은 태어나면서부터 욕망이 있는데, 얻고자 하면서도 얻지 못하면 곧 추구하지 않을 수 없고, 추구하는 데에 일정한 기준과 한계가 없으면 곧 다투지 않을 수 없다. 다투면 어지러워지고 어지러워지면 궁해진다. 선왕(先王)들은 그 어지러움을 싫어하였기 때문에 예의를 제정해 그 분계(分界)를 정함으로써, 사람들의 욕망을 충족시켜 주고 사람들이 원하는 바를 제공하였던 것이다. 욕망으로 하여금 결코 물건에 궁해지지 않도록 하고, 물건은 반드시 욕망에 부족함이 없도록 해, 이 두 가지가 서로 균형 있게 발전하도록 하였는데, 이것이 곧 예(禮)의 기원이다.

故禮者養也. 芻豢稻粱, 五味調香, 所以養口也; 椒蘭芬苾, 所以養鼻也; 雕琢刻鏤黼黻文章, 所以養目也; 鍾鼓管磬琴瑟竽笙, 所以養耳也; 疏房檖䫉越席牀第几筵, 所以養體也. 故禮者, 養也.(「禮論」)

그러므로 예(禮)란 만족시켜 주는 것이다. 가축과 곡식 및 여러 가지 어우러진 맛은 입을 만족시켜 주는 것이다. 산초(山椒)와 난초 및 여러 향기로운 것들은 코를 만족시켜 주는 것이다. 여러 가지 조각과 무늬와 채색은 눈을 만족시켜 주는 것이다. 종(鐘)·북·피리·경(磬)·금(琴)·슬(瑟)·우(竽)·생황(笙簧)은 귀를 만족시켜 주는 것이다. 탁 트인 방·웅장한 궁전·돗자리·침대·안석(案席)·방석(方席)은 몸을 만족시켜 주는 것이다. 그러므로 예(禮)란 욕망을 만족시켜 주는 것이다.

君子既得其養, 又好其別. 曷謂別? 曰: 貴賤有等, 長幼有差, 貧富輕重皆有稱者也. 故天子大路越席, 所以養體也; 側載睪芷, 所以養鼻也; 前有錯衡, 所以養目也; 和鸞之聲, 步中「武」「象」, 趨中「韶」「護」, 所以養耳也. 龍旗九斿, 所以養信也; 寢兕持虎蛟韅絲末彌龍, 所以養威也; 故大路之馬必倍至敎順然後乘之, 所以養安也. 孰知夫出死要節之所以養生也! 孰知夫出費用之所以養財也! 孰知夫恭敬辭讓之所以養安也! 孰知夫禮義文理之所以養情也! 故人苟生之爲見, 若者必死; 苟利之爲見, 若者必害; 苟怠惰偸懦之爲安, 若者必危; 苟情說之爲樂, 若著必滅. 故人一之於禮義, 則兩得之矣; 一之於情性, 則兩喪之矣. 故儒者將使人兩得之者也, 墨者將使人兩喪之者也, 是儒墨之分也.(「禮論」)

군자가 이미 그의 욕망을 만족시켰다면 다음으로는 분별을 좋아할 것이다. 분별이란 무엇을 말하는가? 귀하고 천한 데에는 등급이 있고, 어른과 어린이에는 차별이 있으며, 빈자(貧者)와 부자 사이에는 가볍고 무거움이 있는데, 모두는 알맞게 어울리고 있다. 그러므로 천자(天子)가 큰 수레〈大路〉에 돗자리를 까는 것은 몸의 욕망을 충족시키는 것이다. 곁에 좋은 냄새의 향초(香草)를 놓는 것은 코의 욕망을 충족시키는 것이다. 수레 앞의 가로된 나무에 조각을 하는 것은 눈의 욕망을 충족시키는 것이다. 수레가 천천히 갈 때는 말방울 소리는 무무(武舞)와 상무(象舞)의 음악에 들어맞고, 빨리 달릴 때는 소(韶)와 호(護)의 음악에 들어맞는 것은 귀의 욕망을 충족시키는 것이다. 용이 그려진 기에 아홉 개의 깃발이 달려 있는 것은 임금에 대한 믿음을 보이려는 것이다. 수레 바퀴에 그린 외뿔소와 호랑이 무늬·교룡(蛟龍)의 무늬가 그려진 말 뱃대끈·비단실로 짜서 만든 수레 덮개·멍에 양 끝에 그려진 용 그림 등은 임금의 위엄을 보이려는 것이다. 그러므로 대로(大路)의 말은 반드시 몇 배의 공을 들여 순하게 길들인 다음에야 수레를 끌게 하는 것인데, 이는 임금의 편안함을 보이려는 것이다. 신하가 나가 죽어 절의를 지키는 것은 그 다운 삶을 위한 것임을 잘 알아야 한다. 남에게 돈을 쓰고 예물을 보내는 것은 재물을 늘리기 위한 것임 을 잘 알아야 한다. 공경하고 사양하는 것은 안락함을 간직하기 위한 것임을 잘 알아야 한다. 예의와 형식은 감정을 위한 것임을 잘 알아야 한다. 그러므로 사람이 구차히 삶만을 쫓는다면 반드시 죽게 될 것이다. 구차하게 이로움만을 쫓는다면 반드시 손해를 볼 것이다. 구차하게 게으름 피고 놀고먹는 것을 편안하게 여긴다면 반드시 위태로워질 것이다. 구차하게 감정의 기쁨만을 즐거움으로 삼는다면 반드시 멸망할 것이다. 그러므로 사람이 예의에 전일(專一)하게 되면 예의와 욕망의 충족 두 가지를 다 얻게 되고, 감정에 전일(專一)하게 되면 두 가지를 다 잃게 될 것이다. 그러므로 유자(儒者)는 사람들로 하여금 두 가지를 다 얻게 하는 사람들이고, 묵자(墨者)는 사람들로 하여금 두 가지를 다 잃게 하는 자들이다. 이것이 유가(儒家)와 묵가(墨家)의 다른 점이다.

凡禮, 始乎梲, 成乎文, 終乎悅校. 故至備, 情文俱盡; 其次, 情文代勝; 其下, 復情以歸大一也.(「禮論」)

무릇 예(禮)는 소박함에서 시작하여 형식적인 문식(文飾)으로 완성되며 기쁨과 즐거움에서 끝을 맺는다. 그러므로 지극히 잘 갖추어진 예(禮)는 감정과 형식을 모두 갖추어져 있으며, 그보다 더 아래의 예(禮)는 감정이나 형식 어느 한편에 치우쳐 있고, 가장 하급의 예(禮)는 감정에만 치우쳐 옛적의 원시적인 상태로 되돌아가는 것이다.

禮者, 以財物爲用, 以貴賤爲文, 以多少爲異, 以隆殺爲要. 文理繁[12], 情用省, 是禮之隆也. 文理省, 情用繁, 是禮之殺也. 文理情用, 相爲內外表裏, 並行而雜, 是禮之中流[13]也. 故君子上致其隆, 下盡其殺, 而中處其中.(「禮論」)

예(禮)란 재물로써 활용을 하고, 귀하고 천함으로 형식적인 문식(文飾)을 나누며, 형식의 많고 적음으로 신분을 구분하고, 예(禮)의 등급을 높이고 형식을 낮추는 것으로 요점을 삼는다. 형식적인 문식은 많고 감정은 간략한 것이 예(禮)의 등급을 높이는 것이며, 형식적인 문식이 간략하고 감정은 많게 하는 것이 예(禮)의 등급을 낮추는 것이다. 형식적인 문식과 감정의 쓰임이 서로 안팎을 이루어 나란히 행해지며 섞이는 것이 예(禮)의 적절함이다. 그러므로 군자는 위로는 예(禮)의 융성함을 다하고 아래로는 감정의 쓰임을 낮추어, 그 가운데 알맞게 처신해야 한다.

---

12. "번(繁)": 원래 문장에서 비유 등에 의해 두텁게 전개되는 묘사를 가리키는 예술풍격이다. 회화에서 이러한 번(繁)을 이해하자면, 앞서 예시한 그림들에서 보듯이 그것은 밀도 있는 구도와 더불어 선연하면서도 묵직하게 풀어진 채색의 치장을 말하는 것이 된다.
13. "중류(中流)": 중(中)은 중정(中正), 즉 '바로잡음'의 뜻이다. 류(流)는 '잘못됨'을 말한다. 따라서 중류(中流)는 잘못을 바로잡아 적절하고 마땅하게 됨을 말한다.

禮者, 斷長續短, 損有餘, 益不足, 達愛敬之文, 而滋成行義之美者也. 故文飾麤惡聲樂哭泣恬愉憂戚, 是反也, 然而禮兼而用之, 時擧而代御. 故文飾聲樂恬愉, 所以持平奉吉也; 粗惡哭泣憂戚, 所以持險奉凶也. 故其立文飾也, 不至於窕冶; 其立麤衰也, 不至於瘠棄; 其立聲樂恬愉也, 不至於流淫惰慢; 其立哭泣哀戚也, 不至於隘慴傷生. 是禮之中流也.(「禮論」)

예(禮)라는 것은, 긴 것은 자르고 짧은 것은 이어주며 남는 것은 덜어 주고 부족한 것은 보태 주어 사랑과 존경이 담긴 문식을 담음으로써, 의로움을 행하는 아름다움을 완성케 하는 것이다. 화려한 문식(文飾)과 거칠어 보기 싫은 것·즐거운 노래와 곡하며 우는 것·편하고 즐거운 것과 근심하고 슬퍼하는 것은 서로 반대되는 것이다. 그러나 예(禮)는 그것들을 아울러 쓰고 때에 따라 바꿔 가며 쓴다. 그러므로 아름다운 수식과 즐거운 노래와 편하고 즐거운 것은 평상의 상태를 유지하면서 경사스런 일에 쓰인다. 거친 수식과 곡하고 우는 것 및 걱정하고 슬퍼하는 것은 험악한 상태를 유지하면서 흉한 일에 쓰인다. 그러므로 화려한 수식을 하면서도 지나치게 예쁘고 곱지는 않게 하며, 거친 수식을 하면서도 몸에 해롭고 괴롭지는 않게 하고, 노래의 즐거움 편안함을 나타내면서도 음탕하거나 태만하지는 않게 하며, 울며 곡하는 애절함을 나타내면서도 그 슬픔이 건강을 상하게 하지는 않는다. 이것이 예(禮)의 적절함이다.

夫聲樂之入人也深, 其化人也速, 故先王謹爲之文. 樂中平則民和而不流, 樂肅莊則民齊而不亂. 民和齊則兵勁城固, 敵國不敢嬰也. 如是, 則百姓莫不安其處, 樂其鄕, 以至足其上矣. 然後名聲於是白, 光輝於是大, 四海之民莫不願得以爲師. 是王者之始也. 樂姚冶以險, 則民流僈鄙賤矣. 流僈則亂, 鄙賤則爭. 亂爭則兵弱城犯,

敵國危之. 如是, 則百姓不安其處, 不樂其鄕, 不足其上矣. 故禮樂
廢而邪音起者, 危削侮辱之本也. 故先王貴禮樂而賤邪音.(「樂論」)

　노래와 음악이 사람에게 미치는 영향이 매우 크고, 사람들을 감화시키는
것 역시 매우 빠르다. 그러므로 선왕(先王)은 삼가 그 형식을 잘 갖추었다. 음
악이 중정(中正)하고 화평하면 백성들은 화합하여 잘못되지 않고, 음악이 엄
숙하고 장중하면 백성들은 질서가 있어 어지럽지 않게 된다. 백성들이 화합하
고 질서가 있으면 곧 군대는 강하고 성(城)이 견고해져 적국(敵國)이 감히 침
략하지 못하는 것이다. 그렇게 되면 백성들은 모두 자신이 처한 곳에서 편안
하고, 자기의 고을에서 즐겁게 지내며, 그의 임금에 대해 지극히 만족하게 될
것이다. 그렇게 된 뒤에야 그의 명성이 뚜렷이 드러나고 그의 광명이 크게 빛
나게 되니, 온 세상 백성들은 모두 그를 자기의 군주로 삼기를 바라게 된다. 이
것이 왕노릇의 시작이다. 음악이 지나치게 아름다우면서 일정한 도를 넘어서
면, 백성들은 어긋나고 비천해진다. 빗나가고 그릇되면 어지러워지고, 야비하
고 천박하면 다투게 된다. 이렇게 어지럽고 다투게 되면 곧 군대는 약해지고
성(城)은 침략을 받게 되니 이에 적국(敵國)이 그들을 위태롭게 만든다. 그렇
게 되면 백성들은 모두 자신이 처한 곳에서 편안하지 못하고, 자기의 고을에
서 즐겁게 지낼 수 없으며, 그의 임금에 대해 만족하지 못하게 된다. 따라서 예
악(禮樂)이 무너져서 사악한 음악이 생겨나는 것은, 나라가 위태롭게 되어 치
욕을 겪는 근원인 것이다. 그러므로 선왕(先王)은 예(禮)와 악(樂)을 귀중히 여
기고 사악한 음악은 천시한 것이다.

　君子以鍾鼓道志, 以琴瑟樂心. 動以干戚, 飾以羽旄, 從以磬管.
故其淸明象天, 其廣大象地, 其俯仰周旋有似於四時. 故樂行而志
淸, 禮修而行成, 耳目聰明, 血氣和平, 移風易俗[14], 天下皆寧, 美善

---

14. "이풍역속(移風易俗)": 풍속이 바른 방향으로 변화됨을 말한다. 유가미학의 관점에서 볼

相樂.(「樂論」)

　군자는 종과 북으로 사람의 뜻을 이끌고, 금(琴)과 슬(瑟)로 사람의 마음을 즐겁게 한다. 무무(武舞)에는 방패와 도끼를 들고 움직이고, 문무(文舞)에는 깃털과 모우(旄牛) 꼬리로 장식을 하고, 경(磬)과 관악기의 반주가 따른다. 그러므로 음악의 맑고 밝음은 하늘을 상징하는 것이고, 그 넓고 큼은 땅을 상징하는 것이며, 몸을 아래위로 젖히고 빙빙 돌며 춤추는 것은 사시(四時)를 보여주는 것이다. 그러므로 음악이 바르게 행해지면 뜻이 맑아지고, 예의가 닦여지면 행실이 이루어지며, 귀와 눈은 잘 들리고 잘 보이게 되고, 혈기는 화평해지며, 풍속이 바르게 순화되니, 온 천하가 이에 편안해지고, 아름다움과 도덕적 완선(完善)이 서로 즐겁게 된다.

　故知者爲之分別, 制名以指實, 上以明貴賤, 下以辨同異. 貴踐明, 同異別, 如是, 則志無不喩之患, 事無困廢之禍, 此所爲有名也.(「正名」)

　그러므로 지혜로운 사람이 그것들을 분별해 명칭을 제정하여 실체를 가리켰는데, 위로는 귀한 것과 천한 것을 분명히 하고, 아래로는 같은 것과 다른 것을 분별하였다. 귀한 것과 천한 것이 분명해지고 같은 것과 다른 것이 구별되면, 생각에 사물을 잘 알지 못하는 걱정이 없게 되고, 하는 일은 곤경에 빠져 실패하는 어려움이 없게 된다. 이것이 명칭이 있게 된 까닭이다.

때 예술의 사회적 기능을 뜻하는 미학범주로. 풍교(風敎)라고도 한다. 시가(詩歌)나 악무(樂舞)의 사회와 대중에 대한 윤리도덕적 교육과 감화 기능을 말한다. 원래 풍속이란 한 지역에서 오랜 기간 형성된 기풍과 습관을 가리킨다. 그런데 예를 들어 『시경(詩經)』에 수록된 시 삼백(詩三百) 같은 경우처럼 그 내용이 대중에게 커다란 교육적 기능을 발휘함으로써 충효를 일깨우고 인륜을 두텁게 하는 등 민심과 풍속을 바른 방향으로 변화시킬 수 있음을 유가는 주목하게 되었다. 이로부터 유가미학의 테두리 안에서, 시가나 악무 등 예술은 미와 선 1ü 이성·심미와 도덕 등의 조화와 통일을 지향해야만 했다.

然則何緣而以同異? 曰: 緣天官. 凡同類同情者, 其天官之意物也同; 故比方之疑似而通, 是所以共其約名以相期也. 形體色理, 以目異; 聲音淸濁調竽奇聲, 以耳異; 甘苦鹹淡辛酸奇味, 又口異; 香臭芬鬱腥臊灑酸奇臭, 以鼻異; 疾養凔熱滑鈹輕重, 以形體異; 說故喜怒哀樂愛惡欲, 以心異. 心有徵知. 徵知, 則緣耳而知聲可也, 緣目而知形可也, 然而徵知必將待天官之當簿其類然後可也.(「正名」)

그렇다면 무엇을 근거로 같은 것과 다른 것을 분별하는가? 그것은 선천적인 감각 기관에 의해서이다. 종류도 같고 정상(情狀)도 같은 물건들에 대해서는 감각 기관의 의식 또한 같다. 그러므로 물건들을 비교하여 서로 비슷하여 통하는 것에 대해서 그것들을 간략히 지목할 수 있는 이름을 함께 갖도록 하여 서로 인식하게 하였다. 형체와 색깔은 눈으로 차이를 구별하고, 소리의 맑음과 탁함 및 악기의 가락과 기이한 소리는 귀로 차이를 구별하며, 달고 쓰고 짜고 싱겁고 맵고 시거나 기이한 맛은 입으로 차이를 구별하고, 향기로운 냄새와 썩은 냄새 및 비리고 노린 악취나 기이한 냄새는 코로 차이를 구별하며, 아프고 가렵고 차고 뜨겁고 매끄럽고 따갑고 가볍고 무거운 것은 육체로 차이를 구별하고, 기꺼워하고 체하고 기뻐하고 화내고 슬퍼하고 즐거워하고 사랑하고 미워하고 욕심내는 것은 마음으로 차이를 구별한다. 마음에는 인지(認知)능력이 있다. 인지능력이 있기에 귀를 통해 소리를 알 수 있고, 눈을 통해 형체를 알 수 있다. 그러나 인지능력은 반드시 선천적인 감각기관이 물상(物象)의 여러 부류를 정리해 준 다음이라야 발휘될 수 있는 것이다.

凡語治而待去欲者, 無以道欲而困於有欲者也. 凡語治而待寡欲者, 無以節欲而困於多欲者也. 有欲無欲, 異類也, 生死也, 非治亂也. 欲之多寡, 異類也, 情之數也, 非治亂也. 欲不待可得, 而求者從所可. 欲不待可得, 所受乎天也; 求者從所可, 受乎心也. 所受乎天之一欲, 制於所受乎心之多, 固難類所受乎天也.(「正名」)

정치를 논하면서 욕망을 없애야 한다고 말하는 자들은, 욕망을 잘 인도해 줄 방도는 생각하지 않고 사람들에게 욕망이 있다는 사실에 곤혹스러워 하는 자들이다. 정치를 논하면서 욕망을 적게 가져야 한다고 주장하는 자들은, 욕망을 조절해 줄 생각은 하지 않고 사람들에게 욕망이 많다는 사실에 곤혹스러워 하는 자들이다. 욕망이 있는 것과 욕망이 없는 것은 전혀 다른 문제이다. 그것은 타고난 본성의 문제이지 다스리고 말고의 문제가 아니다. 욕망의 많고 적음도 전혀 다른 문제이다. 감정으로 정해져 있는 것이지, 다스리고 말고의 것이 아니다. 사람의 욕망이란 다 얻어질 수는 없지만, 그 추구하는 바는 가능한 범위 안에서 얻어진다. 사람의 욕망이 다 얻어질 수가 없다는 것은 그것이 하늘로부터 받는 것이기 때문이며, 추구하는 바가 가능한 범위 안에서 얻어진다는 것은 그것이 마음에 의해 추구되는 것이기 때문이다. 하늘로부터 타고난 한 가지 욕망은 마음에 의해 추구되는 많은 것들에 의해 제약을 받기 때문에, 본디 하늘로부터 타고난 욕망과 같은 종류의 것이라 할 수는 없다.

人之所欲生甚矣, 人之所惡死甚矣. 然而人有從生成死者, 非不欲生而欲死也, 不可以生而可以死也. 故欲過之而動不及, 心止之也. 心之所可中理, 則欲雖多, 奚傷於治! 欲不及而動過之, 心使之也. 心之所可失理, 則欲雖寡, 奚止於亂! 故治亂在於心之所可, 亡於情之所欲. 不求之其所在, 而求之其所亡, 雖曰, 我得之, 失之矣.(「正名」)

사람이 살고자 하는 욕망은 대단하다. 또 사람이 죽음을 피하고자 하는 욕망도 대단하다. 그러나 사람이 살다가 죽는 것은, 살기가 싫어 죽으려고 하는 것이 아니라 더 이상 살 수 없어 죽을 수밖에 없기 때문이다. 그러므로 욕망이 그것을 넘어서는데도 사람의 움직임이 거기에 미치지 못하는 것은, 마음이 그 행동을 저지하기 때문이다. 사람의 마음이 괜찮다고 여기는 것이 이치에 합당하다면, 욕망이 비록 많다 하더라도 세상을 올바로 다스리는 데에 무슨 해가 되겠는가? 욕망은 그렇지 않은데 사람의 행동이 욕망보다 지나치는 경우는, 마음이 그렇게 만드는 것이다. 마음이 괜찮다고 여기는 것이 이치에 합당하지 않다면, 욕망이 비록 적다하더라도 어찌 세상이 어지러워지는 것을 저지할 수 있겠는가? 그러므로 세상이 다스려지고 어지러워지는 것은 마음의 판단에 달려 있는 것이지, 감정의 욕망과는 상관없는 것이다. 마음으로 추구하지 않고 욕망으로 추구한다면, 비록 자기는 옳게 하였다 하더라도 궁극적으로는 실패하게 될 것이다.

性者, 天之就也; 情者, 性之質也; 欲者, 情之應也. 以所欲爲可得而求之, 情之所必不免也. 以爲可而道之, 知所必出也. 故雖爲守門, 欲不可去, 性之具也. 雖爲天子, 欲不可盡. 欲雖不可盡, 可以近盡也; 欲雖不可去, 求可節也. 所欲雖不可盡, 求者猶近盡; 欲雖不可去, 所求不得, 慮者欲節求也. 道者, 進則近盡, 退則節求, 天下莫之若也.(「正名」)

본성이란 하늘이 부여한 것이고, 감정이란 본성의 실질이며, 욕망이란 감정의 반응이다. 욕망하는 바대로 얻어질 수 있는 것이라 여겨져서 추구하는 것은, 감정이 어쩔 수 없이 그렇게 하는 일이다. 그런데 괜찮다고 생각하고 욕망을 인도하는데서 지혜는 필시 나오게 되어 있다. 그러므로 비록 문지기라 할지라도 욕망은 버릴 수가 없는데 이는 본성의 당연한 바이다. 또한 비록 천자(天子)라 할지라도 욕망을 다 얻을 수는 없는 것이다. 욕망은 비록 다 얻을 수 없지만 그 기대치 가까이는 추구할 수 있다. 욕망은 비록 다 버릴 수 없지만 그 추구하는 바는 조절할 수는 있다. 또 비록 욕망은 다 얻을 수가 없지만 추구해 나가면 그래도 가까이 갈 수는 있다. 욕망은 비록 다 버릴 수 없는 것이지만, 얻을 수 없는 것에 대해서는 생각이 있는 자라면 그 욕망의 추구를 조절할 수 있다. 올바른 방도는, 추진할 때는 거의 다 이루도록 추구해야 하고, 물러날 때는 그 추구함을 잘 조절해야 한다. 천하의 일이 모두 그렇지 않은 것이 없다.

有嘗試深觀其隱而難其察者. 志輕理而不重物者, 無之有也; 外重物而不內憂者, 無之有也. 行離理而不外危者, 無之有也; 外危而不內恐者, 無之有也. 心憂恐, 則口銜芻豢而不知其味, 耳聽鍾鼓而不知其聲, 目視黼黻而不知其狀, 輕煖平簟而體不知其安. 故嚮萬物之美而不能嗛也, 假而得問而嗛之, 則不能離也. 故嚮萬物之美而盛憂, 兼萬物之利而盛害. 如此者, 其求物也, 養生也? 粥壽也? 故欲養其欲而縱其情, 欲養其性而危其形, 欲養其樂而攻其心, 欲養其名而亂其行. 如此者, 雖封侯稱君, 其與夫盜無以異; 乘軒戴絻, 其與無足無以異. 夫是之謂以己爲物役矣.(「正名」)

사람의 내면에 숨겨져 살피기 어려운 것을 깊이 관찰해 보자. 속마음은 이치를 가볍게 여기면서 사물을 중요하게 여기지 않는 자는 있지 않다. 밖으로 사물을 중요하게 여기면 서 안으로 걱정이 없는 자는 있지 않다. 행실이 이치에 벗어나면서 밖으로 위태롭지 않은 자는 있지 않다. 밖으로 위태로우면서 안으로 두려워하지 않는 자는 있지 않다. 마음속에 걱정과 두려움이 있게 되면, 입으로 고기를 먹는다 해도 그 맛을 알 수가 없고, 귀로 악기 연주를 듣는다 하더라도 그 소리를 이해할 수가 없으며, 눈으로 아름다운 무늬를 본다 하더라도 그 모양을 알 수가 없고, 가볍고 따뜻한 옷을 입고 대자리 위에 앉아 있어도 그의 몸은 편안함을 알지 못한다. 그러므로 만물의 아름다움을 누리면서도 쾌적한 줄 모른다. 설령 틈틈이 쾌적함을 느낀다 하더라도 근심과 두려움으로부터 벗어나지는 못 한다. 그러므로 만물의 아름다움을 누리면서도 근심으로 가득하고, 만물의 이로움을 모두 누리면서도 많은 피해를 입게 된다. 이러한 자가 사물을 추구하면 양생(養生)을 할 수가 있겠는가? 오래 살 수 있겠는가? 그러므로 욕망을 기르려 하는데 그 감정이 멋대로 드러나고, 본성을 기르려 하나 그 몸이 위태롭게 되며, 즐거움을 기르려 해도 그 마음을 괴롭히는 것이 되고, 명성을 기르려 하지만 그 행동을 어지럽게 하는 것이다. 이러한 자들은 비록 제후가 되고 임금이 된다 하더라도 도둑들과 다를 바가 없으며, 큰 수레에 면류관을 쓰고 있다 하더라도 발 잘리는 형벌을 받은 절름발이와 다를 바가 없다. 이러한 자들을 일러 스스로가 사물에 의해 부림을 당하는 자라 한다.

心平愉, 則色不及傭而可以養目, 聲不及傭而可以養耳, 蔬食菜羹而可以養口, 麤布之衣麤紃之履而可以養體, 屋室·廬庾·葭槀蓐·尙机筵而可以養形. 故無萬物之美而可以養樂, 無勢列之位而可以養名. 如是而加天下焉, 其爲天下多, 其和樂少矣. 夫是之謂重己役物.(「正名」)

마음이 편안하고 즐거우면, 곧 온갖 색깔이 다 어우러지지 않았더라도 천한 일꾼의 눈까지 즐겁게 할 수가 있고, 소리가 제대로 갖추어지지 않았다 해도 귀를 즐겁게 할 수가 있으며, 소박한 음식이라 하더라도 입을 맛있게 해줄 수가 있고, 거친 옷과 신을 걸쳤다 해도 몸을 편안히 해줄 수가 있으며, 갈대와 볏짚으로 된 조그만 오두막집에 초라한 책상과 대자리만 있다 해도 몸은 안락할 수 있다. 그러므로 만물의 아름다움이 없다 해도 그 즐거움을 누릴 수 있고, 권세 높은 지위가 없다 해도 그 명성을 떨칠 수가 있다. 그러한 사람에게 천하를 맡기면, 그는 천하를 위해 많은 공헌을 하면서도 사사로이 즐기는 일은 적을 것이다. 이러한 사람을 일러 자신을 소중하게 하며 사물을 부리는 이라 하는 것이다.

若夫目好色, 耳好聲, 口好味, 心好利, 骨體膚理好愉佚, 是皆生於人之情性者也, 感而自然, 不待事而後生之者也. 夫感而不能然, 必且待事而後然者, 謂之生於僞.(「性惡」)

무릇 눈은 빛깔을 좋아 하고 귀는 소리를 좋아하고 입은 맛을 좋아하고 마음은 이로움을 좋아하고 몸은 상쾌하고 편안함을 좋아하는데, 이것은 모두 사람의 감정과 본성으로부터 생겨나는 것이다. 느껴서 스스로 그러한 것으로, 어떤 일로 말미암아 생기는 것이 아니다. 무릇 느껴서 스스로 그러한 것이 아니라 반드시 어떤 일로 말미암아 그렇게 되는 것을 일컬어 작위에 의해 생겨난다고 말한다.

孔子觀於東流之水. 子貢問於孔子曰: "君子之所以見大水必觀焉者, 是何?" 孔子曰: "夫水, 大偏與諸生而無爲也, 似德. 其流也埤下, 裾拘必循其理, 似義. 其洸洸乎不淈盡, 似道. 若有決行之, 其應佚若聲響, 其赴百仞之谷不懼, 似勇. 主量必平, 似法. 盈不求槪, 似正. 淖約微達, 似察. 以出以入, 以就鮮絜, 似善化. 其萬折也必東, 似志. 是故君子見大水必觀焉."(「宥坐」)

공자(孔子)가 동쪽으로 흐르고 있는 강물을 바라보고 있었다. 자공(子貢)이 공자에게 물었다. "군자는 크게 흐르는 물을 보면 반드시 그것을 바라보게 되는데 그 까닭이 무엇입니까?" 공자가 대답하였다. "강물은 여러 가지 생물들을 살아가게 하지만 그 어떤 작위(作爲)도 없으니, 이는 덕이 있는 사람과 같다. 그 흐름은 낮은 데로 흘러가지만 반드시 그 이치를 따르고 있으니, 이는 의로운 사람과 같다. 그 도도한 물결은 다함이 없으니, 이는 도를 깨우친 사람과 같다. 만약 강물을 터서 흘러가게 한다면 그에 따른 빠른 흐름이 소리의 울림처럼 용솟으며, 백 길의 낭떠러지에 들어선다 해도 두려워하지 않으니 이는 용감한 사람과 같다. 움푹한 곳으로 흘러들면 반드시 평평해지니, 이는 법을 잘 지키는 사람과 같다. 물이 찬 다음에도 위가 평평하니, 이는 올바른 사람과 같다. 어디에나 잘 젖어 스며드니, 이는 잘 살피는 사람과 같다. 들어섰다 나섰다 하면 깨끗해지니, 이는 잘 교화(敎化)하는 사람과 같다. 강물은 이리저리 꺾이며 흐르지만 결국은 반드시 동쪽으로 흘러가니, 이는 마치 뜻이 굳건한 사람과 같다. 그러므로 군자는 크게 흐르는 물을 보면 반드시 그것을 바라보게 되는 것이다."

子貢觀於魯廟之北堂, 出而問於孔子曰: "鄕者, 賜觀於太廟之北堂, 吾亦未輟, 還, 復瞻被九蓋皆繼, 被有說邪? 匠過絶邪?" 孔子曰: "太廟之堂, 亦嘗有說, 官致良工, 因麗節文, 非無良材也, 蓋曰貴文也."(「宥坐」)

자공(子貢)이 노(魯)나라 종묘의 북당(北堂)을 참관하고 나와서 공자에게 물었다. "저번에 제가 태묘(太廟)의 북당(北堂)을 참관했을 때는 다 돌아보지 못하고 돌아왔는데, 이번에 다시 가서 그곳 북쪽의 문짝들을 보았더니 모두 잘 려진 재목을 이어서 만든 것이었습니다. 그렇게 만든 데에는 무슨 이유가 있습니까? 목수가 재목을 잘못 잘라서 그렇게 된 것입니까?" 공자가 말하였다. "태묘(太廟)의 당(堂)을 그렇게 만든 데에는 분명 무슨 이유가 있을 것이다. 관청에서 훌륭한 목수들을 불러 모아 장식과 무늬를 만들도록 하였을 것이다. 좋은 재목이 없어서 그렇게 만든 것이 아니라, 아마도 문식(文飾)을 중요하게 여기다 보니 그렇게 되었을 것이다."

子貢問於孔子曰: "君子之所以貴玉而賤珉者, 何也? 爲夫玉之少而珉之多邪?" 孔子曰: "惡! 賜! 是何言也! 夫君子豈多而賤之,少而貴之哉! 夫玉者, 君子比德[15]焉. 溫潤而澤, 仁也; 栗而理, 知也; 堅剛而不屈, 義也; 廉而不劌, 行也; 折而不撓, 勇也; 瑕適並見, 情也; 扣之, 其聲淸揚而遠聞, 其止輟然, 辭也. 故雖有珉之雕雕, 不若玉之章章. 『詩』曰: '言念君子, 溫其如玉.' 此之謂也."(「法行」)

 자공(子貢)이 공자(孔子)에게 물었다. "군자는 옥(玉)을 귀중히 여기고 옥돌〈珉〉은 하찮게 여기는데, 어째서 그렇습니까? 옥은 적으나 옥돌은 많기 때문입니까?" 공자가 말하였다. "아! 사(賜)야! 그것이 무슨 말이냐? 군자가 어찌 많다 하여 천하게 여기고, 적다고 귀하게 여기겠는가? 무릇 옥이란 것은 군자의 덕과 견줄 만한 것이다. 온화하고 윤택이 있는 것은 인(仁)의 덕이다. 단단하고 매끄러운 것은 지(知)의 덕이다. 굳고 강하며 굽히지 않는 것은 의(義)의 덕이다. 곧으면서도 쪼개짐이 없는 것은 행(行)의 덕이다. 꺾일지언정 굽히지 않는 것은 용(勇)의 덕이다. 옥티와 옥빛이 같이 드러나는 것은 정(情)의 덕이다. 두드리면 소리가 맑고 멀리 들리며, 두드리길 멈추면 울림이 딱 그치는 것은 언사(言辭)의 덕이다. 그러므로 비록 옥돌의 조각이 아름답다 하여도 옥의 밝은 윤택만은 못한 것이다. 『시경(詩經)』에 '군자를 생각하니, 온화하기가 옥 같은 분이도다.'라 한 것은 바로 이것을 뜻하는 말이다."

---

15. "비덕(比德)": 자연계에 실제 존재하는 물상(物象)을 통해 인간의 도덕적 정감을 비유적으로 표현하는 예술수법을 미학범주로는 비덕(比德)이라 한다. 비덕은 "이물비덕(以物比德)"의 준말이다. 즉 사물을 빌어 덕성을 비유함을 말한다. 따라서 비덕(比德)이란 것은 사물의 어느 고유한 속성이 인간이 지닌 어떤 덕성(德性)과 유사한 면모를 지녔다면, 그 사물을 예술소재로 삼아 그 연관관계를 "비유"라는 예술기법으로 풀어내는 것이다.

5. 「악기(樂記)」

凡音之起, 由人心生也. 人心之動, 物使之然也. 感於物而動, 故形於聲. 聲相應, 故生變, 變成方, 謂之音. 比音而樂之, 及干戚羽旄, 謂之樂.

대체로 노랫가락[音]은 인심(人心)에서 생기는 것이다. 인심이 움직이는 것은 바깥 사물이 그렇게 만들기 때문이다. 인심이 물(物)에 감응하여 움직이면 소리[聲]로 나타나고, 소리가 서로 호응하면 변화가 생긴다. 이러한 변화가 일정한 형식을 갖춘 것을 노랫가락이라 하고, 이 노랫가락을 배열하여 악기로 연주하면서 여기에 다시 간(干)·척(戚)·우(羽)·모(旄)의 무구(舞具)를 더한 것을 악(樂)이라 한다.

樂者, 音之所由生也; 其本在人心之感於物也. 是故其哀心感者, 其聲噍以殺; 其樂心感者, 其聲嘽以緩; 其喜心感者, 其聲發以散; 其怒心感者, 其聲粗以厲; 其敬心感者, 其聲直以廉; 其愛心感者, 其聲和以柔; 六者非性也, 感於物而後動.

악(樂)이란 노랫가락으로 말미암아 생기는 것이다. 그 근본은 인심(人心)이 물(物)에 감응하는 데에 있다. 그래서 마음이 슬픈 자는 그 소리가 급하면서도 미약하고, 마음이 즐거운 자는 그 소리가 밝으면서도 완만하다. 마음이 기쁜 자는 그 소리가 높으면서 흩어지고, 마음이 노여운 자는 그 소리가 격렬하면서 사납다. 마음에 공경함이 있는 자는 그 소리가 곧으면서 장중하고, 사랑하는 마음이 있는 자는 그 소리가 온화하고 부드럽다. 그런데 이 여섯 가지는 본성이 아니라 물(物)에 감응한 다음에 나온 것이다.

是故先王愼所以感之者: 故禮以導其志, 樂以和其聲, 政以一其行, 刑以防其奸. 禮樂刑政, 其極一也, 所以同民心而出治道也.

이런 까닭에 선왕(先王)은 인심을 감응시키는 것을 신중하게 했다. 그리하여 예(禮)로써 그 뜻을 인도하고, 악(樂)으로써 그 소리를 조화롭게 했으며, 정치로써 그 행실을 한결같게 하고, 형벌로써 그 간사함을 막았다. 예(禮)·악(樂)·형(刑)·정(政)의 근본 목적은 하나이니, 민심을 하나로 모아 천하를 다스리는 것이다.

凡音者, 生人心者也. 情動於中, 故形於聲; 聲成文, 謂之音. 是故治世之音安以樂, 其政和; 亂世之音怨以怒, 其政乖; 亡國之音哀以思, 其民困. 聲音之道, 與政通矣.

무릇 음(音)이란 사람의 마음에서 생기는 것이다. 감정이 마음속에서 움직인 까닭에 소리로 나타나는데, 그 소리가 문채를 이룬 것을 음이라 한다. 그러므로 잘 다스려지는 나라의 음은 편안하고 즐거운데, 이는 그 정치가 순조롭기 때문이다. 어지러운 나라의 음은 원망과 분노에 차 있는데, 이는 그 정치가 일그러졌기 때문이다. 망한 나라의 음은 슬프고 시름에 차 있는데, 이는 그 정치가 곤궁하기 때문이다. 이처럼 성음(聲音)의 도는 정치와 통하는 것이다.

宮爲君, 商爲臣, 角爲民, 徵爲事, 羽爲物. 五者不亂, 則無怗懘之音矣. 宮亂則荒, 其君驕; 商亂則陂, 其官壞; 角亂則憂, 其民怨; 徵亂則哀, 其事勤; 羽亂則危, 其財匱. 五者皆亂, 迭相陵, 謂之慢. 如此, 則國之滅亡無日矣.

궁(宮)은 임금이요, 상(商)은 신하요, 각(角)은 백성이요, 치(徵)는 일이요, 우(羽)는 물(物)이다. 이 다섯 가지가 어지럽지 않으면 가락이 막혀 조화를 잃은 음은 나오지 않는다. 궁성(宮聲)이 어지러우면 음이 거칠게 되는데, 이는 그 임금이 교만하기 때문이다. 상성(商聲)이 어지러우면 음이 치우치게 되는데, 이는 그 신하가 옳지 않기 때문이다. 각성(角聲)이 어지러우면 음이 근심에 차게 되는데, 이는 그 백성이 원망하기 때문이다. 치성(徵聲)이 어지러우면 음이 슬퍼지는데, 이는 그 일이 힘들기 때문이다. 우성(羽聲)이 어지러우면 음이 위태로워지는데, 이는 그 재물이 궁핍하기 때문이다. 이 다섯 가지가 모두 어지러워 서로 능멸하게 되는 것을 일러 산만한 음이라 한다. 진정 이와 같으면 나라가 머지않아 망하게 될 것이다.

鄭衛之音, 亂世之音也, 比於慢矣. 桑間濮上之音, 亡國之音也, 其政散, 其民流, 誣上行私而不可止也.

정(鄭)나라와 위(衛)나라의 음(音)은 난세(亂世)의 음이니 산만한 음에 가깝다. 상간복상(桑間濮上)의 음은 망국(亡國)의 음인데, 이런 음악이 있는 나라의 정치는 혼란스럽고 그 백성은 방종에 흘러 임금을 속이고 사리사욕을 도모하는 풍조가 성행하여도 막을 도리가 없다.

凡音者, 生於人心者也. 樂者, 通倫理者也. 是故知聲而不知音者, 禽獸是也. 知音而不知樂者, 衆庶是也. 惟君子爲能知樂.

무릇 음(音)이란 것은 마음에서 생겨나는 것이고, 악(樂)이란 것은 윤리와 통하는 것이다. 그러므로 성(聲)은 알아도 음(音)을 모르는 것은 금수이고, 음(音)은 알아도 악(樂)을 모르는 이는 보통 사람이다. 오직 군자라야만 악(樂)을 알 수 있다.

是故審聲以知音, 審音以知樂, 審樂以知政, 而治道備矣.

따라서 성(聲)을 살피어 음(音)을 알고, 음(音)을 살피어 악(樂)을 알며, 악

(樂)을 살펴서 정치를 아는 것이니, 이에 치도(治道)가 갖추어지는 것이다.

是故不知聲者, 不可與言音; 不知音者, 不可與言樂. 知樂則幾於禮矣.

이 때문에 성(聲)을 알지 못하는 자와 함께 음(音)을 말할 수 없고, 음(音)을 모르는 자와 함께 악(樂)을 말할 수 없다. 악(樂)을 알면 곧 예(禮)를 아는 것에 가깝게 된다.

禮樂皆得, 謂之有德, 德者得也. 是故樂之隆, 非極音也; 食饗之禮, 非致味也.

예(禮)와 악(樂)을 모두 얻은 것을 일러 덕(德)이 있다고 하니, 덕이란 곧 득(得)인 것이다. 그러므로 악(樂)을 융성하게 하는 것은 음(音)의 아름다움을 극진히 하기 위함이 아니며, 〈빈객을 대접하거나 신명에게 제사지내는 이른바〉 사향(食饗)의 의례를 장중하게 하는 것은 맛의 아름다움을 극진히 하기 위함이 아니다.

淸廟之瑟, 朱弦而疏越, 壹倡而三歎, 有遺音者矣. 大饗之禮, 尙玄酒而俎腥魚, 大羹不和, 有遺味者矣. 是故先王之制禮樂也, 非以極口腹耳目之欲也, 將以敎民平好惡, 而反人道之正也.

〈문왕(文王)의 사당에 바치는 악곡인〉 청묘(淸廟)를 연주하는데 쓰이는 악기인 슬(瑟)은 위에는 붉은 줄이 있고 아래에는 구멍이 통하게 뚫어져 있어 완만한 소리가 나며, 한 사람이 먼저 부르면 여럿이 응하여 뒤따르는 여음(餘音)이 있다. 〈신에게 올리는 제사인〉 대향(大饗)의 예(禮)는 맑은 물과 날고기와 생선을 올리고 제사에 바치는 고깃국에 양념을 넣지 않는데도 뒷맛이 나는 여미(餘味)가 있다. 그러므로 선왕(先王)이 예악(禮樂)을 제정한 것은 입과 배와 귀와 눈의 즐거움을 극진히 하려는 것이 아니라 그 예악을 가지고 장차 백성을 가르쳐 좋음과 싫음을 조절하게 함으로써 올바른 길로 돌아오게 하려는 것이다.

人生而靜, 天之性也. 感於物而動[16], 性之欲也; 物至知知, 然後好惡形焉. 好惡無節於內, 知誘於外, 不能反躬, 天理滅矣.

사람이 태어나서 고요한 것은 하늘로부터 받은 본성이요, 외재 사물에 감응하여 마음이 움직이는 것은 타고난 욕구이다. 바깥 물상과 마주하면 지각이 그것을 인식하여 좋아하고 싫어하는 정감이 표현된다. 그런데 만일 그 좋고 싫음의 감정이 절제가 없게 되고, 또 외물(外物)에 끌리게 되어 자기 본연으로 되돌아가지 못하면, 천리(天理)가 완전히 없어지고 만다.

夫物之感人無窮, 而人之好惡無節, 則是物至而人化物也. 人化物也者, 滅天理而窮人欲者也. 於是有悖逆詐僞之心, 有淫泆作亂之事. 是故强者脅弱, 衆者暴寡, 知者詐愚, 勇者苦怯, 疾病不養, 老幼孤獨不得其所; 此大亂之道也! 是故先王之制禮樂, 人爲之節.

대체로 물(物)이 사람을 유혹하는 것은 끝이 없는데, 여기에 사람의 좋고

---

16. "동(動)"·"정(靜)": 동(動)과 정(靜)은 동아시아 예술의 역사에서 빼놓을 수 없는 한 쌍의 미학범주이다. 동(動)과 정(靜)은 예술창작과 심미활동에 있어 가장 기본적인 정감(情感)형태이다. 동(動)이라 함은 희로애락(喜怒哀樂)이 마음속에서 북돋아 있는 정감상태이고, 정(靜)이란 곧 희로애락이 아직 마음 깊숙이에서 자라나지 않은 정감상태이다. 간단히 말하자면 동(動)은 유정(有情)이요 정(靜)은 무정(無情)이라 하겠다. 동적인 정감상태는 유가철학에 뿌리를 둔 것이고, 정적인 정감상태는 도가철학에 바탕을 둔 것이다. 유가의 영향을 받은 동적인 정감은 절제를 근거로 한다. 반면 도가는 우주자연이라는 큰 틀에서 속세를 초탈할 것을 강조한다.

싫어함에 절제가 없게 되면 이것은 물(物)이 이르러 사람이 물(物)에 동화(同化)되어 버리는 것이다. 사람이 물(物)에 동화되어 버리면 천리(天理)가 없어지고 사람의 욕심을 마음대로 다 드러내게 된다. 이로부터 거스르고 속이는 마음이 나오게 되고 도를 넘어서는 어지러운 일이 있게 된다. 이 때문에 강한 자가 약한 자를 위협하고, 다수가 소수를 압박하며, 지식이 있는 자가 어리석은 자를 속이고, 용맹한 자가 겁쟁이를 괴롭히며, 병든 사람이 치료받지 못하고, 늙은이·어린이·고아·자식 없는 사람이 스스로 있을 곳을 얻지 못하니, 이는 바로 커다란 혼란의 길이다. 이런 까닭에 선왕(先王)이 예악(禮樂)을 제정하여 사람들로 하여금 스스로 절제하게 하였다.

衰麻哭泣, 所以節喪紀也; 鍾鼓干戚, 所以和安樂也; 昏姻冠笄, 所以別男女也; 射鄕食饗, 所以正交接也. 禮節民心, 樂和民聲, 政以行之, 刑以防之. 禮樂刑政, 四達而不悖, 則王道備矣.

상복(喪服)이나 곡읍(哭泣)에 대한 규정은 상사(喪事)를 조절하기 위한 것이고, 종(鍾)·고(鼓) 등의 악기(樂器)와 방패·도끼 등 무구(舞具)에 대한 규정은 즐거움을 조절하기 위한 것이다. 혼인관계에 대한 규정은 남녀를 구별하기 위한 것이며, 향사례(鄕射禮)와 향음주례(鄕飮酒禮)에 대한 규정은 교제를 바르게 하려는 것이다. 예(禮)로 민심을 조절하고, 악(樂)으로 백성의 감정을 조화롭게 하며, 정치로써 올바른 도(道)를 시행하고, 형벌로써 혼란을 방지하니, 예(禮)·악(樂)·형(刑)·정(政)의 네 가지가 모두 충분히 작용하여 어그러짐이 없으면 왕도(王道)가 완비될 것이다.

樂者爲同, 禮者爲異. 同則相親, 異則相敬. 樂勝則流, 禮勝則離. 合情飾貌者, 禮樂之事也.

악(樂)은 사람의 감정을 같게 하는 것이고, 예(禮)는 사람의 등급을 다르게 하는 것이다. 같으면 서로 친하고 다르면 서로 공경한다. 하지만 악이 지나치면 방종으로 흐르고 예가 지나치면 민심이 떠난다. 사람들의 정감을 화합하게 하고 예모(禮貌)를 꾸미게 하는 것이 예악(禮樂)의 일이다.

  禮義立, 則貴賤等矣; 樂文同, 則上下和矣; 好惡著, 則賢不肖別矣; 刑禁暴, 爵擧賢, 則政均矣. 仁以愛之, 義以正之, 如此則民治行矣.

  예의(禮儀)가 확립되면 귀천(貴賤)의 등급이 정해지고, 음악의 표현을 같게 하면 곧 위아래가 화목하게 된다. 좋음과 싫음을 분명히 하면 현명한 자와 불초한 자가 구분되고, 형벌로 포악한 자를 제어하고 벼슬로써 현명한 이를 천거하면 정치가 공평해진다. 인(仁)으로 백성을 사랑하고 의(義)로 백성을 바르게 하면 이에 백성을 다스리는 정치가 행해진다.

  樂由中出, 禮自外作. 樂由中出故靜, 禮自外作故文. 大樂必易, 大禮必簡[17]. 樂至則無怨, 禮至則不爭. 揖讓而治天下者, 禮樂之謂也.

  악(樂)은 마음에서 나오고 예(禮)는 외적으로 표현된다. 악(樂)은 마음으로부터 나오는 것이기에 고요하고, 예(禮)는 겉으로 드러나는 데서 만들어지기에 문채(文彩)가 있다. 진정한 악(樂)은 쉽고, 진정한 예(禮)는 간단하다. 악(樂)이 지극하면 원망이 없고 예(禮)가 지극하면 다툼이 없다. 그래서 예의로써 사양하여 천하를 다스리는 것을 예악(禮樂)이라 한다.

---

17. "간(簡)": 간결하고 소박하며 평이함을 말한다. 회화창작에서 보자면, 붓을 씀에 있어서는 "간략하여 모자란 듯 듬성하게[少而禿拙]" 하고 색을 씀에 있어서는 "너무 곱지 않게[不宜艶]" 하는 것이다.

暴民不作, 諸侯賓服, 兵革不試, 五刑不用, 百姓無患, 天子不怒, 如此則樂達矣. 合父子之親, 明長幼之序, 以敬四海之內, 天子如此 則禮行矣.

이에 포악한 백성이 나오지 않고, 제후들이 천자(天子)의 나라에 복종하며, 무력을 쓰지 않고, 다섯 가지 흉악한 형벌을 쓰지 않으며, 백성이 근심하지 않고, 천자가 노하지 않으면, 이에 악(樂)의 목적이 모두 이루어지는 것이다. 아버지와 아들의 관계가 화목하고 어른과 젊은이의 순서가 분명하면 이로써 천하가 모두 공경하게 되는데, 천자가 이처럼 해 내면 곧 예(禮)가 행해지는 것이다.

大樂與天地同和, 大禮與天地同節. 和, 故百物不失. 節, 故祀天祭地. 明則有禮樂, 幽則有鬼神, 如此, 則四海之內, 合敬同愛矣.

진정한 악(樂)은 천지와 더불어 조화를 함께 하고, 진정한 예(禮)는 천지와 더불어 절도를 함께 한다. 조화로운 까닭에 만물이 그 본성을 잃지 않으며, 절도가 있는 까닭에 예(禮)로써 천지에 제사를 지낸다. 그러므로 밝은 인간 세상에는 예악(禮樂)이 있고, 어두운 저승 세계에는 귀신이 있다. 이에 예악으로 천지에 제사를 지내면 온 천하가 공경하고 사랑할 것이다.

禮者, 殊事合敬者也. 樂者, 異文合愛者也. 禮樂之情同, 故明王以相沿也. 故事與時並, 名與功偕.

예(禮)는 그 규정이 다르더라도 서로 공경하게 하며, 악(樂)은 문채가 다르더라도 사람들이 서로 사랑하게 한다. 예(禮)와 악(樂)의 정상(情狀)이 이처럼 같은 고로 현명한 왕은 모두 예악을 계승하였으며, 이런 까닭에 모든 일이 시대의 요구에 부합하고, 명분과 공업(功業)이 서로 걸맞았던 것이다.

故鍾鼓管磬羽籥干戚, 樂之器也; 屈伸俯仰綴兆舒疾, 樂之文也. 簠簋俎豆制度文章, 禮之器也; 升降上下周還裼襲, 禮之文也.

그러므로 종(鍾)·고(鼓)·관(管)·경(磬)의 악기(樂器)와 우(羽)·약(籥)·간(干)·척(戚)의 무구(舞具)는 모두 악(樂)의 그릇이다. 몸을 굽히거나 펴는 것과 고개를 아래로 숙이거나 위로 드는 것 등의 춤동작과 춤추는 공간 속에서 빠르거나 느리게 장단에 맞추어 춤추는 행위 등은 악(樂)의 문채이다. 보(簠)·궤(簋)·조(俎)·두(豆)와 같은 제기(祭器)와, 수레나 궁실 등 크기나 모양을 규정한 제도(制度) 및 기물(器物)이나 의복의 장식인 문장(文章)은 예(禮)의 그릇이다. 계단을 오르내리는 승강(升降)·당(堂)을 오르내리는 상하(上下)·나아가고 물러서는 주환(周還)·문식(文飾)이 드러난 의복인 석습(裼襲) 등은 예(禮)의 문채이다.

故知禮樂之情者能作, 識禮樂之文者能述. 作者之謂聖, 述者之謂明. 明聖者, 述作之謂也.

그러므로 예악(禮樂)의 실질적인 정신을 이해한 자만이 예악을 제정할 수 있고, 예악의 문채를 이해한 자만이 예악을 전술(傳述)할 수 있다. 그래서 예악을 제정한 이를 성(聖)이라 하고, 예악을 전술한 이를 명(明)이라 한다. 명(明)과 성(聖)은 전술하고 제정한 이를 말하는 것이다.

樂者, 天地之和也; 禮者, 天地之序也. 和, 故百物皆化; 序, 故群物皆別.

악(樂)은 천지의 조화이고, 예(禮)는 천지의 질서이다. 화합하는 까닭에 만물에 조화(造化)가 있고, 질서가 있는 까닭에 만물에 두루 구별이 있다.

樂由天作, 禮以地制. 過制則亂, 過作則暴; 明於天地, 然後能興禮樂也.

악(樂)은 하늘로 말미암아 생겨나고, 예(禮)는 땅의 이치에 따라 지어진다. 예가 잘못 제정되면 혼란스럽고, 악이 잘못 지어지면 난폭해진다. 천지의 이치를 이해해야만 비로소 예악을 제정할 수 있는 것이다.

論倫無患, 樂之情也; 欣喜歡愛, 樂之官也. 中正無邪, 禮之質也; 莊敬恭順, 禮之制也. 若夫禮樂之施於金石, 越於聲音, 用於宗廟社稷, 事乎山川鬼神, 則此所與民同也.

조화롭고 근심이 없는 것은 악(樂)의 정상(情狀)이고, 사람들을 기쁘고 즐겁게 하는 것은 악(樂)의 기능이다. 적당하여 기울지 않음이 예(禮)의 본질이고, 사람을 공경하고 거스르지 않게 하는 것이 예(禮)의 작용이다. 무릇 예악을 금석(金石)의 악기로 표현하고, 성음(聲音)으로 전파하며, 종묘사직에 사용하고, 산천의 귀신을 섬기는 것을 백성과 함께 하여야 한다.

王者功成作樂, 治定制禮; 其功大者其樂備, 其治辨者其禮具. 干戚之舞, 非備樂也; 孰亨而祀, 非達禮也. 五帝殊時, 不相沿樂; 三王異世, 不相襲禮.

왕된 자는 공(功)을 이루면 악(樂)을 짓고, 정치가 안정되면 예(禮)를 제정한다. 공이 큰 자여야만 그가 만든 악(樂)은 모든 것이 갖추어지고, 다스림을 두루 잘 한 자여만 그가 만든 예(禮)가 완전하게 된다. 방패나 도끼를 들고 춤을 춘다고 해서 악(樂)이 다 갖추어지는 것은 아니며, 훌륭한 음식을 올려 제사를 지낸다고 해서 예(禮)가 완전해지는 것은 아니다. 오제(五帝) 때 각각이 군림한 시기가 달라 악(樂)을 이어받지 않았고, 삼왕(三王) 때도 시대가 달라 예(禮)가 전수되지 않았다.

 樂極則憂, 禮粗則偏矣. 及夫敦樂而無憂, 禮備而不偏者, 其唯大聖乎! 天高地下, 萬物散殊, 而禮制行矣; 流而不息, 合同而化, 而樂興焉. 春作夏長, 仁也; 秋斂冬藏, 義也. 仁近於樂, 義近於禮. 樂者敦和, 率神而從天; 禮者別宜, 居鬼而從地. 故聖人作樂以應天, 制禮以配地, 禮樂明備, 天地官矣.

 악(樂)이 지나치게 되면 근심이 생기고, 예(禮)가 거칠고 간략하면 편벽된다. 그러므로 악(樂)을 도탑게 하면서도 근심이 없게 하고, 예(禮)를 잘 갖추면서도 치우침이 없게 하는 일은 오직 진정한 성인(聖人)만이 할 수 있다. 하늘은 높고 땅은 낮으며 그 사이 만물은 각기 다른데, 이를 본받아 예(禮)가 제정되어 시행된다. 자연의 조화가 흐르고 흘러 쉬지 않으며 합하여 같아지다가 또한 변화하니, 이에 악(樂)이 흥기하는 것이다. 봄에 생겨서 여름에 자라는 것은 인(仁)이고, 가을에 거두고 겨울에 저장하는 것은 의(義)이다. 인(仁)은 악(樂)에 가깝고 의(義)는 예(禮)에 가깝다. 악(樂)은 화(和)를 도탑게 하여 신명스러움을 좇고 하늘을 따르며, 예(禮)는 마땅함을 분별하여 귀(鬼)에 머물고 땅을 따른다. 그러므로 성인(聖人)은 악(樂)을 지어 하늘에 조응하고, 예(禮)를 제정하여 땅에 적용하는 것이다. 예악(禮樂)이 밝게 갖추어지니 천지(天地)가 모두 제 직분을 다하게 된다.

 天尊地卑, 君臣定矣; 卑高已陳, 貴賤位矣; 動靜有常, 小大殊矣; 方以類聚, 物以群分, 則性命不同矣; 在天成象, 在地成形, 如此, 則禮者, 天地之別也. 地氣上齊, 天氣下降, 陰陽相摩, 天地相蕩, 鼓之以雷霆, 奮之以風雨, 動之以四時, 暖之以日月, 而百化興焉, 如此, 則樂者, 天地之和也.

하늘은 높고 땅은 낮으니 이에 군신(君臣)의 관계가 정해지고, 위치의 높고 낮음이 이미 정해졌으니 이에 귀천(貴賤)의 자리가 매겨진다. 음양(陰陽)의 움직이고 고요함의 변화가 일정하니 이에 온갖 사물의 크기가 구별되고, 물상(物象)이 끼리끼리 무리 짓는데 이는 타고난 본성의 차이를 드러낸 것이다. 하늘에서는 상(象)을 이루고 땅에서는 형(形)을 이루는데, 예(禮)란 것도 이렇게 천지의 구별을 본받은 것이다. 땅의 기운은 위로 올라가고 하늘의 기운은 아래로 내려와서, 음과 양이 서로 접촉하고 하늘과 땅이 서로 움직이며, 천둥과 번개로 울리고 바람과 비로 분발시키며, 사계절로 움직이고 해와 달로 따뜻하게 하니, 만물의 생장이 융성하게 이루어진다. 악(樂)이란 바로 이와 같은 것으로 천지의 조화이다.

化不時則不生, 男女無辨則亂升, 天地之情也. 及夫: 禮樂之極乎天而蟠乎地, 行乎陰陽, 而通乎鬼神, 窮高極遠而測深厚, 樂著大始, 而禮居成物. 著不息者, 天也; 著不動者, 地也; 一動一靜者, 天地之間也. 故聖人曰: "禮樂云."

변화가 때에 맞지 않으면 생장이 이루어지지 못하고, 남녀가 분별이 없으면 어지러워지니, 이것이 하늘과 땅의 정상(情狀)이다. 예악(禮樂)이 하늘과 땅 사이에 충만하고 음양(陰陽)에 행해져 귀신과 통하면, 그 작용은 가장 높고 가장 멀고 가장 깊은 곳에 다다른다. 악(樂)은 만물이 처음 생기는 것을 드러내고, 예(禮)는 만물의 이룸을 맡는다. 그 드러냄을 쉬지 않는 것이 하늘이요, 그 드러냄을 고요히 간직하고 있는 것이 땅이다. 한 번 움직이고 한 번 고요한 것이 조화로우면 천지 사이의 만물이 생겨난다. 그래서 성인(聖人)이 "예악(禮樂)이다."라고 말한 것이다.

昔者舜作五弦之琴, 以歌「南風」; 夔始制樂, 以賞諸侯. 故天子之爲樂也, 以賞諸侯之有德者也. 德盛而敎尊, 五穀時孰, 然後賞之以樂. 故其治民勞者, 其舞行綴遠; 其治民逸者, 其舞行綴短. 故觀其舞知其德, 聞其諡而知其行也.「大章」, 章之也.「咸池」, 備矣.「韶」, 繼也.「夏」, 大也. 殷周之樂, 盡矣.

옛날에 순(舜)임금이 오현금(五絃琴)을 만들어 「남풍(南風)」을 노래했으며, 당시 악관(樂官)인 기(夔)로 하여금 처음으로 악곡(樂曲)을 만들어 제후에게 상으로 주었다. 그러므로 천자(天子)가 악(樂)을 만든 것은 제후 가운데 덕이 있는 자를 포상하기 위한 것이다. 덕이 성대하고 가르침이 높으며 오곡이 때에 맞춰 잘 무르익은 후에야 천자는 악(樂)으로써 포상하였다. 그러므로 백성을 다스림에 수고가 많은 이는 그 춤의 행렬이 길고, 백성을 다스리는데 태만했던 이는 그 춤의 행렬이 짧다. 따라서 그 춤을 보면 그 덕을 알 수 있고, 그 시호(諡號)를 들으면 그 행적을 알 수 있다.「대장(大章)」은 요(堯)임금의 공덕(功德)을 드러내고,「함지(咸池)」는 황제(黃帝)의 공덕을 담으며,「소(韶)」는 순(舜)임금의 공덕을 잇고,「하(夏)」는 우(禹)임금의 공덕을 찬양하였다. 또한 은(殷)나라와 주(周)나라의 악(樂)은 〈탕왕(湯王)과 무왕(武王)의 공덕을 드러냄이〉 극진하다.

天地之道: 寒暑不時則疾, 風雨不節則饑. 敎者, 民之寒暑也, 敎不時則傷世. 事者, 民之風雨也, 事不節則無功. 然則先王之爲樂也, 以法治也, 善則行象德矣. 夫豢豕爲酒, 非以爲禍也, 而獄訟益繁, 則酒之流生禍也. 是故先王因爲酒禮: 一獻之禮, 賓主百拜, 終日飮酒而不得醉焉. 此先王之所以備酒禍也. 故酒食者, 所以合歡也.

천지(天地)의 도(道)란 추위와 더위가 때에 맞지 않으면 만물이 병들고, 바람과 비가 절기에 맞지 않으면 흉년이 든다. 가르침이란 것은 백성에게 추위·더위와 같으니, 가르침이 때에 맞지 않으면 세상에 해를 입히게 된다. 일이란 것은 백성에게 바람·비와 같으니 일이 절도에 맞지 않으면 공업(功業)이 이루어지지 않는다. 따라서 선왕(先王)이 악(樂)을 지은 것은 이러한 천지의 도를 본받아 다스리기 위한 것이니, 그 악(樂)을 통한 가르침이 좋으면 곧 백성의 행실이 임금의 덕을 본받게 된다. 돼지를 키우고 술을 만드는 것은 화(禍)를 일으키려는 것은 아니지만, 송사(訟事)가 자꾸 많아지는 것은 곧 술이 지나쳐 화(禍)를 만든 것이다. 그러므로 선왕(先王)이 주례(酒禮)를 만들었다. 한 잔의 술을 마실 때마다 빈객과 주인이 함께 여러 차례의 예(禮)를 행하게 하여 사람들이 온종일 술을 마셔도 취하지 않도록 했던 것이다. 이는 선왕이 술로 말미암아 일어날 수 있는 화(禍)에 대비한 것이다. 그리하여 술을 마시고 음식을 먹는 것이 함께 누리는 즐거움이 되었다.

樂者, 所以象德也; 禮者, 所以綴淫也. 是故先王有大事, 必有禮以哀之; 有大福, 必有禮以樂之: 哀樂之分, 皆以禮終. 樂也者, 聖人之所樂也: 而可以善民心, 其感人深, 其移風易俗, 故先王著其敎焉.

악(樂)이란 것은 덕을 본받아 드러내는 것이고, 예(禮)라는 것은 도가 지나침을 막는 것이다. 그러므로 선왕(先王)은 상사(喪事)에 반드시 예(禮)로써 슬퍼하고, 경사(慶事)에 또한 반드시 예(禮)로써 즐거워하여, 슬프고 즐거움의 분별을 예(禮)로써 마치게 했던 것이다. 악(樂)이란 성인(聖人)이 즐거워하는 바이다. 이것으로 민심을 선하게 할 수 있으며, 그들을 감동시킴이 커서 기풍(氣風)과 습속(習俗)을 바꾸게 되니, 이에 선왕(先王)의 가르침이 널리 드러나게 된다.

夫民有血氣心知之性, 而無哀樂喜怒之常: 應感起物而動, 然後心術形焉. 是故: 志微噍殺之音作, 而民思憂; 嘽諧慢易繁文簡節之音作, 而民康樂; 粗厲猛起奮末廣賁之音作, 而民剛毅; 廉直勁正莊誠之音作, 而民肅敬; 寬裕肉好順成和動之音作, 而民慈愛; 流辟邪散狄成滌濫之音作, 而民淫亂.

무릇 사람은 나면서 감성(感性)과 지성(知性)을 갖지만, 슬픔·즐거움·기쁨·화냄에는 일정함이 없다. 외물에 반응하여 느낌이 일어나면 마음이 슬픔·즐거움·기쁨·화냄으로 표현되는 것이다. 그러므로 다급하고 가녀리고 메마른 음(音)이 지어지면 백성은 시름겹고 걱정하게 된다. 너그럽고 조화로우며 완만하고 쉽고 문채가 있으며 절주가 단순한 음이 지어지면 백성은 편안하고 즐거워한다. 거칠고 사나우며 분노하는 음이 지어지면 백성은 강하고 굳세게 된다. 절도가 있고 바르며 장중한 음이 지어지면 백성은 엄숙하고 공경하게 된다. 너그럽고 여유 있으며 순하고 부드러운 음이 지어지면 백성은 자애롭게 된다. 방종이 지나치고 어그러지며 산만한 음이 지어지면 백성은 음란해진다.

是故先王本之情性, 稽之度數, 制之禮義. 合生氣之和, 道五常之行, 使之陽而不散, 陰而不密, 剛氣不怒, 柔氣不懾, 四暢交於中而發於外, 皆安其位而不相奪也. 然後立之學等, 廣其節奏, 省其文采, 以繩德厚律小大之稱, 比終始之序, 以象事行. 使親疏貴賤長幼男女之理, 皆形見於樂. 故曰: "樂觀其深矣."

그러므로 선왕(先王)은 음악을 만들 때 사람의 성정(性情)에 근거하여 악률(樂律)의 횟수를 헤아리고 정해진 원칙에 의거하여 제정하는 것이다. 생기(生氣)의 조화를 화합하게 하고, 금(金)·목(木)·수(水)·화(火)·토(土)의 운행이 질서 있도록 하며, 양기(陽氣)는 흩어지지 않도록 하고, 음기(陰氣)는 조밀하지 않도록 하며, 강기(剛氣)는 난폭하지 않도록 하고, 유기(柔氣)는 위축되지 않도록 한다. 양(陽)·음(陰)·강(剛)·유(柔)의 네 가지가 마음속에서 서로 잘 교류하여 바깥으로 드러나면, 모두 자기 자리에서 편안하여 서로 침탈하지 않는다. 그런 다음에 악학(樂學)의 과정을 마련하며, 널리 그 절주를 파악하고, 문채를 살펴 사람이 본래 지니고 있는 덕을 이으며, 작고 큰 음률을 알맞도록 조절하고, 시작과 끝의 차례를 배열함으로써, 일과 행실을 상징하게 하여 친소(親疏)·귀천(貴賤)·장유(長幼)·남녀(男女)의 이치가 모두 악(樂)에 드러나도록 하였다. 그러므로 "악(樂)을 통해 세상의 깊은 곳을 관찰한다."고 말하는 것이다.

土敝則草木不長, 水煩則魚鱉不大, 氣衰則生物不遂, 世亂則禮慝而樂淫: 是故其聲哀而不莊, 樂而不安, 慢易以犯節, 流湎以忘本, 廣則容奸, 狹則思欲, 感條暢之氣, 而滅平和之德, 是以君子賤之也.

땅이 척박하면 초목이 생장하지 못하고, 물의 흐름이 지나치면 물고기가 자라지 못하며, 기(氣)가 쇠하면 생물이 발육하지 못하고, 세상이 어지러우면 예(禮)가 사악해지고 악(樂)이 방종해진다. 이 때문에 어지러운 세상의 악(樂)은 그 소리가 슬프기만 하고 장중하지 못하며, 즐겁지만 편안하지 못하고, 방자하고 경솔하여 절도를 잃으며, 방종에 흘러 근본을 잊어버린다. 가락이 늘어지면 간사함이 끼어들고, 가락이 급하면 욕망을 생각하게 되니, 창달(暢達)의 기(氣)가 손상되고 온화한 덕성을 상실하게 된다. 그러므로 군자는 그러한 악(樂)을 천시하는 것이다.

凡奸聲感人, 而逆氣應之; 逆氣成象, 而淫樂興焉. 正聲感人, 而順氣應之; 順氣成象, 而和樂興焉. 倡和有應, 回邪曲直, 各歸其分, 而萬物之理, 各以類相動也.

무릇 간사한 소리가 사람을 감동시키면 거스르는 기(氣)가 응하고, 거스르는 기가 형상을 이루면 도를 넘어선 즐거움이 생긴다. 바른 소리가 사람을 감동시키면 순한 기가 응하고, 순한 기가 형상을 이루면 온화한 즐거움이 생긴다. 가락이 조화롭게 서로 조응하고, 도리에 어긋난 사악함과 바름이 각기 그 분수로 돌아간다. 같은 부류끼리 서로 응하는 것이 만물의 이치이다.

是故君子反情以和其志, 比類以成其行. 奸聲亂色, 不留聰明; 淫樂慝禮, 不接心術; 惰慢邪辟之氣, 不設於身體: 使耳目鼻口心知百體, 皆由順正以行其義. 然後發以聲音而文以琴瑟, 動以干戚, 飾以羽旄, 從以簫管, 奮至德之光, 動四氣之和, 以著萬物之理.

그러므로 군자는 자기의 정(情)을 바른 곳으로 돌이켜 그 뜻을 온화하게 하고, 선악의 부류를 살펴 행실로 드러낸다. 음란하고 사악한 소리와 색을 귀와 눈에 두지 않고, 음란하고 사악한 악(樂)과 예(禮)를 마음에 닿지 않게 하며, 태만하고 편협한 기(氣)가 몸에 물들지 않게 하고, 귀·눈·코·입·마음과 몸짓이 모두 그 바름에 순응케 함으로써 의(義)를 행하게 한다. 그런 다음 성음(聲音)으로 표현하고, 금(琴)과 슬(瑟)로 연주하며, 방패와 도끼로 춤을 추고, 우(羽)와 모(旄)로 꾸미며, 소(簫)와 관(管)으로 연주해서 지극한 덕을 빛내고, 사계절의 조화를 움직임으로써 만물의 이치를 드러낸다.

是故, 淸明象天, 廣大象地, 終始象四時, 周還象風雨. 五色成文而不亂, 八風從律而不奸, 百度得數而有常, 小大相成, 終始相生, 倡和淸濁, 迭相爲經. 故樂行而倫淸, 耳目聰明, 血氣和平, 移風易俗, 天下皆寧. 故曰: "樂者樂也." 君子樂得其道, 小人樂得其欲. 以道制欲, 則樂而不亂; 以欲忘道, 則惑而不樂. 是故君子反情以和其志, 廣樂以成其敎. 樂行而民鄕方, 可以觀德矣.

그러므로 악곡(樂曲)의 청명함은 하늘을 상징하고, 광대함은 땅을 상징하며, 시작과 끝은 네 계절을 상징하고, 순환은 풍우(風雨)를 상징한다. 오음(五音)은 문채를 이뤄 문란하지 않고, 조화로운 음률은 팔풍(八風)처럼 서로 침범하지 않는다. 리듬이 횟수에 맞는 것에 일정함이 있고, 크고 작음이 서로 이루어주며, 시작과 끝이 서로 이어준다. 먼저와 나중이 서로 화락하고 맑음과 탁함이 엇섞이는 것은 곧 변함없는 도리가 된다. 그러므로 악(樂)이 행해지면 윤리가 맑아지고, 이목이 총명해지며, 혈기가 평온해지고, 기풍과 습속이 바뀌게 되니, 이에 천하가 평안해진다. 그래서 "악(樂)이란 즐거움이다."라고 말하는 것이다. 군자는 그 도를 얻음을 즐거워하고, 소인은 욕망을 얻음을 즐거워한다. 도로써 욕망을 제어하면 곧 즐겁더라도 문란하지 않을 것이다. 하지만 욕망 때문에 도를 잊게 되면 곧 미혹되어서 즐겁지 않다. 이런 까닭에 군자는 자기의 정(情)을 바른 곳으로 돌이켜 그 뜻을 온화하게 하고, 악(樂)을 널리 펼쳐 가르침을 이룬다. 악(樂)이 행해져서 백성이 스스로 가야할 방향을 알게 되면 그로부터 가히 덕(德)을 살펴볼 수 있다.

德者, 性之端也; 樂者, 德之華也. 金石絲竹, 樂之器也. 詩, 言其志也; 歌, 詠其聲也; 舞, 動其容也: 三者本於心, 然後樂器從之. 是故情深而文明, 氣盛而化神, 和順積中, 而英華發外: 唯樂不可以為偽.

덕(德)은 성(性)의 근본이요, 악(樂)은 덕의 드러남이다. 금(金)·석(石)·사(絲)·죽(竹)은 악(樂)을 연주하는 도구이다. 시(詩)는 뜻을 말하는 것이고, 노래는 소리를 읊은 것이며, 춤은 모습을 움직이는 것이다. 이 세 가지가 마음에 근본한 다음에 악기(樂器)가 이를 따라 연주한다. 이 때문에 정(情)이 깊으면 문채가 밝게 빛나고, 기(氣)가 왕성하면 조화가 신묘하며, 화순(和順)이 마음속에 쌓이면 영화(榮華)가 밖으로 드러나니, 오로지 악(樂)은 어찌해도 거짓으로 할 수는 없다.

樂者, 心之動也. 聲者, 樂之象也. 文采節奏, 聲之飾也. 君子動其本, 樂其象, 然後治其飾. 是故先鼓以警戒, 三步以見方, 再始以著往, 復亂以飭歸, 奮疾而不拔, 極幽而不隱. 獨樂其志[18], 不厭其道, 備擧其道, 不私其欲. 是故情見而義立, 樂終而德尊, 君子以好善, 小人以聽過. 故曰: "生民之道, 樂爲大焉."

악(樂)은 마음의 움직임이고, 소리는 악(樂)의 표현이다. 문채와 절주는 소리를 다듬고 조율한 것이다. 군자는 그 근본을 움직이고 그 표상된 바를 즐거워한 다음에야 그 꾸밈을 다스린다. 따라서 〈무악(武樂)을 예로 들면〉 먼저 북을 두드려 경계하고, 발을 세 차례 굴러 악무가 시작됨을 알리며, 두 번째 악무의 행렬에서 연주를 시작함으로써 무왕(武王)의 두 번째 출병(出兵)을 보이고, 두 번의 끝맺음을 사용함으로써 개선하여 돌아옴을 상징한다. 춤동작이 빠르되 지나치게 빠르지 않고, 악곡이 그윽하되 의미가 명확하다. 홀로 그 뜻을 즐거워하고, 그 도(道)를 싫어하지 않아 갖추어 거행하며, 개인적 욕망을 사사로이 하지 않는다. 이 때문에 정(情)을 드러내면 의(義)가 서고, 악(樂)이 끝나면 덕(德)이 높아진다. 군자는 이 악(樂)으로써 선(善)을 좋아하고, 소인은 악(樂)으로써 자신의 허물을 발견한다. 그러므로 "백성을 가르치고 기르는 방법으로는 악(樂)이 중요하다."라고 말하는 것이다.

樂也者, 施也; 禮也者, 報也. 樂, 樂其所自生; 而禮, 反其所自始. 樂章德, 禮報情反始也. 所謂大輅者, 天子之車也. 龍旂九旒, 天子之旌也. 靑黑緣者, 天子之寶龜也. 從之以牛羊之群, 則所以贈諸侯

---

18. "독락기지(獨樂其志)": 홀로 자신의 고고한 뜻을 즐거워한다는 뜻으로 장자(莊子)가 말한 "자적기적(自適其適)"과 상통하는 바가 있다.

也.

악(樂)이란 베푸는 것이고, 예(禮)란 보답하는 것이다. 악(樂)은 말미암아 생겨난 것을 즐거워하는 것이고, 예(禮)는 말미암아 비롯된 바로 되돌아가는 것이다. 악(樂)은 덕을 빛내는 것이고, 예(禮)는 정(情)에 보답하여 그 비롯됨으로 돌아가는 것이다. 이른바 대로(大輅)는 천자(天子)의 수레요, 용을 그린 깃발과 아홉 개의 술을 단 것은 천자의 기(旗)이다. 청흑색(靑黑色)으로 둘레에 선을 두른 것은 천자가 길흉을 점칠 때 사용하는 거북껍질이다. 여기에 소와 양의 무리를 따르게 하는데, 이는 제후에게 주려는 것이다.

樂也者, 情之不可變者也; 禮也者, 理之不可易者也. 樂統同, 禮辨異, 禮樂之說, 管乎人情矣! 窮本知變, 樂之情也; 著誠去僞, 禮之經也. 禮樂偩天地之情, 達神明之德, 降興上下之神, 而凝是精粗之體, 領父子君臣之節.

악(樂)이란 것은 정감의 바꿀 수 없는 바이며, 예(禮)라는 것은 이치의 바꿀 수 없는 바이다. 악(樂)은 사람의 감정을 같게 하고, 예(禮)는 등급의 차이를 구분하는 것이다. 예(禮)와 악(樂)의 이치는 인정(人情)을 관할하는 것이다. 근본의 원리를 궁구하여 변화를 아는 것은 악(樂)의 정(情)이고, 참됨을 드러내어 거짓을 없애는 것은 예(禮)의 경(經)이다. 예악(禮樂)은 천지의 정(情)을 본받아 신명의 덕에 통달하며, 천신(天神)과 지기(地祇) 등의 신(神)을 오르내리게 하고, 문채와 질박의 체(體)를 이루어 부자(父子)와 군신(君臣)의 절도를 다스린다.

是故大人舉禮樂, 則天地將爲昭焉. 天地訢合, 陰陽相得, 煦嫗覆育萬物, 然後草木茂, 區萌達, 羽翼奮, 角觡生, 蟄蟲昭蘇. 羽者嫗伏, 毛者孕鬻, 胎生者不殰, 而卵生者不殈: 則樂之道歸焉耳!

이런 까닭으로 대인(大人)이 예악(禮樂)을 거행하면 곧 천지가 밝아진다. 천지가 화합하고 음양이 서로 조화를 이루어 만물을 따뜻하게 싸안고 덮어 기르니, 이런 다음에 초목이 무성하고, 싹이 돋아나며, 새들이 힘껏 나르고, 짐승의 뿔은 솟아나며, 벌레들이 소생한다. 날짐승이 알을 품으며, 들짐승이 새끼를 배고, 포유류는 유산하지 않으며, 난생류는 알이 깨지지 않으니, 이것이 곧 악(樂)의 도(道)의 귀결인 것이다.

樂者, 非謂黃鍾大呂弦歌干揚也, 樂之末節也, 故童者舞之. 鋪筵席, 陳尊俎, 列籩豆, 以升降爲禮者, 禮之末節也, 故有司掌之.

악(樂)이란 황종(黃鍾)·대려(大呂)의 절주에 맞춰 현악기로 연주하고 방패와 도끼를 들고 춤을 추는 것만을 말하는 것이 아니다. 이것들은 악(樂)의 말단이므로 동자(童子)가 춤을 춘다. 깔개를 펴고 술통 같은 제기(祭器)니 대나무로 만든 제기를 늘어놓은 다음 오르내리는 것으로 의례(儀禮)를 거행하는 것은 예(禮)의 말단이므로 낮은 관리인 유사(有司)가 관장한다.

樂師辨乎聲詩, 故北面而弦. 宗祝辨乎宗廟之禮, 故後尸. 商祝辨乎喪禮, 故後主人. 是故德成而上, 藝成而下, 行成而先, 事成而後. 是故先王有上有下, 有先有後, 然後可以有制於天下也.

악사(樂師)는 소리만 알기 때문에 당(堂) 아래 앉아 북면(北面)하여 현악기를 연주할 뿐이다. 종축(宗祝)은 종묘제사의 의례만을 알기 때문에 신주(神主) 뒤에서 의식(儀式)의 차례를 말할 뿐이다. 상축(喪祝)은 상례(喪禮)의 의식만을 알기 때문에 상주(喪主) 뒤에서 의식의 차례를 말할 뿐이다. 이 때문에 덕을 이룬 자가 당의 위에 있고, 기예가 뛰어난 자는 당의 아래에 있으며, 교화를 이룬 자는 앞에 있고, 예(禮)를 행하는 자는 뒤에 있게 된다. 그러므로 선왕(先王)은 위아래가 있게 하고, 앞뒤가 있게 하였으며, 그런 다음에 비로소 천하에 예악을 제정할 수 있었다.

　魏文侯問於子夏曰: "吾端冕而聽古樂, 則唯恐臥; 聽鄭衛之音, 則不知倦; 敢問古樂之如彼何也? 新樂之如此何也?" 子夏對曰: "今夫古樂: 進旅退旅, 和正以廣; 弦匏笙簧, 會守拊鼓. 始奏以文, 復亂以武, 治亂以相, 訊疾以雅. 君子於是語, 於是道古, 修身及家, 平均天下. 此古樂之發也. 今夫新樂: 進俯退俯, 奸聲以濫, 溺而不止; 及優侏儒, 獿雜子女, 不知父子. 樂終, 不可以語, 不可以道古. 此新樂之發也. 今君之所問者樂也, 所好者音也. 夫樂者與音, 相近而不同."

　위문후(魏文侯)가 자하(子夏)에게 물었다. "내가 현단복(玄端服)과 면류관(冕旒冠)을 갖추고 고악(古樂)을 들으면 눕게 될까 걱정이지만, 정(鄭)나라 위(衛)나라의 음악을 들으면 질리는 줄을 모릅니다. 감히 묻건대, 고악(古樂)이 졸린 것은 왜이고 신악(新樂)이 끌리는 것은 어째서입니까?" 자하(子夏)가 대답하였다. "고악(古樂)은 무리지어 들고 나는 것이 정연하며, 음조는 화평정대하고, 부(拊)와 고(鼓)가 먼저 울린 다음 현(弦) · 포(匏) · 생(笙) · 황(簧) 등이 함께 연주됩니다. 북으로 연주를 시작하고 종으로 연주를 끝내며, 상(相)으로 리듬을 가다듬고 아(雅)로 춤동작이 빨라짐을 단속합니다. 군자는 고악(古樂)으로 자신의 뜻을 말하고, 선왕(先王)의 공덕을 칭송하며, 수신(修身)하여 집안을 화목하게 하고, 나아가 천하를 다스립니다. 이것이 바로 고악(古樂)의 진면목입니다. 그런데 지금 신악(新樂)은 들고 나는 것이 정연하지 못하고, 음조 또한 지나치게 방자하여 사람들을 그 속에 빠뜨려 헤어나지 못하게 합니다. 여기에 난쟁이 배우가 추하고 괴이한 형태로 잡희(雜戲)를 하는데, 남녀가 뒤섞이고 부자(父子)가 구분되지 않습니다. 이에 악(樂)이 끝나더라도 자신의 뜻이 표현되지 않고 선왕(先王)의 공덕도 칭송되지 못합니다. 이것이 신악(新

樂)의 양태입니다. 지금 왕께서 물은 것은 악(樂)이지만, 사실 그 좋아하는 것은 음(音)입니다. 악(樂)과 음(音)은 서로 비슷한 듯싶지만 실제로는 다른 것입니다."

文侯曰: "敢問何如?" 子夏對曰: "夫古者天地順而四時當, 民有德而五穀昌, 疾疢不作而無妖祥, 此之謂大當. 然後聖人作爲父子君臣, 以爲紀綱. 紀綱旣正, 天下大定, 天下大定, 然後正六律, 和五聲, 弦歌詩頌, 此之謂德音[19], 德音之謂樂.『詩』云: '莫其德音, 其德克明! 克明克類, 克長克君. 王此大邦, 克順克俾! 俾於文王, 其德靡悔. 卽受帝祉, 施於孫子.' 此之謂也. 今君之所好者, 其溺音[20]乎?"

문후(文侯)가 말하였다. "감히 묻건대, 어떻게 다릅니까?" 자하(子夏)가 답하였다. "옛날에는 천지의 조화가 순조로워 사계절의 운행이 적당하였고, 백성은 이에 덕이 있어 오곡이 풍성했으며, 재난도 없고 질병도 없어 모든 것이 크게 만족스러웠습니다. 그런 다음 성인(聖人)이 부자(父子)와 군신(君臣)의 구분을 만들어 기강을 세웠습니다. 기강이 올바로 서자 천하가 태평해졌습니다. 천하가 태평해지자 성인은 다시 육률(六律)을 바르게 하고 오성(五聲)을 조화시켜 노래를 만들고 시(詩)로써 찬송하였습니다. 이를 일러 덕음(德音)이라 하며, 덕음을 일러 악(樂)이라 하는 것입니다.『시경(詩經)』에 이르기를, '그 덕음을 맑고 고요하게 하니 그 덕이 크게 밝았다. 시비를 살피고 선악을 분별하며, 어른과 군주의 역할을 지극히 하고, 또한 이 큰 나라에 왕노릇을 지극히 하며, 백성들이 순응하고 좇게 하였다. 문왕(文王)이 왕업을 이으니 그 덕은

---

19. "덕음(德音)": 천하가 태평해진 후 성인(聖人)이 육률(六律)을 바르게 하고 오성(五聲)을 조화시켜 만든 음악을 말한다. 소위 아악(雅樂)을 가리킨다.
20. "익음(溺音)": 들고 나는 것이 정연하지 못하고, 음조 또한 지나치게 방자하여 사람들을 그 속에 빠뜨려 헤어나지 못하게 하는 신악(新樂)을 말한다. 소위 음성(淫聲)을 가리킨다.

더욱 커서 후회할 것이 없었다. 상제(上帝)의 복을 받아 자손에게 길이 미치도다.'라 한 것은 바로 이를 말하는 것입니다. 지금 왕께서 좋아하는 것은 익음(溺音)이 아닌가요?"

文侯曰:"敢問溺音何從出也?"子夏對曰:"鄭音好濫淫志. 宋音燕女溺志. 衛音趨數煩志. 齊音敖辟喬志. 此四者, 皆淫於色而害於德, 是以祭祀弗用也.『詩』云:'肅雍和鳴, 先祖是聽.'夫肅, 肅敬也. 雍, 雍和也. 夫敬與和, 何事不行? 爲人君者, 謹其所好惡而已矣. 君好之, 則臣爲之, 上行之, 則民從之.『詩』云'誘民孔易', 此之謂也. 然後聖人作爲鞀鼓椌楬壎箎, 此六者, 德音之音也. 然後鍾磬竽瑟以和之, 干戚旄狄以舞之. 此所以祭先王之廟也, 所以獻酬酳酢也, 所以官序貴賤各得其宜也, 所以示後世有尊卑長幼之序也. 鍾聲鏗, 鏗以立號, 號以立橫, 橫以立武; 君子聽鍾聲, 則思武臣. 石聲磬, 磬以立辨, 辨以致死; 君子聽磬聲, 則思死封疆之臣. 絲聲哀, 哀以立廉, 廉以立志; 君子聽琴瑟之聲, 則思志義之臣. 竹聲濫, 濫以立會, 會以聚衆; 君子聽竽笙簫管之聲, 則思畜聚之臣. 鼓鼙之聲歡, 歡以立動, 動以進衆; 君子聽鼓鼙之聲, 則思將帥之臣. 君子之聽音, 非聽其鏗鏘而已也, 彼亦有所合之也."

문후(文侯)가 물었다. "감히 묻건대, 익음(溺音)은 어디에서 나오는 것인가요?" 자하(子夏)가 대답하였다. "정(鄭)나라 음악은 방자하여 사람의 마음을 음란하게 하고, 송(宋)나라의 음악은 미혹하는 바가 있어 마음을 빠지게 하며, 위(衛)나라의 음악은 빨라서 마음을 심란하게 하고, 제(齊)나라의 음악은 오만하고 편벽되어 마음을 교만하게 합니다. 이 네 가지는 모두 색(色)의 즐거움에 빠지게 하여 덕을 해칩니다. 그래서 제사에 쓰지 않습니다.『시경(詩經)』에 이르기를, '엄숙하고 온화하게 울리니 선조(先祖)의 신령이 감동하도다.'라 했습니다. 무릇 숙(肅)은 엄숙하고 공경하는 것이며, 옹(雍)은 온화한 것입니다. 공경하고 온화하니 무슨 일인들 행해지지 않겠습니까? 백성의 임금된 자는 좋아하고 싫어하는 바를 삼가야 합니다. 임금이 좋아하는 것은 신하도 따라 좋아하고, 윗사람이 행하면 백성도 그것을 따릅니다.『시경(詩經)』에 '백성을 인도하기는 아주 쉽다.'라는 말이 있는데, 바로 이를 두고 한 말입니다. 그런 다음에 성인(聖人)이 도(鞉)·고(鼓)·강(椌)·갈(楬)·훈(壎)·지(篪) 등 덕음(德音)을 내는 여섯 가지 악기를 제작했습니다. 그러고 나서 다시 종(鍾)·경(磬)·우(竽)·슬(瑟)로 화음을 넣고, 간(干)·척(戚)·모(旄)·적(狄)을 가지고 춤을 춥니다. 이것이 선왕(先王)에게 제사지내는 것이며, 술을 올리고 술을 마시는 예(禮)를 행하는 것이고, 관직의 서열과 귀천(貴賤)이 각기 그 마땅함을 얻는 것이며, 존비(尊卑)와 장유(長幼)의 순서가 있음을 후세에 보이는 것입니다. 종소리는 견강(堅剛)하니 그 소리는 위엄 있는 명령을 나타내고, 그 명령은 기세를 일으키며, 나아가 그 기세는 무공(武功)을 세웁니다. 그래서 군자가 종소리를 들으면 무신(武臣)을 생각하게 됩니다. 경(磬)소리는 맑으니 그 소리는 분명한 변별을 나타내고, 변별이 분명하면 목숨도 바치게 됩니다. 그래서 군자는 경(磬)소리를 들으면 국경을 지키다 순직한 신하를 생각하게 됩니다. 현악기의 소리는 애처로우니 그 소리는 청렴한 마음을 나타내고, 그 마음은 다시 포부를 일으킵니다. 그래서 군자는 금(琴)·슬(瑟)의 소리를 들으면 의로운 신하를 생각하게 됩니다. 대나무 악기의 소리는 퍼지니 그 소리는 사람들을 모으고, 모이면 사람들이 흩어지지 않게 됩니다. 그래서 군자가 우(竽)·생(笙)·소(簫)·관(管)의 소리를 들으면 백성을 끌어안은 신하를 생각하게 됩니다. 북소리는 크니 그 소리는 사람을 움직이고, 움직이는 것은 사람들을 앞으로 나아가게 합니다. 그래서 군자가 북소리를 들으면 장수(將帥)인 신하를 생각하게 됩니다. 이처럼 군자가 음악을 듣는 것은 귀에 즐거운 가락을 듣는 것이 아니라, 자기의 뜻과 합치되는 소리를 듣고자 하는 것입니다."

賓牟賈侍坐於孔子, 孔子與之言, 及樂. 曰: "夫武之備戒之已久何也?" 對曰: "病不得其衆也!" "詠歎之, 淫液之, 何也?" 對曰: "恐不逮事也!" "發揚蹈厲之已蚤, 何也?" 對曰: "及時事也." "武坐致右憲左, 何也?" 對曰: "非武坐也." "聲淫及商何也?" 對曰: "非武音也." 子曰: "若非武音, 則何音也?" 對曰: "有司失其傳也. 若非有司失其傳, 則武王之志荒矣." 子曰: "唯, 丘之聞諸萇弘, 亦若吾子之言是也."

빈모고(賓牟賈)가 공자(孔子)를 모시고 앉아 함께 말을 나누다가 얘기가 악(樂)에 이르렀다. 공자가 물었다. "「대무(大武)」에서 먼저 북을 울려 한동안 경계하는 것은 무슨 까닭인가?" 빈모고가 답하였다. "민심을 얻지 못할까 걱정한 것을 나타냅니다." 공자가 물었다. "소리를 길게 뽑고 성조를 오래 끄는 이유는 무엇인가?" 빈모고가 답하였다. "제후들이 때에 맞춰 뒤쫓지 못할까 염려한 것을 나타냅니다." 공자가 물었다. "손을 뻗고 세차게 발을 구르는 것이 아주 빠른 것은 어째서인가?" 빈모고가 답하였다. "때에 맞게 정벌하는 것을 나타냅니다." 공자가 물었다. "춤을 출 때 앉아서 오른쪽 무릎은 땅에 대고 왼쪽 다리는 세우는데, 무슨 뜻인가?" 빈모고가 답하였다. "「대무」의 올바른 앉는 동작이 아닙니다." 공자가 물었다. "소리가 이지러져 상성(商聲)이 나오는 것은 왜인가?" 빈모고가 답하였다. "그것은 「대무」의 올바른 음조가 아닙니다." 공자가 물었다. "「대무」의 올바른 음조가 아니라면 어떤 음조인가?" 빈모고가 답하였다. "그것은 악관(樂官)이 잘못 전수한 것입니다. 만약 잘못 전수한 것이 아니라면 무왕(武王)의 뜻이 황란(荒亂)한 것입니다." 공자가 말하였다. "아! 내가 장홍(萇弘)에게서 들은 말도 같으니 그대의 말이 옳을 것이다."

賓牟賈起, 免席而請曰: "夫武之備戒之已久, 則已聞命矣. 敢問遲之遲而又久何也?" 子曰: "居, 吾語女. 夫樂者, 象成者也. 摠干而山立, 武王之事也. 發揚蹈厲, 太公之志也. 「武」亂皆坐, 周召之治也. 且夫「武」, 始而北出; 再成而滅商; 三成而南; 四成而南國是疆; 五成而分; 周公左, 召公右; 六成復綴, 以崇天子. 夾振之而駟伐, 盛威於中國也. 分夾而進, 事蚤濟也. 久立於綴, 以待諸侯之至也. 且女獨未聞牧野之語乎? 武王克殷反商, 未及下車, 而封黃帝之後於薊, 封帝堯之後於祝, 封帝舜之後於陳. 下車而封夏后氏之後於杞, 投殷之後於宋, 封王子比干之墓, 釋箕子之囚, 使之行商容而復其位. 庶民馳政, 庶士倍祿. 濟河而西, 馬散之華山之陽, 而弗復乘; 牛散之桃林之野, 而弗復服; 車甲釁而藏之府庫, 而弗復用; 倒載干戈, 包之以虎皮; 將帥之士, 使爲諸侯, 名之曰建櫜; 然後天下知武王之不復用兵也. 散軍而郊射, 左射「狸首」, 右射「騶虞」, 而貫革之射息也; 裨冕搢笏, 而虎賁之士說劍也; 祀乎明堂, 而民知孝; 朝覲, 然後諸侯知所以臣; 耕籍, 然後諸侯知所以敬; 五者, 天下之大教也. 食三老五更於太學, 天子袒而割牲, 執醬而饋, 執爵而酳, 冕而摠干, 所以教諸侯之弟也. 若此, 則周道四達, 禮樂交通; 則夫「武」之遲久, 不亦宜乎?"

빈모고가 일어나 자리에서 물러나며 청해 물었다. "「대무(大武)」에서 먼저 북을 울려 한동안 경계하는 것에 대해서는 이미 말씀드렸습니다. 그런데 춤을 출 때 오랫동안 자리에 서서 기다리는 이유에 대해 말씀을 듣고 싶습니다." 공자가 말하였다. "앉아라. 내 너에게 말해주겠다. 무릇 악(樂)이란 것은 공업(功業)이 이루어진 바를 형상하는 것이다. 방패를 잡고 산처럼 우뚝 서 있는 것은 무왕(武王)이 제후의 도착을 기다린 일을 형상한 것이다. 손을 뻗고 발을 세차게 구르는 것은 태공(太公)이 위용을 펼치고자 한 뜻을 형상한 것이다. 「대무(大武)」의 마지막에 모두 앉는 것은 주공(周公)과 소공(召公)이 문덕(文德)으로 다스려 무(武)를 그치게 한 것을 형상한 것이다. 「대무」의 줄거리는 이렇다. 1

장은 상(商)나라의 주왕(紂王)을 토벌하러 북쪽으로 나아가는 장면이고, 2장은 상나라를 멸망시키는 장면이며, 3장은 승리하여 남쪽으로 개선하는 장면이고, 4장은 남쪽 나라들의 경계를 정하는 장면이며, 5장은 주공과 소공이 나누어 다스리는 장면이고, 6장은 무자(舞者)들이 제 자리로 돌아가 무왕을 천자로 드높이는 장면이다. 두 사람이 무자(舞者)의 좌우에서 방울을 흔들면 무자가 그 소리에 맞춰 사방으로 창과 방패를 네 번 휘두르는 것은, 주왕을 정벌한 자신의 위용을 천하에 크게 떨친 것을 형상한 것이다. 무자가 두 줄로 나뉘어 나아가는 것은 신속하게 천하를 통일하려는 의지를 형상한 것이며, 춤추는 자리에서 오래 서 있는 것은 제후의 도착을 기다리는 것을 형상한 것이다. 또한 그대는 목야(牧野)에서 무왕(武王)이 행한 일을 들은 바가 없는가? 무왕이 상(商)나라의 군대를 무찌르고 그 수도(首都)로 들어간 다음, 미처 수레에서 내리기도 전에 황제(黃帝)의 후손을 계(薊)에 봉했으며, 제요(帝堯)의 후손을 축(祝)에 봉했고, 제순(帝舜)의 후손을 진(陳)에 봉했다. 또 수레에 내려서는 하후씨(夏后氏)의 후손을 기(杞)에 봉했고, 상(商)나라의 후손을 송(宋)으로 옮겼으며, 왕자 비간(比干)의 묘를 봉분했고, 기자(箕子)를 감옥에서 풀어준 다음 그를 상용(商容)에게 보내어 그 지위를 회복시켜 주었으며, 백성들을 가혹한 정치로부터 해방시켜 주었고, 관리들에게는 녹봉을 배로 올려 주었다. 이어 황하(黃河)를 건너 서쪽으로 가서는 말을 화산(華山)의 남쪽에 풀어주고 다시는 전차(戰車)에 쓰지 않았으며, 소를 도림(桃林)의 들에 놓아주곤 다시 전쟁에 부리지 않았고, 전차와 갑옷 또한 창고에 넣어두고 다시는 쓰지 않았으며, 방패와 창을 호랑이 가죽으로 싸 두었고, 장수를 제후로 봉하였으니, 이는 더 이상 병기를 쓰지 않게 된 상황으로 이름하여 건고(建櫜)라 한다. 이로써 천하 사람들은 무왕이 다시는 전쟁을 하지 않을 것임을 알게 되었다. 나아가 군대를 해산시켰으며, 교외에서 활쏘기를 하는데 좌사(左射)에서는 「이수(貍首)」를 노래하고 우사(右射)에서는 「추우(騶虞)」를 노래하니, 모두 절도에 들어맞아

전쟁을 위한 활쏘기가 그치게 되었다. 또한 예모(禮帽)에 예복(禮服)을 입고 홀(笏)을 꽂으니 용맹스런 병사가 칼을 풀어놓게 되었고, 명당(明堂)에서 선조에게 제사지내니 백성이 효(孝)를 알게 되었으며, 정기적으로 천자를 배알하니 제후들이 신하의 본분을 알게 되었고, 임금이 직접 밭을 가니 제후들이 공경할 줄 알게 되었다. 이 다섯 가지는 천하의 큰 가르침이다. 태학(太學)에서 천자가 마을의 교화를 맡은 노인을 대접하는데, 천자가 직접 소매를 걷어 희생인 고기를 베고 장(醬)을 들어 그들에게 권하며, 술잔을 잡아 따라주고, 면류관을 쓰고 방패를 잡았는데, 이것이 모두 제후들이 원로를 공경해야 함을 가르친 것이다. 이리하여 주(周)나라의 도덕이 사방으로 퍼지고, 예악(禮樂)이 두루 통하게 되었으니, 이를 표현하기 위해서는 「대무(大武)」에서 춤추는 자리에 오랫동안 서서 기다리는 것으로 나타내는 것이 마땅하지 않겠는가?"

君子曰: 禮樂不可斯須去身. 致樂以治心, 則易直子諒之心, 油然生矣. 易直子諒之心生則樂, 樂則安, 安則久, 久則天, 天則神. 天則不言而信, 神則不怨而威. 致樂以治心者也, 致禮以治躬則莊敬, 莊敬則嚴威.

군자는 예악(禮樂)이 잠시도 몸에서 뗄 수 없는 것이라고 말한다. 악(樂)을 지극히 하여 마음을 다스리면 곧 온화하고 바르며 자식처럼 사랑하고 믿음직한 마음이 저절로 생긴다. 이러한 마음이 생기면 즐겁고, 즐거우면 편안하며, 편안하면 오래 지속되고, 오래 지속되면 하늘과 통하게 되며, 하늘과 통한다는 것은 또한 신명(神明)과 통한다는 것이다. 하늘은 말을 하지 않아도 미덥고, 신명은 화내지 않아도 위엄이 있다. 이처럼 악(樂)을 지극하게 하는 것은 마음을 다스리기 위한 것이다. 예(禮)를 지극하게 하여 몸을 다스리면 장중하고 공경하며, 장중하고 공경한 즉 위엄이 생긴다.

心中斯須不和不樂, 而鄙詐之心入之矣. 外貌斯須不莊不敬, 而易慢之心入之矣. 故樂也者, 動於內者也; 禮也者, 動於外者也. 樂極和, 禮極順, 內和而外順, 則民瞻其顏色而勿與爭也, 望其容貌而民不生易慢焉. 故德輝動於內而民莫不承聽; 理發諸外而民莫不承順. 故曰: "致禮樂之道, 舉而措之, 天下無難矣."

마음속에 잠시라도 화락하는 바가 없으면 비루하고 속이는 마음이 파고들며, 외모에 잠시라도 장중하고 공경하는 바가 없으면 경솔하고 거만한 마음이 파고든다. 그러므로 악(樂)이란 안에서 마음을 움직이는 것이고, 예(禮)는 바깥에서 몸을 움직이는 것이다. 이렇게 악(樂)은 그 마음을 화락하게 하고 예(禮)는 그 몸을 순응하게 한다. 안이 화락하고 밖이 순응하면, 곧 백성이 그의 얼굴만 보아도 그와 다투지 않고, 그의 용모만 보아도 그를 업신여기지 않게 된다. 그러므로 그 덕의 광채가 마음속에 움직이니 백성이 따르지 않는 이가 없고, 예의 이치가 몸의 외양에 드러나니 백성이 순종하지 않는 이가 없다. 그러므로 "예악의 도를 지극히 하여 천하에 행하면 아무런 어려움도 없다."고 말하는 것이다.

樂也者, 動於內者也; 禮也者, 動於外者也. 故禮主其減, 樂主其盈, 禮減而進, 以進爲文; 樂盈而反, 以反而文. 禮減而不進則銷, 樂盈而不反則放. 故禮有報而樂有反, 禮得其報則樂, 樂得其反則安. 禮之報, 樂之反, 其義一也.

악(樂)이란 안에서 마음을 움직이는 것이요, 예(禮)란 바깥에서 몸을 움직이는 것이다. 그러므로 예(禮)는 줄임〈절제〉을 위주로 하고, 악(樂)은 채움〈기쁨〉을 위주로 한다. 예(禮)는 줄이지만 더 나아가는 바가 있으니 나아감으로 문채를 삼고, 악(樂)은 채우지만 되돌아가는 바가 있으니 되돌아감으로 문채를 삼는다. 절제하면서 문채가 없으면 예(禮)는 소침해지고, 기쁘기만 하고 되돌아감이 없으면 악(樂)은 방종해진다. 그러므로 예(禮)는 서로 보답해야 하고, 악(樂)은 스스로 되돌아보아야 한다. 예(禮)로써 보답하면 즐겁고, 악(樂)으로 반성하게 되면 편안해진다. 예(禮)의 보답과 악(樂)의 반성은 그 뜻이 하나이다.

夫樂者樂也, 人情之所不能免也. 樂必發於聲音, 形於動靜, 人之道也. 聲音動靜, 性術之變盡於此矣. 故人不耐無樂, 樂不耐無形, 形而不爲道, 不耐無亂. 先王恥其亂, 故制雅頌之聲以道之. 使其聲足樂而不流, 使其文足論而不息, 使其曲直繁瘠廉肉節奏, 足以感動人之善心而已矣, 不使放心邪氣得接焉: 是先王立樂之方也.

악(樂)이란 즐거운 것이니, 사람의 정감에 없을 수 없는 것이다. 즐거움은 반드시 성음(聲音)으로 나타나고 동작으로 표현되는데, 이는 곧 사람에게서 자연스러운 것이다. 성음과 동정은 사람의 타고난 본성의 여러 변화를 온전히 보여준다. 그러므로 사람은 즐거움이 없을 수 없고, 그 즐거움은 표현하지 않을 수 없으나, 그 표현을 또한 바르게 인도하지 않으면 혼란이 없을 수 없다. 선왕(先王)은 그 혼란을 부끄럽게 여겼기에 아(雅)·송(頌)의 소리를 지어 사람을 바른 방향으로 인도하였고, 그 소리가 충분히 즐거우면서도 방종에 흐르지 않게 하였으며, 그 가사는 조리가 있으면서도 딱딱하게 하지 않았고, 그 음조는 굽음과 곧음·복잡함과 단조로움·맑음과 탁함·멈춤과 나아감으로 하여금 사람의 착한 마음을 움직여 방탕한 마음과 사악한 기분에 접하지 못하도록 하였다. 이것이 선왕이 악(樂)을 만든 이유이다.

是故, 樂在宗廟之中, 君臣上下同聽之, 則莫不和敬; 在族長鄕里之中, 長幼同聽之, 則莫不和順; 在閨門之內, 父子兄弟同聽之, 則莫不和親. 故樂者, 審一以定和, 比物以飾節, 節奏合以成文, 所以合和父子君臣, 附親萬民也: 是先王立樂之方也. 故聽其雅頌之聲, 志意得廣焉; 執其干戚, 習其俯仰詘伸, 容貌得莊焉; 行其綴兆, 要其節奏, 行列得正焉, 進退得齊焉. 故樂者, 天地之命, 中和之紀, 人情之所不能免也.

이런 까닭에 악(樂)이 종묘 한 가운데 있어 군신(君臣)의 상하가 함께 들으면 서로 화목하여 공경하지 않는 바가 없고, 족장이 있는 마을에서 위아래 사람이 함께 들으면 곧 서로 화목하여 순종하지 않는 바가 없다. 또 집안에서 부자와 형제가 함께 들으면 서로 화목하여 친애하지 않는 바가 없다. 그러므로 악(樂)은 하나의 음을 자세히 살펴 다른 음들과 조합함으로써 조화를 얻는 것이며, 나아가 여러 악기(樂器)를 배합하여 절주를 꾸미는 것이니, 절주가 합해지면 문채가 이루어진다. 이리하여 부자와 군신을 화합시키고 만민을 친하게 하니, 이것이 바로 선왕(先王)이 악(樂)을 만든 이유이다. 그러므로 아(雅)·송(頌)의 소리를 들으면 마음이 넓어지고, 방패와 도끼를 잡고 고개를 숙이고 쳐드는 것과 몸을 굽히고 펴는 것을 익히면 용모가 장중해진다. 춤추는 위치의 배열이 음악의 절주에 맞으면 그 행동거지가 바르고 단정해진다. 따라서 악(樂)이란 천지의 명(命)이요 중화(中和)의 기강이니, 사람의 정감에 없을 수 없는 것이다.

夫樂者, 先王之所以飾喜也; 軍旅鈇鉞者, 先王之所以飾怒也; 故先王之喜怒, 皆得其儕焉. 喜則天下和之, 怒則暴亂者畏之, 先王之道, 禮樂可謂盛矣.

무릇 악(樂)이란 선왕(先王)이 기쁨을 드러내기 위해 의탁하는 것이고, 군대와 형구(刑具)는 선왕이 분노를 드러내기 위해 의탁하는 것이다. 그러므로 선왕의 기쁨과 노여움이 모두 여기에 드러나 있다. 선왕(先王)이 기쁠 때 온 천하는 함께 즐거워하고, 선왕이 노여울 때 난폭한 이들이 그를 두려워하므로, 예악(禮樂)이 선왕의 도(道)를 충분히 드러낸다고 말한다.

子貢見師乙而問焉, 曰: "賜聞聲歌各有宜也. 如賜者, 宜何歌也?"師乙曰: "乙賤工也, 何足以問所宜. 請誦其所聞, 而吾子自執焉. 寬而靜, 柔而正者宜歌頌; 廣大而靜, 疏達而信者宜歌大雅; 恭儉而好禮者宜歌小雅; 正直而靜, 廉而謙者宜歌風; 肆直而慈愛者宜歌商; 溫良而能斷者宜歌齊. 夫歌者, 直己而陳德也, 動己而天地應焉, 四時和焉, 星辰理焉, 萬物育焉. 故商者, 五帝之遺聲也, 商人識之, 故謂之商. 齊者, 三代之遺聲也, 齊人識之, 故謂之齊. 明乎商之音者, 臨事而屢斷. 明乎齊之音者, 見利而讓. 臨事而屢斷, 勇也. 見利而讓, 義也. 有勇有義, 非歌孰能保此? 故歌者, 上如抗, 下如隊, 曲如折, 止如槀木, 倨中矩, 句中鉤, 累累乎端如貫珠. 故歌之爲言也, 長言之也. 說之故言之, 言之不足故長言之, 長言之不足故嗟歎之, 嗟歎之不足, 故不知手之舞之, 足之蹈之也."

자공(子貢)이 사을(師乙)을 보고 물었다. "제가 듣건대, 사람마다 각기 적합한 노래가 있다고 하는데 저는 어떤 노래가 적합하겠습니까?" 사을(師乙)이 답하였다. "저는 천한 악공(樂工)인데, 어찌 어떤 노래가 적합할 지를 묻습니까? 아무튼 제가 들은 바를 말해 볼 테니 알아서 선택하도록 하십시오. 너그럽고 조용하며 부드럽고 바른 이는 송(頌)을 노래하면 적당하고, 광활하면서도 고요하며 소탈하고 믿음직한 이는 대아(大雅)를 노래함이 적당하며, 공손하고 검소하며 예(禮)를 좋아하는 이는 소아(小雅)를 노래하면 적당하고, 정직하면서도 조용하며 청렴하고 겸손한 이는 풍(風)을 노래함이 적당하며, 단박하고 정직하며 자애로운 이는 상(商)을 노래하면 적당하고, 온유하고 선량하며 결단력 있는 이는 제(齊)를 노래함이 적당합니다. 무릇 노래란 자신을 곧게 하고 덕을 드러내는 것입니다. 자신의 덕을 표현하면 천지가 감응하고, 사계절이 조화로우며, 별들이 이치에 맞게 운행하고, 만물이 생장합니다. 상(商)은 오제(五帝) 때부터 전해내려 왔는데, 상(商)나라 사람들이 그것을 기록했기에 상(商)이라 부릅니다. 제(齊)는 삼대(三代) 때부터 전해내려 왔는데 제(齊)나라 사람이 기록했기에 제(齊)라 부릅니다. 이러하니 상(商)의 음(音)을 잘 아는 이는 일을 할 때 결단력이 있고, 제(齊)의 음을 잘 아는 이는 이익을 보고서도 양보합니다. 일을 당해 결단력이 있는 것은 용기요, 이익을 보고 양보하는 것은 의로움입니다. 이렇게 용기가 있고 의로움이 있는 것을 노래가 아니면 무엇으로 보전해냈겠습니까? 그러므로 노래라는 것은, 높일 때는 들어 올리는 것 같고, 내릴 때는 떨어지는 것 같으며, 구부러질 때는 꺾이는 것 같고, 그칠 때는 고목(枯木)처럼 고요하며, 가볍게 꺾일 때는 곱자 같고, 심하게 꺾일 때는 갈고리 같으며, 죽 이어져 단정한 것은 구슬을 꿰어놓은 것 같습니다. 그러므로 노래는 길게 끌어 말하는 것입니다. 기쁘기에 말하는데, 말하는 것만으로는 부족하므로 길게 말하고, 길게 말하는 것만으로는 또 부족하니 음조의 변화를 주는 것이며, 이러한 변화만으로 부족하기에 다시 자기도 모르게 손발을 움직여 춤을 추는 것입니다."

6. 『예기(禮記)』

君無故玉不去身, 大夫無故不徹縣, 士無故不徹琴瑟.(「曲禮」)

임금은 특별한 이유 없이 옥(玉)을 몸에서 떼지 않으며, 대부(大夫)는 특별한 이유 없이 종과 경쇠를 거두지 않으며, 사(士)는 특별한 이유 없이 거문고와 비파를 거두지 않는다.

辟踊, 哀之至也. 有算, 爲之節文也. 袒括髮, 變也. 慍, 哀之變也. 去飾, 去美也. 袒括髮, 去飾之甚也. 有所袒, 有所襲, 哀之節也. 弁絰葛而喪, 與神交之道也, 有敬心焉.(「檀弓」)

가슴을 치면서 뛰는 것은 매우 애통함을 보여주는 것이다. 그 뜀의 숫자를 세는 것은 애통함을 알맞게 제어하여 절도 있게 하려는 것이다. 웃옷을 벗어 어깨를 드러내고 머리를 삼으로 묶는 것은 외관을 바꾸는 것이다. 원통해 하는 것은 슬픈 마음의 다른 표현이다. 꾸밈을 버린다는 것은 아름다움을 버리는 것이다. 어깨를 드러내고 머리를 삼으로 묶는 것은 꾸밈을 버리는 것 중 가장 심한 것이다. 어깨를 드러내기도 하고 옷을 입기도 하는 것은 슬픔을 절제하는 것이다. 변관(弁冠)과 짚으로 만든 수질(首絰)을 한 채 장례를 치르는 것은 신(神)과 교접하는 방법인데, 여기엔 공경하는 마음이 있다.

人喜則斯陶, 陶斯咏, 咏斯猶, 猶斯舞, 舞斯慍, 慍斯戚, 戚斯歎, 歎斯辟, 辟斯踊矣. 品節斯, 斯之爲禮.(「檀弓」)

사람은 기쁘면 흥이 돋고, 흥이 돋으면 노래를 부르며, 노래를 부르면 몸을 움직이고, 몸이 움직이면 춤을 추게 되며, 춤을 추면 원망이 나오고, 원망이 나오면 슬퍼지며, 슬퍼지면 탄식하게 되고, 탄식하면 가슴을 치게 되며, 가슴을 치면 날뛰게 된다. 이것들을 잘 조절하는 것이 예(禮)이다.

　昔者先王未有宮室, 冬則居營窟, 夏則居橧巢. 未有火化, 食草木之實·鳥獸之肉, 飮其血, 茹其毛. 未有麻絲, 衣其羽皮. 後聖有作, 然後修火之利. 范金, 合土, 以爲臺榭·宮室·牖戶. 以炮, 以燔, 以亨, 以炙, 以爲醴酪. 治其麻絲, 以爲布帛. 以養生送死, 以事鬼神上帝. 皆從其朔. 故玄酒在室, 醴醆在戶; 粢醍在堂, 澄酒在下. 陳其犧牲, 備其鼎俎; 列其琴瑟·管磬·鍾鼓, 修其祝嘏. 以降上神與其先祖, 以正君臣, 以篤父子, 以睦兄弟, 以齊上下, 夫婦有所. 是謂承天之祜.(「禮運」)

　옛날에는 선왕(先王)도 집이 없어서, 겨울이면 토굴을 만들어 살았고 여름에는 섶나무를 쌓아올린 곳에서 지냈다. 아직 불을 사용할 줄 몰랐으므로, 초목의 열매를 따 먹고, 새나 짐승의 고기를 날로 먹었으며, 그것들의 피를 마시고, 그 털까지 먹었다. 또 당시엔 아직 삼베나 명주가 없었으므로, 새의 깃털이나 짐승의 가죽을 몸에 걸쳤다. 나중에 성왕(聖王)이 나타난 이후에 비로소 불을 사용하기 시작하였다. 이로써 틀을 만들어 그릇을 제작하였고, 흙으로 토기를 만들었으며, 누대(樓臺)와 집을 짓고 벽과 문을 만들었다. 또한 음식도 불을 이용하여 구워 먹게 되고 단술과 유즙도 마시게 되었다. 삼이나 명주를 다듬어 베와 비단을 짜서 옷도 입게 되었다. 사람들은 이로써 삶을 영위하였고, 죽으면 장례 지냈으며, 귀신과 상제를 섬겨 제사를 지내게 되었다. 이는 모두 그 태초(太初)를 따른 것이다. 그러므로 〈제례(祭禮)에서〉 현주(玄酒)는 집안에 두고, 가장 옛날에 만들어진 술인 예잔(醴醆)은 방 밖에 두며, 조금 늦게 만들어진 술인 자제(粢醍)는 마루에 두고, 가장 늦게 만들어진 술인 징주(澄酒)는 마루 아래에 둔다. 그런 다음 희생(犧牲)을 진설(陳設)하고, 여러 제기(祭器)를 갖추며, 금(琴)·슬(瑟)·관(管)·경(磬)·종(鍾)·고(鼓) 등 악기를 늘어놓고, 신(神)에게 고하는 축(祝)과 주인에게 답을 전해주는 하(嘏)를 진행하여, 하늘의 신과 조상의 신을 강림하게 한다. 이로써 군신(君臣)의 도리를 바르게 하고, 부자(父子)의 정을 돈독하게 하며, 형제를 화목하게 하고, 상하의 관계를 가지런히 하며, 남편과 아내의 사이를 구별한다. 이를 일러 하늘이 복을 내려준다고 한다.

故人情者, 聖王之田也. 修禮以耕之, 陳義以種之, 講學以耨之, 本仁以聚之, 播樂以安之. …… 故治國不以禮, 猶無耜而耕也; 爲禮不本於義, 猶耕而弗種也; 爲義而不講學之以學, 猶種而弗耨也; 講之以學而不合之以仁, 猶耨而弗穫也; 合之以仁而不安之以樂, 猶穫而弗食也; 安之以樂而不達於順, 猶食而弗肥也.(「禮運」)

사람의 심정이 바로 성왕(聖王)이 정치하는 터전이다. 예(禮)를 닦아 그 터전을 갈며, 의(義)를 펼쳐 그 터전에 씨를 뿌리고, 학문을 논하여 그 터전을 김매며, 인(仁)에 근본을 두어 학문의 공(功)을 모으고, 악(樂)을 전파하여 그들의 심정을 편안케 하였다. …… 그러므로 나라를 다스리는데 예(禮)로써 하지 않으면 밭을 가는데 쟁기를 쓰지 않는 것과 같고, 예(禮)를 행하면서도 의(義)에 근본을 두지 않으면 밭을 가는데 씨를 뿌리지 않는 것과 같다. 의(義)를 행함에 학문을 배우지 않으면 밭에 씨앗을 뿌려놓고도 김매지 않는 것과 같으며, 학문을 논함에 인(仁)에 합치하지 않으면 김을 매고 나서 거두어들이지 않는 것과 같다. 인(仁)에 합치하나 음악으로써 백성을 편안케 해주지 않는다면 거두어들인 곡식이되 먹을 수 없는 것과 같다. 음악으로 마음을 편안케 해 준다 해도 진정으로 순치(順治)의 경지에 이르지 못한다면 곡식을 먹되 살이 찌지 않는 것과 같다.

先王之立禮也, 有本有文. 忠信, 禮之本也; 義理, 禮之文也. 無

本不립, 無文不行.(「禮器」)

선왕(先王)이 예(禮)를 세움에 근본과 문채가 있게 하였다. 충신(忠信)은 예(禮)의 근본이요, 의리(義理)는 예(禮)의 문채이다. 근본이 없으면 예(禮)가 설 수 없고, 문채가 없으면 예(禮)를 실행할 수 없다.

禮有以多爲貴者. 天子七廟, 諸侯五, 大夫三, 士一, …… 此以多爲貴也. 有以少爲貴者. 天子無介, 祭天特牲; 天子適諸侯, 諸侯膳以犢; 諸侯相朝, 灌用鬱鬯, 無籩豆之薦; 大夫聘禮以脯醢; 天子一食, 諸侯再, 大夫士三, 食力無數, …… 此以少爲貴也. 有以大爲貴者. 宮室之量, 器皿之度, 棺槨之厚, 丘封之大, 此以大爲貴也. 有以小爲貴者. 宗廟之祭, 貴者獻以爵, 賤者獻以散, 尊者擧觶, 卑者擧角; 五獻之尊, 門外缶, 門內壺, 君尊瓦甒, 此以小爲貴也. 有以高爲貴者. 天子之堂九尺, 諸侯七尺, 大夫五尺, 士三尺; 天子·諸侯臺門, 此以高爲貴也. 有以下爲貴者. 至敬不壇, 埽地而祭; 天子諸侯之尊廢禁, 大夫·士棜禁, 此以下爲貴也. 禮有以文爲貴者. 天子龍袞, 諸侯黼, 大夫黻, 士玄衣纁裳; 天子之冕, 朱綠藻, 十有二旒, 諸侯九, 上大夫七, 下大夫五, 士三, 此以文爲貴也. 有以素爲貴者. 至敬無文, 父黨無容, 大圭不琢, 大羹不和, 大路素而越席, 犧尊疏布鼏, 樿杓, 此以素爲貴也. 孔子曰: "禮不可不省也, 禮不同, 不豊不殺." 此之謂也. 蓋言稱也. 禮之以多爲貴者, 以其外心者也. 德發揚, 詡萬物, 大理物博, 如此則得不以多爲貴乎? 故君子樂其發也! 禮之以少爲貴者, 以其內心者也. 德産之致也精微, 觀天下之物, 無可以稱其德者, 如此則得不以少爲貴乎? 是故君子愼其獨也! 古之聖人, 內之爲尊, 外之爲樂, 少之爲貴, 多之爲美. 是故先王之制禮也, 不可多也, 不可寡也, 唯其稱也. 是故君子大牢而祭謂之禮, 匹士大牢而察謂之攘. 管仲鏤簋朱紘, 山節藻梲, 君子以爲濫矣.(「禮器」)

　　예(禮)는 수(數)의 많음으로 귀함을 나타낸다. 천자(天子)는 칠묘(七廟)에 제사지내고, 제후(諸侯)는 오묘(五廟)에 제사지내며, 대부(大夫)는 삼묘(三廟)에 제사지내고, 사(士)는 일묘(一廟)에 제사지낸다. …… 이것은 수의 많음으로 귀함을 나타낸 것이다. 또 수의 적음으로 귀함을 나타내기도 한다. 천자가 제후에게 갈 때는 〈천자가 천하의 주인이라 그 자신이 빈객 신분이 될 수 없으므로〉 개빈(介賓: 主賓을 보좌하는 副賓)이 없으며, 하늘에 제사지낼 때 희생(犧牲)의 소는 한 마리뿐이다. 천자가 제후에게 가면 제후는 송아지 한 마리를 잡아 천자에게 대접하며, 제후 상호간의 방문에서는 울창주(鬱鬯酒)를 잔에 따라 빈객으로 온 제후에게 올리되 변두(籩豆)를 갖추어 대접하는 경우가 없고, 대부가 사신으로 가서 빙례(聘禮)를 행할 때에는 술을 권하고 포해(脯醢)를 대접한다. 천자는 밥 한 그릇으로 식사하고, 제후는 두 그릇으로 식사하며, 대부(大夫)와 사(士)는 세 그릇으로 식사하고, 힘을 쓰는 일을 하는 사람은 그릇 수에 제한이 없다. …… 이것은 수의 적음으로 귀함을 나타낸 것이다. 큰 것으로 귀함을 나타내기도 한다. 궁실의 규모·기명(器皿)의 용량·관곽(棺槨)의 두께·봉분(封墳)의 크기 등은 큰 것으로 귀함을 나타낸다. 작은 것으로 귀함을 나타내기도 한다. 종묘의 제사에서 지위가 높은 사람은 1승(升) 용량의 작(爵)으로 잔을 올리고, 지위가 낮은 사람은 5승 용량의 산(散)으로 잔을 올리며, 잔을 들어 마실 때 지위가 높은 사람은 3승 용량의 치(觶)를 들고, 지위가 낮은 사람은 4승 용량의 각(角)을 든다. 자작(子爵)과 남작(男爵)이 천자에게 올리는 술잔은, 문밖에서는 부(缶)이고 문안에서는 호(壺)이다. 임금의 술잔은 와무(瓦甒)이다. 이것은 작은 것으로 귀함을 나타낸 것이다. 높은 것으로 귀함을 나타내기도 한다. 천자의 마루는 9자의 높이요, 제후의 마루는 7자의 높이이며, 대부는 5자, 사(士)는 3자이다. 천자와 제후는 대문(臺門)을 만든다. 이것은 높은 것으로 귀함을 나타낸 것이다. 낮은 것으로 귀함을 나타내기도 한다. 지극한 공경함으로 지내는 하늘에 대한 제사에는 제단(祭壇)을 만들지 않고 땅을 쓸기만 하여 시행한다. 천자와 제후의 술잔에는 밑받침인 금(禁)을 사용하지 않는다. 대부와 사(士)의 술잔에는 밑받침인 어(棜)와 금(禁)을 사용한다. 이것은 낮은 것으로 귀함을 나타낸 것이다. 장식으로 귀함을 나타내기도 한다. 천자의 옷은 용이 그려진 곤의(袞衣)요, 제후의 옷은 도끼무늬가 수놓아진 보(黼)이고, 대부의 옷은 두 개의 궁(弓)자가 대칭되게 그려진 불(黻)이며, 사(士)의 옷은 검은 상의와 붉은 하의이다. 천자의 관은 붉은 색과 녹색의 두 가지 실로 만든 끈이 12가닥이고, 제후는 9가닥이며, 상대부(上大夫)는 7가닥이고, 하대부(下大夫)는 5가닥이며, 사(士)는 3가닥이다. 이것은 장식으로 귀함을 나타낸 것이다. 소박함으로 귀함을 나타내기도 한다. 지극한 공경으로 지내는 하늘에 대한 제사에는 장식을 하지 않으며, 아버지와 친척을 대할 때에는 용모를 꾸미지 않고, 천자가 띠에 꽂고 다니는 대규(大圭)는 조각의 문식을 가하지 않으며, 대갱(大羹)에는 조미(調味)를 하지 않고, 천자의 수레에는 장식 없이 부들자리만을 깔며, 소의 형상으로 된 제사용 술잔은 거친 베로 덮개를 만들고, 술 국자는 회양목으로 만든다. 이것은 소박한 것으로 귀함을 나타낸 것이다. 공자가 말하기를, "예(禮)는 살피지 않으면 안 된다. 예(禮)는 모두 같은 것이 아니다. 지나치게 풍요로워도 안 되고, 지나치게 소박해서만도 안 된다."라고 했는데, 바로 이를 두고 한 말이다. 대체로 예(禮)는 상황에 맞춰 해야 함을 말한 것이다. 예(禮)가 많은 것으로 귀함을 나타내는 것은 그 마음을 바깥으로 드러내고자 하기 때문이다. 천지의 덕을 발양하여 천하 만물에 두루 미치는 것이다. 크게 만물을 다스리니 그 이룸이 넓고도 넓다. 이러하니 많은 것으로 귀함을 나타내지 않을 수 있겠는가? 그러므로 예(禮)를 만드는 군자는 그 발양함을 즐거워하는 것이다. 예(禮)가 적은 것으로 귀함을 나타내는 것은 그 마음을 안에 쓰기 위함이다. 만물을 화육(化育)하는 천지의 덕은 지극히 정미(精微)한 것이니, 천하의 만물이 그 덕을 칭송하지 않을 수 없다. 이러하니 적음으로 귀함을 나타내지 않을 수 있겠는가? 그러므로 군자는 홀로 있을 때라도 몸가짐을 삼가는 것이다. 옛날의 성인(聖人)은 마음을 안에 쓰는 것을 존중하였고, 마음을 밖에 드러내는 것을 즐거워하였다. 수(數)의 적음을 귀하게 여겼고, 많음을 아름답게 여겼다. 이 때문에 선왕(先王)이 예(禮)를 제정할 때, 적어야 할 데에 많게 하지 않았고, 많아야 할 데에 적게 하지 않았으며, 오로지 정도에 알맞게 하였던 것이다. 그러므로 군자가 대뢰(大牢)를 써서 제사지내면 예(禮)라 이르고, 일개 사(士)가 대뢰를 써서 제사를 지내면 군자의 예법(禮法)을 참람한 것이라 한다. 관중(管仲)이 제기(祭器)를 조각하여 장식하고, 관의 끈을 천자의 빛깔인 붉은 색으로 하였으며, 천자만이 할 수 있는 기둥머리에 산을 새겨 넣었고, 들보 위의 작은 기둥에 마름을 새겼는데, 군자는 그것을 천자의 예법을 참람한 것이라 하였다.

　　禮交動乎上, 樂交應乎下, 和之至也. 禮也者, 反其所自生; 樂也者, 樂其所自成. 是故先王之制禮也以節事, 修樂以道志. 故觀其禮樂而治亂可知也.(「禮器」)

　　예(禮)는 주고받는 것으로 당상(堂上)에서 행하고, 악(樂)은 당하(堂下)에서 그와 어울려 호응한다. 이것이 화(和)의 극치이다. 예(禮)라는 것은 스스로 생겨남을 되돌아보는 것이요, 악(樂)이란 스스로 이룬 바를 즐기는 것이다. 이 때문에 선왕(先王)은 예(禮)를 제정함에 〈근본을 돌이켜보아〉 일을 절도 있게 하였고, 악(樂)을 잘 정비하여 마음을 바른 곳으로 인도하였다. 그러므로 그 예악을 관찰하면 그 나라가 잘 다스려지는지 혼란스러운지를 알 수 있는 것이다.

　　奠酬而工升歌, 發德也. 歌者在上, 匏竹在下, 貴人聲也. 樂由陽來者也, 禮由陰作者也, 陰陽和而萬物得.(「郊特牲」)

천자(天子)가 빈객(賓客)에게 술을 권하고 빈객이 그것을 받아 정해진 자리에 놓으면, 악공(樂工)이 당상(堂上)에 올라 노래를 부르는데, 이는 빈객의 덕을 표현하는 것이다. 노래하는 이는 당상(堂上)에 있고 피리 부는 이는 당하(堂下)에 있는데, 이는 사람의 목소리를 귀하게 여기는 바이다. 악(樂)은 양(陽)으로 말미암아 생기는 것이요, 예(禮)는 음(陰)으로 말미암아 만들어지는 것이니, 음과 양이 화합하여 만물이 그 마땅함을 얻게 된다.

酒醴之美, 玄酒明水之尙, 貴五味之本也; 黼黻文繡之美, 疏布之尙, 反女功之始也; 莞簟之安, 而蒲越稾鞂之尙, 明之也; 大羹不和[21], 貴其質也; 大圭不琢, 美其質也; 丹漆雕幾之美, 素車之乘, 尊其樸也, 貴其質而已矣. 所以交於神明者, 不可同於所安, 褻之甚也. 如是而後宜.(「郊特牲」)

술이나 단술이 좋은 맛을 내는 데도 신(神)에게 제사지낼 때 현주(玄酒)나 명수(明水)같은 물을 올리는 것은, 물이 오미(五味)를 내는 근본이기 때문에 귀하게 여기는 것이다. 보불(黼黻)의 무늬와 화려한 수(繡)는 아름다운 것이지만 신에게 제사지낼 때 거친 베를 쓰는 것은, 여공(女功)이 처음 시작한 일을 되돌아보기 위한 것이다. 왕골자리나 대자리가 편안한데도 신에게 제사지낼 때 부들자리나 볏짚을 쓰는 것은, 그것이 신의 마음에 적합하다고 여기기 때문이다. 대갱(大羹)에 조미(調味)를 하지 않는 것은 그 질박함을 귀하게 여기기 때문이다. 대규(大圭)를 다듬지 않는 것은 그 질박함을 아름답다고 여기기 때문이다. 문식(文飾)을 하고 조각된 수레도 있지만 소박한 수레를 타는 것은 그 박실함을 존중하기 때문이다. 이 모든 것은 소박한 본질을 귀하게 여길 따름이다. 신명(神明)과 교제하는 것은 편안하거나 무람해서는 안 되는 것이니, 이와 같이 한 다음에야 마땅한 것이다.

---

21. "화(和)": 여기서는 인위적인 조절이나 가미의 뜻으로 문(文)과 동의어로 볼 수 있다.

君衣狐白裘, 錦衣以裼之. …… 士不衣狐白. …… 錦衣狐裘, 諸侯之服也. 犬羊之裘不裼, 不文飾也不裼. 裘之裼也, 見美也. 吊則襲, 不盡飾也. 君在則裼, 盡飾也. 服之襲也, 充美也.(「玉藻」)

임금은 여우의 흰 털가죽으로 만든 옷인 호백구(狐白裘)를 입고 비단옷으로 등거리〈裼衣〉를 삼는다. …… 사(士)는 호백구(狐白裘)를 입지 못한다. 비단옷과 여우가죽으로 만든 옷은 제후의 복장이다. 개나 양의 가죽으로 만든 옷에는 등거리를 하지 않으며, 꾸밈이 없는 옷에도 등거리를 하지 않는다. 갖옷에 등거리를 하는 것은 아름다움을 보이기 위한 치장이니, 조문할 때는 위에 다른 것을 덧입어 꾸밈을 드러내지 않는다. 하지만 신하로서 임금이 앞에 있을 때는 꾸밈을 다 한다. 의복을 덧입는다는 것은 아름다움을 가리는 것이다.

古之君子必佩玉: 右徵角, 左宮羽; 趨以采齊, 行以肆夏; 周還中規, 折還中矩; 進則揖之, 退則揚之; 然後玉鏘鳴也. 故君子在車, 則聞鸞和之聲, 行則鳴佩玉, 是以非辟之心無自入也. 君在, 不佩玉. 左結佩, 右設佩, 居則設佩, 朝則結佩, 齊則綪結佩而爵韠. 凡帶必有佩玉, 唯喪否. 佩玉有衝牙. 君子無故, 玉不去身, 君子於玉比德焉.(「玉藻」)

옛날의 군자는 반드시 허리에 옥을 찼다. 오른쪽에서 나는 옥의 소리는 치음(徵音)과 각음(角音)이고, 왼쪽에서 나는 옥의 소리는 궁음(宮音)과 우음(羽音)이다. 바삐 갈 때는 채자(采齊)의 시를 노래하고, 천천히 갈 때는 사하(肆夏)의 시를 노래하여 소리를 조절한다. 군자는 둥그렇게 갈 때는 그림쇠로 동그라미를 그리듯 하고, 좌우로 꺾을 때는 곱자로 직각을 그리듯 한다. 나아갈 때는 읍하듯 약간 눌러 소리가 너무 나지 않도록 하고, 물러날 때는 옥소리가 나도록 몸을 가볍게 움직여준다. 이렇게 해야만 옥소리가 맑게 울리는 것이다.

그러므로 군자는 수레에 탔을 때는 방울 소리를 듣고, 걸을 때에는 옥 소리를 울린다. 이 때문에 나쁘고 사악한 마음이 생기는 법이 없다. 세자(世子)가 임금 앞에 섰을 때는 옥 소리가 나지 않게 한다. 왼쪽에 찬 것은 묶어서 소리가 나지 않도록 하고, 오른쪽에는 다른 것을 찬다. 평소엔 옥을 차고 있지만 조정에 있을 때에 옥 소리가 나지 않도록 묶어 놓는다. 재계할 때는 차고 있던 옥을 끈으로 묶어 검붉은 빛깔의 슬갑(膝甲) 아래 둔다. 대개 띠에는 반드시 옥을 차지만 오직 상중(喪中)일 때는 차지 않는다. 옥을 찰 때는 소리가 나게 해야 한다. 군자는 이유 없이 옥을 몸에서 떼지 않는다. 군자는 옥으로 그의 덕(德)이 비유된다.

人道, 親親也. 親親故尊祖, 尊祖故敬宗, 敬宗故收族, 收族故宗廟嚴, 宗廟嚴故重社稷, 重社稷故愛百姓, 愛百姓故刑罰中, 刑罰中故庶民安, 庶民安故財用足, 財用足故百志成, 百志成故禮俗刑, 禮俗刑然後樂.(「大傳」)

인도(人道)는 가까운 사람을 사랑하는 것이다. 몸에 가까운 사람을 사랑하기에 조상을 존중하는 것이며, 조상을 존중하기에 문중에 공경하고, 문중에 공경하기에 종족을 잘 거두며, 종족을 잘 거두기에 종묘를 엄중히 하고, 종묘를 엄중히 하기에 사직을 중요하게 보전한다. 사직을 중요하게 보전하기에 백성을 사랑하고, 백성을 사랑하기에 형벌이 형평에 맞으며, 형벌이 형평에 맞으니 사람들이 편안하고, 사람들이 편안하니 재물이 풍족하며, 재물이 풍족하니 온갖 뜻이 다 이루어지고, 뜻이 다 이루어지니 예속(禮俗) 또한 이루어지며, 예속이 이루어진 연후에 즐거운 것이다.

言語之美, 穆穆皇皇; 朝廷之美, 濟濟翔翔; 祭祀之美, 齊齊皇皇; 車馬之美, 匪匪翼翼; 鸞和之美, 肅肅雍雍.(「少儀」)

언어의 아름다움은 온화하고 장중한 것이요, 조정(朝廷)의 아름다움은 위의(威儀)가 있고 공경하는 것이고, 제사의 아름다움은 공손하고 삼가는 것이며, 거마(車馬)의 아름다움은 문채가 있고 빠른 것이고, 방울소리의 아름다움은 소리가 맑고 조화로운 것이다.

　　孔子曰: "入其國, 其敎可知也: 其爲人也, 溫柔敦厚, 『詩』敎也; 疏通知遠, 『書』敎也; 廣博易良, 樂敎也; 絜靜精微, 『易』敎也; 恭儉莊敬, 禮敎也; 屬辭比事, 『春秋』敎也. 故『詩』之失愚, 『書』之失誣, 樂之失奢, 『易』之失賊, 禮之失煩, 『春秋』之失亂. 其爲人也: 溫柔敦厚而不愚, 則深於『詩』者也; 疏通知遠而不誣, 則深於『書』者也; 廣博易良而不奢, 則深於樂者也; 絜靜精微而不賊, 則深於『易』者也; 恭儉莊敬而不煩, 則深於禮者也; 屬辭比事而不亂, 則深於『春秋』者也."(『經解』)

　　공자(孔子)가 말하였다. "그 나라에 들어가면 그 나라의 가르침을 알 수 있다. 그 사람됨이 온유하고 돈후한 것은 『시경(詩經)』의 가르침이요, 사리에 통달하고 멀리까지 미루어 알 수 있는 것은 『서경(書經)』의 가르침이요, 성정(性情)이 넓고 평이한 것은 악(樂)의 가르침이요, 심성이 맑고 고요하며 의리가 정미한 것은 『역경(易經)』의 가르침이요, 공경하고 겸손하며 장중한 것은 예(禮)의 가르침이요, 말과 사물을 유별(類別)하여 잘 판단하는 것은 『춘추(春秋)』의 가르침이다. 그러므로 『시경』의 뜻을 잃으면 어리석어지고, 『서경』의 뜻을 잃으면 사실을 왜곡하며, 악(樂)의 뜻을 잃으면 사치스러워지고, 『역경』의 뜻을 잃으면 법을 어기게 되며, 예(禮)의 뜻을 잃으면 번잡해지고, 『춘추』의 뜻을 잃으면 어지러워진다. 그 사람됨이 온유하고 돈후하며 어리석지 않으면 곧 『시경』을 깊이 이해하고 있는 것이며, 사리에 통달하고 멀리까지 미루어 알 수 있으면서 사실을 왜곡하지 않으면 『서경』을 깊이 이해하고 있는 것이다. 성정이 넓고 평이하면서 또한 사치스럽지 않으면 악(樂)을 잘 이해하고 있는 것이며, 심성이 맑고 고요하며 의리가 정미하면서 법을 어기지 않으면 『역경』을 잘 이해하고 있는 것이다. 공경하고 검손하며 장중하면서 번잡하지 않으면 예(禮)를 잘 이해한 것이며, 말과 사물을 유별하여 잘 판단하면서 어지럽지 않으면 『춘추』를 잘 이해한 것이다."

子曰: "禮也者, 理也; 樂也者, 節也. 君子無禮不動, 無節不作. 不能詩. 於禮繆; 不能樂, 於禮素; 薄於德, 於禮虛."(「仲尼燕居」)

공자가 말하였다. "예(禮)는 도리요, 악(樂)은 절도이다. 군자는 도리〈禮〉에 맞지 않으면 움직이지 않고, 절도가 없으면 〈음악을〉 행하지 않는다. 시(詩)를 하지 못하면 예(禮)가 어긋나고, 음악을 하지 못하면 예(禮)가 공소(空疎)해지며, 덕이 박하면 예(禮)가 공허해진다."

子曰: "古之人與? 古之人也! 達於禮而不達於樂, 謂之素; 達於樂而不達於禮, 謂之偏. 夫夔達於樂而不達於禮."(「仲尼燕居」)

공자가 말하였다. "〈기(夔)는〉 옛날 사람인가? 옛날 사람이다. 예(禮)에는 통달하지만 악(樂)에 통달하지 못하면 이를 일러 공소(空疎)하다고 한다. 반면 악(樂)에는 통달하고 예(禮)에 통달하지 못하면 이를 일러 편벽된다고 한다. 기(夔)는 악(樂)은 통달했지만 예(禮)에는 통달하지 못하였다."

子曰: "師! 爾以爲必鋪几筵·升降酌·獻酬酢, 然後謂之禮乎? 爾以爲必行綴兆·興羽籥·作鍾鼓, 然後謂之樂乎? 言而履之, 禮也; 行而樂之, 樂也."(「仲尼燕居」)

공자가 말하였다. "사(師: 子張)야! 너는 반드시 안석(案席)과 대자리를 펴고, 오르내리며 잔을 주고받은 연후라야 그것을 일러 예(禮)라고 보는 것이냐? 너는 반드시 춤추는 행렬이 있고, 깃과 피리를 들고 춤을 추며, 종과 북을 울린 다음에라야 그것을 일러 악(樂)이라 생각하느냐? 말하면 그것을 실천에 옮기는 것이 예(禮)이고, 행하고 나서 그것을 즐기는 것이 악(樂)이다."

　孔子閒居, 子夏侍. 子夏曰: "敢問詩云'凱弟君子, 民之父母', 何如斯可謂民之父母矣?" 孔子曰: "夫民之父母乎? 必達於禮樂之原, 以致五至而行三無, 以橫於天下, 四方有敗, 必先知之. 此之謂民之父母矣!"

　子夏曰: "民之父母旣得而聞之矣, 敢問何謂五至?" 孔子曰: "志之所至, 詩亦至焉; 詩之所至, 禮亦至焉; 禮之所至, 樂亦至焉; 樂之所至, 哀亦至焉. 哀樂相生. 是故正明目而視之, 不可得而見也; 傾耳而聽之, 不可得而聞也, 志氣塞乎天地, 此之謂五至."

　子夏曰: "五至旣得而聞之矣, 敢問何謂三無?" 孔子曰: "無聲之樂[22], 無體之禮, 無服之喪, 此之謂三無[23]." 子夏曰: "三無旣得略而聞之矣, 敢問何詩近之?" 孔子曰: "夙夜其命宥密, 無聲之樂也; 威儀逮逮, 不可選也, 無體之禮也; 凡民有喪, 匍匐救之, 無服之喪也." 子夏曰: "言則大矣, 美矣, 盛矣. 言盡於此而已乎?" 孔子曰: "何爲其然也! 君子之服之也, 猶有五起焉."

　子夏曰: "何如?" 孔子曰: "無聲之樂, 氣志不違; 無體之禮, 威儀遲遲; 無服之喪, 內恕孔悲. 無聲之樂, 氣志旣得; 無體之禮, 威儀翼

---

22. "무성지악(無聲之樂)": 소리 없는 음악이란 말로, 밤낮으로 애써 천명(天命)을 받들어 세상을 너그럽고 편안하게 하는 음악을 뜻한다.
23. "삼무(三無)": "무성지악(無聲之樂)"·"무체지례(無體之禮)"·"무복지상(無服之喪)"의 셋을 말한다.

翼; 無服之喪, 施及四國. 無聲之樂, 氣志旣從; 無體之禮, 上下和同; 無服之喪, 以畜萬邦. 無聲之樂, 日聞四方; 無體之禮, 日就月將; 無服之喪, 純德孔明. 無聲之樂, 氣志旣起; 無體之禮, 施及四海; 無服之喪, 施於孫子."(「仲尼閒居」)

공자(孔子)가 한가롭게 있을 때 자하(子夏)가 옆에서 모시고 있다가 물었다. "감히 묻습니다.『시경(詩經)』에 '온화하고 즐거운 군자, 백성의 부모로다.'라는 대목이 있는데, 어떻게 해야 백성의 부모라 이를 수 있는 것입니까?" 공자가 답하였다. "백성의 부모라 했는가? 예악(禮樂)의 근본에 통달함으로써 오지(五至)에 이르고 삼무(三無)를 행하며, 그 도(道)를 천하에 두루 펼치고, 사방에 재앙의 조짐이 있으면 먼저 아는 것을 일러 백성의 부모라 이르는 것이다."

자하가 물었다. "백성의 부모가 어떠한지 들어서 알겠습니다. 감히 묻건대, 그렇다면 무엇을 오지(五至)라 이릅니까?" 공자가 답하였다. "뜻이 이르는 곳에 시(詩)가 또한 이르니 시를 보면 그 사람의 뜻을 볼 수 있고, 시가 이르는 곳에 예(禮)가 또한 이르니 그 사람의 시〈뜻〉를 볼 수 있으며, 예가 이르는 곳에 즐거움이 또한 이르니 예가 지극하면 즐거움 또한 지극한 것이고, 즐거움이 이르는 곳에 슬픔이 또한 이르니 임금과 백성이 서로의 애락(哀樂)을 나눈다. 〈이 지(志)·시(詩)·예(禮)·락(樂)·애(哀)의 다섯 가지에 이르는 것은〉 눈을 바르고 밝게 떠서 보려 해도 볼 수가 없으며, 귀를 기울여 들으려 해도 들을 수 없지만, 지기(志氣)는 천지 사이에 가득 차 있어 크게 발휘된다. 이를 일러 오지(五至)라 한다."

자하가 물었다. "오지(五至)에 대해선 이미 들어 알겠습니다. 감히 묻건대, 그렇다면 무엇을 삼무(三無)라 하는 것입니까?" 공자가 답하였다. "소리 없는 음악과 형체 없는 예(禮)와 복(服)이 없는 상(喪)이 삼무(三無)이다." 자하가 물었다. "삼무(三無)에 대해선 이미 들어 알겠습니다. 감히 묻건대, 어떤 시(詩)의 내용이 이에 가깝습니까?" 공자가 답하였다. "밤낮으로 애써 천명(天命)을 받들어 세상을 너그럽고 편안하게 하는 것이 소리 없는 음악이요, 위의(威儀)가 성대하여 특별히 선택할 것이 없는 것이 형체 없는 예(禮)이며, 백성이 상(喪)을 당했을 때 급히 달려가 조문하고 도와주는 것이 복(服) 없는 상(喪)이다." 자하가 물었다. "선생님의 말씀은 크고 아름답고 성대합니다. 말씀이 이것으로 다 된 것입니까?" 공자가 답하였다. "어찌 그렇겠는가. 군자가 그것을 실행하려면 오기(五起)가 더 있어야 한다."

자하가 물었다. "오기(五起)가 무엇입니까?" 공자가 답하였다. "소리 없는 음악을 할 때는 지기(志氣)가 도리에 어긋나지 않고, 형체 없는 예(禮)를 행할 때는 위의(威儀)가 침착하며, 복(服) 없는 상(喪)을 할 때는 마음속으로 남을 생각하여 진심으로 슬퍼한다. 소리 없는 음악은 지기(志氣)가 이미 얻어지고, 형체 없는 예는 위의가 엄숙하며, 복 없는 상은 그 베풀음이 사방에 두루 미친다. 소리 없는 음악은 지기가 이미 따르고, 형체 없는 예는 위아래가 화동(和同)하며, 복 없는 상은 천하를 기른다. 소리 없는 음악은 사방에 퍼지고, 형체 없는 예는 날로 커지며, 복 없는 상은 순수한 덕이 밝게 나타난다. 소리 없는 음악은 지기가 점점 자라고, 형체 없는 예는 사해(四海)에 퍼지며, 복 없는 상은 자손에게 은공(恩功)이 베풀어진다."

喜怒哀樂之未發謂之中, 發而皆中節謂之和. 中也者, 天下之大本也; 和也者, 天下之達道也. 致中和, 天地位焉, 萬物育焉.(「中庸」)

희(喜)·노(怒)·애(哀)·락(樂)의 감정이 아직 생기지 않은 것을 중(中)이라 하고, 생긴 다음 모두 적절함이 있는 것을 화(和)라 한다. 중(中)은 천하의 큰 근본이요, 화(和)는 천하의 도(道)를 이루게 하는 것이다. 중화(中和)를 다하면 천지가 바로 서고 만물이 화육한다.

君子服其服, 則文以君子之容; 有其容, 則文以君子之辭; 遂其辭, 則實以君子之德. 是故君子恥服其服而無其容; 恥有其容而無其辭; 恥有其辭而無其德; 恥有其德而無其行.(「表記」)

군자는 옷을 입으면 바르게 해서 군자다운 용모로써 문식한다. 그 용모가 군자다워지면 다시 군자다운 언사로 문식한다. 군자다운 언사가 이루어지면 다음에 행동으로 군자다운 덕을 드러낸다. 이 때문에 군자는 그 옷을 입음에 알맞지 않음을 부끄러워하고, 용모는 갖췄으되 언사가 군자답지 못함을 부끄러워하며, 언사를 갖췄으되 군자다운 덕이 없음을 부끄러워하고, 덕을 갖췄으나 행동으로 드러내지 못함을 부끄러워하는 것이다.

子曰: "虞夏之質, 殷周之文, 至矣. 虞夏之文, 不勝其質; 殷周之質, 不勝其文."(「表記」)

공자(孔子)가 말하였다. 순(舜)임금 시대인 우(虞)나라와 하(夏)나라는 질박함이 지극하였고, 은(殷)나라와 주(周)나라는 문채가 지극하였다. 우(虞)·하(夏)의 문채는 그 질박함을 넘어서지 못했고, 은(殷)·주(周)의 질박함은 그 문채를 넘어서지 못했다.

7. 한유(韓愈)

夫所謂文者, 必有諸其中, 是故君子愼其實. 實之美惡, 其發也不掩. 本深而末茂, 形大而聲宏, 行峻而言厲, 心醇而氣和, 昭晰者無疑, 優遊者有餘. 體不備不可以爲成人, 辭不足不可以爲成文. (卷2 「答尉遲生書」)

대개 문장이란 것은 반드시 그 안에 뜻이 있어야 합니다. 이 때문에 군자는 그 내실에 신중한 것입니다. 실질의 좋고 나쁨은 문장에 드러나게 됩니다. 뿌리가 깊으면 잎과 가지가 무성하고, 덩치가 크면 소리가 우렁찹니다. 또한 행동이 뛰어나면 말도 준엄하고, 마음이 순수하면 심기(心氣)도 화평합니다. 명확히 아는 이는 의심하는 바가 없고, 유유자적하는 이는 여유가 있습니다. 몸이 성숙하지 않으면 어른이 되지 못하고, 문채가 부족하면 글이 되지 못합니다.

夫百物朝夕所見者, 人皆不注視也; 及睹其異者, 則共觀而言之. 夫文豈異於是乎? 漢朝人莫不能爲文, 獨司馬相如·太史公·劉向·揚雄爲之最. 然則用功深者, 其收名也遠. 若皆與世沉浮, 不自樹立, 雖不爲當時所怪, 亦必無後世之傳也. 足下家中百物, 皆賴而用也; 然其所珍愛者, 必非常物. 夫君子之於文, 豈異於是乎? 今後進之爲文, 能深探而力取之, 以古聖賢人爲法者, 雖未必皆是, 要若有司馬相如·太史公·劉向·揚雄之徒出, 必自於此, 不自於循常之徒也. 若聖人之道, 不用文則已; 用則必尙其能者. 能者非他, 能自樹立不因循者是也. 有文字來, 誰不爲文, 然其存於今者, 必其能者也. 顧常以此爲說耳. (卷3 「答劉正夫書」)

대개 아침저녁으로 보이는 온갖 사물을 사람들이 모두 주시하지는 않습니다. 그러나 그 특이한 것을 보고는 모두 바라보며 그것에 대해 얘기합니다. 문장이란 것도 어찌 이와 다르겠습니까? 한(漢)나라 때 사람들은 글을 짓지 못하는 이가 없었으나, 유독 사마상여(司馬相如)·태사공(太史公)·유향(劉向)·양웅(揚雄)은 그 가운데서도 최고였습니다. 그러니 깊이 힘을 쏟은 자가 명성도 멀리 가는 것입니다. 만약 모두가 세상과 더불어 휩쓸리고 스스로의 면모를 수립하지 않는다면, 비록 당시에는 사람들이 탓하지 않겠지만 필시 후세에 전해지지는 않을 것입니다. 귀하의 집에 있는 물건은 모두 쓰이는 것이지만, 그 가운데 특히 아끼는 것은 반드시 평범한 물건이 아닐 것입니다. 군자의 문장 대하기가 어찌 이와 다르겠습니까? 지금 후진(後進)들이 문장을 짓는데 깊이 탐구하고 힘껏 추구할 줄 알아 옛 성현(聖賢)들을 법으로 삼으니, 비록 그들이 모두 옳지는 않다 해도 혹여 사마상여·태사공·유향·양웅이 다시 나타난다면 필시 그들 가운데서 나오지 평범한 무리 가운데서 나오지는 않을 것입니다. 만약 성인(聖人)의 도(道)가 글을 필요로 하지 않는다면 그만이지만, 필요로 한다면 반드시 글에 능한 사람을 숭상할 것입니다. 능한 사람이란 다름 아닌 스스로의 면모를 수립하여 남을 따라 하지 않는 사람입니다. 문자가 있은 이래 그 누군들 문자를 쓰지 않았겠습니까? 그러나 지금 남아 있는 것은 반드시 그것에 능한 사람의 것입니다. 다만 저는 언제나 이러한 말을 할 뿐입니다.

又問曰: 文宜易, 宜難? 必謹對曰: 無難易, 惟其是爾. 如是而已, 非固開其爲此, 而禁其爲彼也. (卷3「答劉正夫書」)

또 묻습니다. "글은 마땅히 쉬워야 합니까? 어려워야 합니까?" 반드시 조심스레 답합니다. "어렵거나 쉬운 것이 중요한 것이 아닙니다. 다만 옳으면 됩니다." 하지만 이렇게 말할 뿐이지, 실제로 이렇게는 해야 하고 저렇게는 하지 말라고 하는 것은 아닙니다.

或問: 爲文宜何師? 必謹對曰: 宜師古聖賢人! 曰: 古聖賢人所爲書具存, 辭皆不同, 宜何師? 必謹對曰: 師其意, 不師其辭. (卷3「答劉正夫書」)

혹자가 묻습니다. "글을 쓸 때 마땅히 누구를 스승으로 삼아야 합니까?" 내가 조심스레 대답합니다. "마땅히 옛 성현(聖賢)을 법 삼아야 합니다." 또 묻습니다. "옛 성현이 지은 글은 모두 남아 있어도 말이 모두 다르니, 어떤 것을 법 삼아야 합니까?" 다시 조심스럽게 대답합니다. "그 뜻을 법 삼고 그 글은 법 삼지 않습니다."

愈之志在古道, 又甚好其言辭. (卷3「答陳生書」)

저는 옛 도(道)에 뜻을 두고 있으며, 또한 그 언사(言辭)를 아주 좋아합니다.

子之言以愈所爲不違孔子, 不以琢雕爲工, 將相從於此, 愈敢自愛其道而以辭讓爲事乎? 然愈之所志於古者, 不惟其辭之好, 好其道焉爾. 讀吾子之辭而得其所用心, 將復有深於是者, 與吾子樂之, 況其外之文乎? (卷3「答李秀才書」)

그대는 저의 행위가 공자(孔子)의 뜻에 어긋나지 않는다 하고 또 글을 조탁(彫琢)하는 것이 기교를 부리는 것이라 여기지 않아 장차 그것으로써 저를 따르겠다고 하니, 제가 어찌 그 도(道)를 아끼고 일을 사양할 수 있겠습니까? 하지만 제가 옛것에 뜻을 둔 것은 단지 그 글을 좋아해서만이 아니라 그 도(道) 또한 좋아해서입니다. 그대의 글을 읽고 그 마음 씀이 장차 그 글보다 더욱 깊어지려는 것을 알게 되었습니다. 그대와 함께 그 마음을 즐기고자 하니, 그 겉으로 드러난 글이야 오죽하겠습니까?

生所謂立言者是也. 生所爲者與所期者, 甚似而幾矣. 抑不知生之志, 蘄勝於人而取於人邪? 將蘄至於古之立言者邪? 蘄勝於人而取於人, 則固勝於人而可取於人矣. 將蘄至於古之立言者, 則無望其速成, 無誘於勢利, 養其根而竢其實, 加其膏而希其光, 根之茂者其實遂, 膏之沃者其光曄, 仁義之人, 其言藹如也. (卷3「答李翊書」)

그대가 글로 주장한 바는 옳습니다. 그대가 행동하는 바와 기대하는 바는 아주 같고 가깝습니다. 하지만 그대의 뜻을 모르겠습니다. 남보다 우월하여 남에게 선택되기를 바랍니까? 아니면 옛날 입언(立言)의 수준에 이르기를 바라는 것입니까? 만약 남보다 우월하여 누군가에게 선택되기를 바란다면, 실로 그렇게 될 수 있습니다. 하지만 만약 옛날 입언의 수준에 이르고자 한다면, 서둘러 이루려고도 하지 말고 권세와 이익에도 현혹되지 마십시오. 뿌리를 기른 연후에 열매를 기다리고, 기름을 부은 연후에 밝은 불빛을 바라십시오. 뿌리가 무성하면 그 열매도 풍성할 것이고, 기름이 넉넉하면 그 빛도 밝을 것입니다. 인의(仁義)를 지닌 사람은 그 말도 온화하고 부드럽습니다.

氣, 水也; 言, 浮物也. 水大而物之浮者大小畢浮. 氣之與言猶是也. 氣盛則言之短長與聲之高下者皆宜. (卷3「答李翊書」)

기(氣)는 물[水]과 같고 언사(言辭)는 그 위로 떠다니는 부유물(浮游物)과 같습니다. 물[水]이 크면 그 위의 부유물은 크건 작건 간에 모두 뜹니다. 기(氣)와 언사의 관계도 이와 같습니다. 기가 성하면 말의 장단(長短)과 소리의 고하(高下)가 모두 적당하게 됩니다.

讀書以爲學, 纘言以爲文, 非以誇多而鬪靡也, 蓋學所以爲道, 文所以爲理耳. 苟行事得其宜, 出言適其要, 雖不吾面, 吾將信其富於文學也. (卷4「送陳秀才彤序」)

　　책을 읽음으로써 학문을 하고 말을 엮음으로써 문장을 짓는 것은, 학식이 많음을 자랑하려는 것도 아니고 문장의 훌륭함을 다투기 위함도 아니다. 대개 학문은 도(道)를 알기 위해서 하는 것이고, 문장은 이치를 드러내기 위해서 하는 것일 뿐이다. 진실로 일을 행하는 것이 적절하고 말을 하는 것이 그 요점에 적합하다면, 설령 얼굴을 맞대지 않아도 나는 그 글과 학문의 풍부함을 믿을 것이다.

　　夫和平之音淡薄, 而愁思之聲要妙; 歡愉之辭難工, 而窮苦之言易好也. 是故文章之作, 恒發於羈旅草野. 至若王公貴人, 氣滿志得, 非性能而好之, 則不暇以爲. (卷4「荊潭唱和詩序」)

　　대개 화평한 음(音)은 담박하고, 근심스런 소리는 알게 모르게 애원조입니다. 기뻐하는 가사(歌辭)는 기교로 만들어내기 어렵고, 곤궁을 드러내는 가사는 쓰기가 쉽습니다. 그래서 훌륭한 문장은 항상 초야의 나그네에게서 나오는 것입니다. 예컨대 왕공(王公) 귀족은 이미 기세(氣勢)가 충만하고 뜻을 이루었기에, 천성이 그것을 좋아하지 않으면 그것을 할 겨를이 없습니다.

　　大凡物不得其平則鳴[24]. 草木之無聲, 風撓之鳴. 水之無聲, 風蕩之鳴, 其躍也或激之, 其趨也或梗之, 其沸也或炙之. 金石之無聲, 或擊之鳴. 人之於言也亦然, 有不得已者而後言. 其歌也有思, 其哭也有懷, 凡出乎口而爲聲者, 其皆有弗平者乎!
　　樂也者, 鬱於中而泄於外者也, 擇其善鳴者而假之鳴. 金·石·絲·

---

[24] "불평즉명(不平則鳴)": 자연현상이나 사람의 심사가 평온하지 못하면 소리를 내게 된다는 말이다.

竹·匏·土·革·木八者, 物之善鳴者也. 惟天之於時也亦然, 擇其善鳴者而假之鳴. 是故以鳥鳴春, 以雷鳴夏, 以蟲鳴秋, 以風鳴冬. 四時之相推奪, 其必有不得其平者乎! 其於人也亦然. 人聲之精者爲言, 文辭之於言, 又其精也, 尤擇其善鳴者而假之鳴. 其在唐虞, 咎陶·禹, 其善鳴者也, 而假以鳴. 夔弗能以文辭鳴, 又自假於「韶」以鳴. 夏之時, 五子以其歌鳴. 伊尹鳴殷, 周公鳴周. 凡載於『詩』『書』六藝, 皆鳴之善者也. 周之衰, 孔子之徒鳴之, 其聲大而遠. 傳曰: "天將以夫子爲木鐸"[25], 其弗信矣乎! 其末也, 莊周以其荒唐之辭鳴. 楚, 大國也, 其亡也, 以屈原鳴. 臧孫辰·孟軻·荀卿以道鳴者也. 楊朱·墨翟·管夷吾·晏嬰·老聃·申不害·韓非·愼到·田駢·鄒衍·尸佼·孫武·張儀·蘇秦之屬, 皆以其術鳴. 秦之興, 李斯鳴之. 漢之時, 司馬遷·相如·揚雄, 最其善鳴者也. 其下魏·晉氏, 鳴者不及於古, 然亦未嘗絶也. 就其善者, 其聲淸以浮, 其節數以急, 其辭淫以哀, 其志弛以肆, 其爲言也亂雜而無章. 將天醜其德, 莫之顧邪? 何爲乎不鳴其善鳴者也!

　唐之有天下, 陳子昂·蘇源明·元結·李白·杜甫·李觀, 皆以其所能鳴. 其存而在下者, 孟郊東野始以其詩鳴, 其高出魏·晉, 不懈而及於古, 其他浸淫乎漢氏矣. 從吾遊者, 李翶·張籍其尤也. 三子者之鳴信善矣, 抑不知天將和其聲, 而使鳴國家之盛邪, 抑將窮餓其身, 思愁其心腸, 而使自鳴其不幸邪? 三子者之命, 則懸乎天矣. 其在上也奚以喜, 其在下也奚以悲. 東野之役於江南也, 有若不釋然者, 故吾道其命於天者以解之. (卷4「送孟東野序」)

　무릇 사물은 평온하지 못하면 소리를 내게 됩니다. 초목은 본디 소리가 없으나 바람이 감돌면 소리를 냅니다. 물(水)은 본디 소리가 없으나 바람이 휘저

---

25. 『논어(論語)·팔일(八佾)』에 나온다.

으면 소리가 납니다. 뛰어오르는 것은 무언가에 부딪히고, 내달리는 것은 무언가에 막히며, 끓는 것은 무언가에 가열되기 때문에 소리가 납니다. 또 종(鐘)이나 경(磬)도 본디 소리가 없으나 무언가가 치면 소리를 냅니다. 사람이 내는 말[言]도 마찬가지입니다. 부득이하게 된 이후에 말이 있게 되며, 노래는 생각이 있기에 나오고, 통곡도 가슴에 품은 바가 있어서 터져 나오는 것입니다. 대개 입으로 나와 소리가 있는 것은 모두 평온하지 못해서인 것입니다.

음악이란 것은 마음속에 쌓인 것이 밖으로 흘러나오는 것으로, 소리를 잘 내는 것을 골라 그것에 의탁하여 소리를 냅니다. 쇠·돌·실·대나무·박·흙·가죽·나무의 여덟 가지는 사물 가운데 소리를 잘 내는 것입니다. 하늘이 계절을 대하는 것도 마찬가지이니, 소리를 잘 내는 것을 골라 그것에 의탁하여 소리를 내게 합니다. 그리하여 새소리로 봄을 알리고, 천둥소리로 여름을 알리며, 벌레소리로 가을을 알리고, 바람소리로 겨울을 알립니다. 사계절이 서로 바뀌는 것은 필시 평온하지 못해서일 것입니다. 사람에게 있어서도 마찬가지입니다. 사람의 소리에서 뛰어난 것은 언어입니다. 문사(文辭)가 또한 언어 가운데 뛰어난 것인데, 그 중에서도 특히 문사가 뛰어난 이를 골라 그에 기탁하여 말을 하게 합니다. 요(堯)·순(舜) 시절에는 고요(咎陶)와 우(禹)가 말이 뛰어나 그들에 기탁하여 소리를 내게 하였습니다. 기(夔)는 문사(文辭)로 소리를 낼 수 없었으므로 소(韶)를 지어 소리를 냈습니다. 하(夏)나라 때는 다섯 동생이 〈유흥에 빠진 태강(太康)을 경계하는〉 노래로 소리를 냈고, 이윤(伊尹)은 상(商)나라 때 소리를 냈으며, 주공(周公)은 주(周)나라 때 소리를 냈습니다. 대개 『시경(詩經)』·『서경(書經)』 등 육경(六經)에 실린 글들은 모두 소리를 잘 낸 것입니다. 주(周)나라가 쇠퇴하자 공자(孔子)의 무리가 그에 대해 소리를 냈는데, 그 소리가 크고 멀리 전해졌습니다. 경전(經典)에 이런 말이 있습니다. "하늘이 장차 선생님을 목탁으로 삼을 것이다." 이것이 믿지 못할 말이었겠습니까? 그 말기에 장주(莊周)가 황당한 말로 소리를 냈습니다. 초(楚)

나라는 큰 나라인데, 망할 즈음에 굴원(屈原)이 소리를 냈습니다. 장손신(臧孫辰)·맹가(孟軻)·순경(荀卿)은 도(道)로써 소리를 낸 사람들입니다. 양주(楊朱)·묵적(墨翟)·관이오(管夷吾)·안영(晏嬰)·노담(老聃)·신불해(申不害)·한비(韓非)·신도(愼到)·전변(田駢)·추연(鄒衍)·시교(尸佼)·손무(孫武)·장의(張儀)·소진(蘇秦) 등은 모두 학설로 소리를 낸 사람들입니다. 진(秦)나라가 흥하자 이사(李斯)가 소리를 냈습니다. 한(漢)나라가 흥할 때는 사마천(司馬遷)·사마상여(司馬相如)·양웅(揚雄)이 가장 소리를 잘 냈습니다. 그 이후 위(魏)·진(晉) 시대에는 소리를 낸 자가 예전에 미치지 못하였으나, 역시 끊어지지는 않았습니다. 그 가운데 뛰어난 자를 꼽아보고자 해도 그 소리는 천박하고, 절주(節奏)는 급하며, 가사(歌辭)는 지나치게 애절하고, 그 뜻은 방자하니, 그 말하고자 하는 것이 난잡하여 법도가 없습니다. 하늘이 그 시대의 덕(德)을 미워하여 돌아보지 않았던 것일까요? 어찌하여 소리를 잘 내는 이로 하여금 소리를 내게 하지 않았단 말입니까?

　당(唐)나라가 천하를 차지하고 있을 때, 진자앙(陳子昻)·소원명(蘇源明)·원결(元結)·이백(李白)·두보(杜甫)·이관(李觀)이 모두 자신의 특출한 바로 소리를 냈습니다. 지금 생존하여 하위직에 있는 이로 자(字)가 동야(東野)인 맹교(孟郊) 선생이 있는데, 처음엔 시가(詩歌)로 소리를 내 위(魏)·진(晉) 시대의 것보다 뛰어났으면서도 태만하지 않아 옛 수준에 이르렀으며, 다른 문장도 거의 한(漢)나라의 수준에 가깝습니다. 저를 따르며 함께 어울리는 사람 가운데 이고(李翺)와 장적(張籍)은 아주 뛰어난 이들입니다. 이 세 사람의 소리는 아주 훌륭합니다. 그러나 알 수 없는 것은, 하늘이 장차 그 소리에 화답하여 국가의 흥성함을 소리 내게 할 것인지, 아니면 그들을 곤궁하게 하여 마음을 근심스럽게 함으로써 그들 스스로의 불행을 소리 내게 할 것인지 입니다. 이 세 사람의 운명은 하늘에 달려 있습니다. 윗자리에 있다고 좋아할 것이 무엇이며, 아랫자리에 있다고 슬플 것은 또 무엇이겠습니까? 동야(東野) 선생께서는 강남(江南)의 임지로 떠나면서 혹여 석연치 못한 것이 있는 듯싶어, 제가 하늘의 명(命)을 말함으로써 그것을 풀어드립니다.

愈之爲古文, 豈獨取其句讀不類於今者邪? 思古人而不得見, 學古道則欲兼通其辭; 通其辭者, 本志乎古道者也. (卷5「題哀辭後」)

제가 고문(古文)을 하는 것이 어찌 한낱 오늘날의 것과 다른 구두(句讀)만을 취하고자 함이겠습니까? 옛 사람을 생각해도 알 수 없으니, 옛 도(道)를 배움에 있어 그 언사(言辭)까지 터득하고자 하는 것입니다. 그 언사를 터득하는 것은 본래 옛 도에 뜻이 있는 것입니다.

8. 유종원(柳宗元)

　自吾居夷, 不與中州人通書. 有來南者, 時言韓愈爲『毛穎傳』, 不能擧其辭, 而獨大笑以爲怪, 而吾久不克見. 楊子誨之來, 始持其書. 索而讀之, 若捕龍蛇, 搏虎豹, 急與之角而力不敢暇. 信韓子之怪於文也. 世之模擬竄竊, 取靑媲白[26], 肥皮厚肉, 柔筋脆骨, 而以爲辭者人之讀之也, 其大笑固宜. 且世人笑之也不以其俳乎? 而俳又非聖人之所棄者. 『詩』曰: "善戲謔兮, 不爲虐兮."[27] 太史公書有『滑稽列傳』, 皆取乎有益于世者也. 故學者終日討說答問, 呻吟習復, 應對進退, 掬溜播灑, 則罷憊而廢亂, 故有"息焉游焉"之說, "不學操縵, 不得安弦[28]"; 有所拘者, 有所縱也. 大羹玄酒, 體節之薦, 味之至者. 而又設以奇異小蟲, 水草, 楂梨, 橘柚, 苦鹹酸辛, 雖蜇吻裂鼻, 縮舌澁齒, 而咸有篤好之者. 文王之昌蒲葅, 屈到之芰, 曾晳之羊棗, 然後盡天下之奇味以足於口. 獨文異乎? 韓子之爲也, 亦將弛焉而不爲虐歟! 息焉游焉而有所縱歟! 盡六藝之奇味[29]以足其口歟! 而不若是, 則韓子之辭若壅大川焉, 其必決而放諸陸, 不可以不陳也. 且凡古今是非六藝百家, 大細穿穴用而不遺者, 毛穎之功也. 韓子窮古書, 好斯文, 嘉穎之能盡其意. 故奮而爲之傳, 以發其鬱積, 而學者得以勵, 其有益於世歟! 是其言也, 固與異世者語, 而貪

---

26. "취청비백(取靑媲白)": 청(靑)에서 떼 내 백(白)에 갖다 붙인다는 말로, 남의 것을 모방·표절함으로써 겉만 부풀리고 속은 텅 빈 글을 짓는 것을 말한다.

27. "善戲謔兮, 不爲虐兮": 『시경(詩經)·위풍(衛風)·기오(淇奧)』에 나온다.

28. "불학조만(不學操縵), 부득안현(不得安弦)": 악기 줄을 늘이는 법을 배우지 않고서는 줄을 당길 수가 없다는 말로, 억제할 때와 풀어줄 때가 있다는 것을 가리킨다.

29. "기미(奇味)": 문예의 체재와 취미 및 풍격 면에서 미감(美感)을 살린 기이한 묘미를 말한다.

常嗜瑣者, 猶咕咕然動其喙, 彼亦勞甚矣乎! (卷21「讀韓愈所著毛穎傳後題」)

내가 동쪽 변방에 거주한 이래로 중원(中原) 사람과는 편지를 주고받지 않았다. 그런데 남쪽에서 온 사람이 여러 차례 한유(韓愈)가 지은 「모영전(毛穎傳)」을 말했는데, 그 내용은 말하지 못하면서 다만 크게 비웃으며 괴이하다고 하였다. 하지만 나는 오래도록 그 글을 볼 수 없었는데, 마침 양자회(楊子晦)가 그 글을 가지고 와 비로소 읽어 보았다. 자세히 읽어보니, 마치 뱀과 용을 잡고 호랑이와 표범을 때리는 긴박한 싸움처럼 빈틈이 없었다. 실로 한유의 글은 괴이하기 짝이 없다. 세상에서 모방하고 표절하여 청(靑)에서 떼 내 백(白)에 갖다 붙이는 식으로 겉만 부풀리고 속은 텅 비는 글을 짓는 이들은, 한유의 그런 글을 보고 크게 비웃는 것도 실로 당연하다. 그런데 세상에서 비웃는 까닭은 바로 한유의 글에 나타난 해학 때문이 아니겠는가? 그러나 해학은 또한 성인(聖人)도 버리지 않은 것이었다. 『시경(詩經)』에는 "익살도 잘 하지만 지나치지 않네."라는 말이 있고, 또 태사공(太史公)의 글에도 「골계열전(滑稽列傳)」이 있는데 모두 세상에 이로운 것을 취한 것이다. 학자들이 평소 온종일 토론하며, 묻고 답하며, 읊고 복습하며, 응대하고 진퇴하며, 물 뿌리고 청소하느라 지치고 어지러운 까닭에 "쉬면서 노니는" 말이 있게 되었다. "악기 줄을 늘이는 법을 배우지 않고서는 줄을 당길 수가 없다."는 말이 있다. 억제할 때와 풀어줄 때가 있다는 말이다. 제사 때의 고기국과 맑은 술, 바치는 희생 등은 모두 지극히 맛있는 것들이다. 그럼에도 다시 기이한 벌레·물풀·산사열매·배·귤·유자 등을 늘어놓아 쓰고 짜고 시고 맵게 하여 비록 입술이 따갑고 코가 찢어지고 혀가 쪼그라들고 이가 떫어도, 그것들대로 다 좋아하는 사람이 있다. 문왕(文王)이 좋아한 창포(菖蒲)절임·굴도(屈到)가 좋아한 세발 마름이란 수초(水草)·증석(曾晳)이 좋아한 고욤나무 열매 등이 있은 연후에야 천하의 맛을 다하여 입을 만족시킨다. 유독 문장이라고 다르겠는가? 한

유가 그런 글을 쓴 것도 마찬가지로 풀어준 것이지 도를 넘은 게 아니다. 쉬면서 노니는 것으로써 억압을 푼 것이다. 육경(六經)의 기이한 묘미를 다하여 그 입을 즐겁게 한 것이다. 만약 그것이 아니라면 한유의 글은 마치 큰 강을 막은 둑이 마침내 터진 것처럼 이리저리 흘렀을 것이니, 그처럼 표현하지 않으면 안 되었던 것이다. 또한 고금의 시비와 육경과 제자백가에 대해 크건 작건 남김없이 기록한 것은 모두 붓의 공로이다. 한유는 고서(古書)를 많이 읽고 문장 짓기를 좋아하였는데, 그 붓이 제 뜻을 다 드러낼 수 있음을 가상히 여겼다. 그리하여 분연히 전기(傳記)를 지어 그 맺힌 울적함을 나타냈고, 나아가 이에 학자들이 분발하게 되었으니 세상에 유익함이 있었다. 그 내용은 사실 다른 세상의 사람들에게 한 말인데, 평상적인 것을 탐하고 번다한 것을 좋아하는 사람들이 또한 구구절절 입을 놀린다. 그 역시 괜한 수고일 뿐이다.

始吾幼且少, 爲文章以辭爲工. 及長, 乃知文者以明道[30], 是固不苟爲炳炳烺烺, 務采色·夸聲音而以爲能也. 凡吾所陳, 皆自謂近道, 而不知道之果近乎, 遠乎? 吾子好道而可吾文, 或者其與道不遠矣. 故吾每爲文章, 未嘗敢以輕心掉之, 懼其剽而不留也; 未嘗敢以怠心易之, 懼其弛而不嚴也; 未嘗敢以昏氣出之, 懼其昧沒而雜也; 未嘗敢以矜氣作之, 懼其偃蹇而驕也. 抑之欲其奧, 揚之欲其明, 疏之欲其通, 廉之欲其節, 激而發之欲其淸, 固而存之欲其重. 此吾所以羽翼夫道也. 本之『書』以求其質, 本之『詩』以求其恒, 本之『禮』以求其宜, 本之『春秋』以求其斷, 本之『易』以求其動. 此吾所以取道之原也. 參之穀梁氏以厲其氣, 參之『孟』·『荀』以暢其支, 參之『莊』·『老』以肆其端, 參之『國語』以博其趣, 參之「離騷」以致其幽, 參之

---

30. "문이명도(文以明道)": 문장으로 도(道)를 밝힌다. 혹은 문장을 도를 밝히기 위한 것이라는 뜻이다. 유가미학적 문예관의 전형이다.

太史公以著其潔. 此吾所以旁推交通而以爲之文也. (卷34「答韋中立論師道書」)

　　제가 어렸을 때는 문장을 씀에 언어의 조탁을 즐겨 하였습니다. 커서야 비로소 문장이란 도(道)를 밝히기 위한 것이란 점을 알게 되었습니다. 아름다운 글과 언어 및 현란한 성운(聲韻)을 따지는 것이 재능이 아닌 것은 당연합니다. 대개 제가 말하는 것을 스스로는 도(道)에 가깝다고 생각하지만, 궁극적으로 가까운지 먼지는 알지 못합니다. 그대는 도를 사랑하고, 저의 글이 괜찮거나 혹은 그래도 제 글이 도에서 그리 멀지는 않다고 생각합니다. 그래서 저는 글을 쓸 때마다 되는 대로 소홀히 하지 않는데, 이는 문장이 허무맹랑해지지나 않을까 걱정하기 때문입니다. 또 붓 가는대로 아무렇게나 쓰지도 않으니, 이는 문장이 흐트러져 엄밀하지 않을까 염려하기 때문입니다. 머리가 혼란스러울 때도 글을 쓰지 않는데, 이는 문장의 내용이 어지러워 명확하지 않을까 걱정하기 때문입니다. 이제까지 제 스스로 옳다고 생각하며 글을 쓴 적이 없는데, 이는 글에 교만의 기운이 드러날까를 걱정하기 때문입니다. 어떤 때는 붓을 억제하여 글의 내용을 함축하고, 어떤 때는 다 드러내어 글의 내용이 명확하도록 합니다. 조리 있게 함으로써 문맥이 통하게 하고, 단어를 절제하여 글을 간결하게 합니다. 번잡함을 없애 글을 청신(淸新)하게 하고, 문기(文氣)가 충분하도록 하여 글이 알차게 합니다. 이러한 것들이 내가 문장을 이용하여 도를 드러내는 방법입니다. 『서경(書經)』을 전범으로 하여 문장의 질박함을 추구하고, 『시경(詩經)』을 전범으로 하여 문장의 영원함을 추구하며, 『예기(禮記)』를 전범으로 하여 문장의 내용이 규범에 부합할 수 있도록 하고, 『춘추(春秋)』를 전범으로 하여 문장의 포폄(襃貶)이 분명할 수 있도록 하며, 『역경(易經)』을 전범으로 하여 문장이 사물의 발전변화를 반영할 수 있도록 합니다. 이러한 것들이 제가 문장을 쓸 때 작법(作法)을 취하는 원천입니다. 『곡량전(穀梁傳)』을 참고하여 문장의 기세를 연마하고, 『맹자(孟子)』와 『순자(荀子)』를 참고하여 문장의 조리가 통하도록 하며, 『장자(莊子)』와 『노자(老子)』를 참고하여 문장의 상상력이 충분하도록 하고, 『국어(國語)』를 참고하여 문장에 정취가 풍부하도록 하며, 「이소(離騷)」를 참고하여 문장에 감정이 깊도록 하고, 『사기(史記)』를 참고하여 문장이 깔끔해질 수 있도록 합니다. 이것들이 제가 서로 참고하여 글을 짓는 방법입니다.

然聖人之言, 期以明道, 學者務求諸道而遺其辭. 辭之傳於世者, 必由於書. 道假辭而明, 辭假書而傳, 要之, 之道而已耳. 道之及, 及乎物而已耳, 斯取道之內者也. 今世因貴辭而矜書, 粉澤以爲工, 遒密以爲能, 不亦外乎? 吾子之所言道, 匪辭而書, 其所望於僕, 亦匪辭而書, 是不亦去及物之道愈以遠乎? (卷34「報崔黯秀才論爲文書」)

하지만 성인(聖人)의 말은 도(道)를 밝히기 위한 것이니, 배우는 사람은 오직 그 도(道)로부터 구하여 문사(文辭)를 남기는 것에 힘씁니다. 문사가 세상에 전해지는 것은 글을 통해서입니다. 도는 문사로 드러나고 문사는 글을 통해 전해집니다. 요컨대, 오직 도를 향해 갈 뿐입니다. 도가 미치는 것은 곧 만물에 미치는 것입니다. 이것이 도의 내실을 취하는 것입니다. 지금 세상은 문사를 중요하게 여기고 글을 자랑하여, 수식하고 가꾸는 것을 기교라고 여기고 또 강하고 주밀(綢密)한 것을 잘한다고 여기는데, 이것은 또한 외적인 것 아니겠습니까? 그대가 말하는 것은 문사가 아니면 글이고, 제게 바라는 것 또한 문사 아니면 글이니, 이 또한 만물에 미치는 도로부터 더욱 멀어지는 것 아니겠습니까?

9. 소옹(邵雍)

夫所以謂之觀物者, 非以目觀之也, 非觀之以目而觀之以心也, 非觀之以心而觀之以理也. 天下之物莫不有理焉, 莫不有性焉, 莫不有命焉, 所以謂之理者, 窮之而後可知也; 所以謂之性者, 盡之而後可知也; 所以謂之命者, 至之而後可知也. 此三知者, 天下之眞知也, 雖聖人無以過之也, 而過之者非所以謂之聖人也. (『皇極經世全書解·觀物篇內篇十二』)

대개 물(物)을 본다는 것은 눈으로 보는 것이 아니다. 눈으로 보는 것이 아니라 마음으로 보는 것이다. 또한 마음으로 보는 것이 아니라 이(理)로써 보는 것이다. 천한의 물(物)은 모두 이(理)를 가지지 않은 것이 없고, 성(性)을 가지지 않은 것이 없으며, 명(命)을 가지지 않은 것이 없다. 그래서 이(理)는 깊이 궁구한 다음 알 수 있고, 성(性)이라는 것은 극진히 다 한 다음 알 수 있으며, 명(命)이라는 것은 지극히 다 한 다음 알 수 있다. 이 셋을 아는 것이야말로 천하의 진정한 앎이다. 비록 성인(聖人)이라도 이를 놓치면 안 된다. 이것을 놓치면 성인이라 할 수 없다.

以物觀物, 性也; 以我觀物, 情也. 性公而明, 情偏而暗. 人得中和之氣則剛柔[31]均, 陽多則偏剛, 陰多則偏柔. 人智强則物智弱.

---

31. "강유(剛柔)": 강유(剛柔)는 양강(陽剛)과 음유(陰柔)를 가리킨다. 음유의 성격은 부드러우면서도 자신의 가치를 은밀하게 드러내는 것이고, 양강의 성격은 단도직입적이고 단호하게 자신의 지향을 드러내는 것이다. 양강의 심미적 특징은 웅혼하고 강직하며 시원스럽다. 따라서 장엄하고 굳세며 호방하고 비장한 따위의 예술 형태는 양강의 범주에 속한다고 볼 수 있다. 반면 음유의 심미특징은 부드럽고 완곡하며 유유자적하다. 그래서 곱고 흐드러지고 은근하며 함축적이고 우아한 예술형태는 음유범주에 속한다고 할 수 있다. 유가는 양강을 귀히 여겼고, 도가는 음유를 숭상했다. 양강의 범주는 고고(高古)·웅혼(雄渾)·비장(悲壯)

(『皇極經世全書解·觀物外篇十』)

물(物) 자체의 본성으로 물(物)을 보는 것이 성(性)이고, 나 자신의 입장으로 물(物)을 보는 것은 정(情)이다. 성(性)은 공정하고 밝으며, 정(情)은 편벽되고 어둡다. 사람은 중화(中和)의 기(氣)를 지녔기에 강유(剛柔)가 균등하다. 양(陽)이 많으면 강(剛)에 기울고, 음(陰)이 많으면 유(柔)에 기운다. 사람의 재지(才智)는 강하나 사물의 재지는 약하다.

夫鑒之所以能爲明者, 謂其能不隱萬物之形也. 雖然, 鑒之能不隱萬物之形, 未若水之能一萬物之形也. 雖然, 水之能一萬物之形, 又未若聖人之能一萬物之情也. 聖人之所以能一萬物之情者, 謂其聖人之能反觀[32]也. 所以謂之反觀者, 不以我觀物也. 不以我觀物者, 以物觀物之謂也. 旣能以物觀物, 又安有我於其間哉?(『皇極經世全書解·觀物篇內篇十二』)

대개 거울이 아주 밝기에 만물의 형체를 드러나지 않을 수 없게 만든다고 말한다. 설령 거울이 아무리 만물의 형체를 다 드러낼 수 있다고 해도 물[水]이 만물을 비칠 수 있는 것만 못하다. 또한 비록 물[水]이 만물을 비칠 수 있다고 해도 성인(聖人)이 만물의 정(情)을 하나로 하는 것만 못하다. 성인이 만물의 정을 하나로 하는 것은 성인이 반관(反觀)할 수 있기 때문이다. 반관이라는 것은, 나의 입장에서 물(物)을 보는 것이 아니라 물(物) 자체의 본성으로 물(物)을 보는 것이다. 이미 물(物) 자체로 그 물(物)을 보니, 또한 내가 어찌 그 사이에 있을 수 있겠는가?

등으로 표현되고. 음유의 범주는 표일(飄逸)·심원(深遠)·처연(凄然) 등으로 묘사된다.
32. "반관(反觀)": 나의 입장과 기준으로 물상을 대하는 것이 아니라 물상 자체의 본성을 기준으로 물상을 대하는 것을 말한다.

任我則情, 情則蔽, 蔽則昏矣; 因物則性, 性則神, 神則明矣. 潛天潛地, 不行而至, 不爲陰陽所攝者, 神也. (『皇極經世全書解·觀物外篇十二』)

내가 스스로 할 수 있는 것은 정(情)인데, 정은 가려지게 마련이고 가려지면 어두워진다. 물(物) 자체로 말미암은 것이 성(性)인데, 성(性)대로 하면 신통해지고 신통하면 밝아진다. 하늘과 땅에 숨어 행하지 않아도 이르게 된다. 음양(陰陽)이 해낼 수 없는 것이 신(神)이다.

近世詩人, 窮慼則職於怨憝, 榮達則專於淫泆. 身之休戚, 發於喜怒, 時之否泰, 出於愛惡, 殊不以天下大義而爲言者, 故其詩大率溺於情好也. 噫! 情之溺人也甚於水. 古者謂水能載舟, 亦能覆舟, 是覆載在水也, 不在人也. 載則爲利, 覆則爲害, 是利害在人也, 不在水也. 不知覆載能使人有利害耶, 利害能使水有覆載耶? 二者之間, 必有處焉. 就如人能蹈水, 非水能蹈人也. 然而有稱善蹈者, 未始不爲水之所害也. 若外利而蹈水, 則水之情亦由人之情也; 若內利而蹈水, 則敗壞之患立至於前. 又何必分乎人焉水焉, 其傷性害命一也.

性者, 道之形體也, 性傷則道亦從之矣; 心者, 性之郛郭也, 心傷則性亦從之矣; 身者, 心之區宇也, 身傷則心亦從之矣; 物者, 身之舟車也, 物傷則身亦從之矣. 是知以道觀性, 以性觀心, 以心觀身, 以身觀物, 治則治矣, 然猶未離乎害者也. 不若以道觀道, 以性觀性, 以心觀心, 以身觀身, 以物觀物, 則雖欲相傷, 其可得乎? 若然, 則以家觀家, 以國觀國, 以天下觀天下, 亦從而可知之矣.

予自壯歲業於儒術, 謂人世之樂何嘗有萬之一二, 而謂名教之樂固有萬萬焉. 況觀物之樂, 複有萬萬者焉. 雖死生榮辱轉戰於前, 曾未入於胸中, 則何異四時風花雪月一過乎眼也. 誠爲能以物觀物, 而兩不相傷者焉, 蓋其間情累都忘去爾. 所未忘者, 獨有詩在焉. 然而雖曰未忘, 其實亦若忘之矣. 何者? 謂其所作異乎人之所作也. 所作不限聲律, 不沿愛惡, 不立固必, 不希名譽, 如鑒之應形, 如鍾之應聲. 其或經道之餘, 因閑觀時, 因靜照物, 因時起志, 因物寓言, 因志發詠, 因言成詩, 因詠成聲, 因詩成音. 是故哀而未嘗傷, 樂而未嘗淫, 雖曰吟詠情性, 曾何累於性情哉!(「伊川擊壤集序」)

　　근래의 시인(詩人)들은, 곤궁하고 슬프면 그 한탄과 불만의 감정을 시(詩)에 나타내고, 부귀영화를 누리면 제 편안함과 방탕함을 시에 드러낸다. 이러한 사람들은 모두 자기가 처한 환경의 좋고 나쁨에 따라 기쁨과 화남의 감정을 시에 표현하고, 시대의 좋고 나쁨에 따라 좋아하고 싫어하는 바를 시에 표현한다. 그들은 시에 천하의 대의(大義)를 표현한 적이 없으니, 이에 그들의 시는 개인감정에 함몰되어 빠져나오지 못하게 된 것이다. 아! 감정이 사람을 함몰시키는 것이 심지어 물이 사람을 빠져 죽이는 위력을 넘어섰구나. 옛말에 물은 능히 배를 띄울 수도 있고 배를 엎을 수도 있다 했는데, 띄우고 엎는 것은 물이지 사람이 아니다. 물이 배를 띄우면 사람에게 이로운 것이고, 물이 배를 엎으면 사람에게 해로운 것이다. 이 때, 이로움과 해로움에 상관하는 것은 사람이지 물이 아니다. 물의 엎고 띄우는 것이 사람에게 이로움과 해로움을 가져오는 것인지, 아니면 사람의 이로움과 해로움이 물의 띄우고 엎음을 있게 하는 것인지, 알지 못하겠다. 이 둘은 모두 각각의 이치가 있을 것이다. 이는 마치 사람은 물에서 헤엄칠 수 있지만 물은 사람에게서 헤엄칠 수 없는 것과 같다. 그렇지만 물에서 잘 헤엄치는 사람도 또한 언젠가 물로부터 해를 입을 수도 있다. 만약 물의 성질에 따라 물에서 헤엄치면 물의 습성이 사람의 움직임을 결정하는 것이고, 만약 자신의 생각대로 물에서 헤엄치면 물에 의한 재난이 바로 발생할 것이다. 이 때 그것이 물에 의한 것인지 내가 자초한 것인지를 따지는 것이 무슨 소용이 있겠는가? 목숨이 상하는 것은 마찬가지이다.

성(性)은 도(道)의 담체(擔體)다. 성(性)에 결함이 있으면 도(道) 또한 그에 따라 결함이 나타난다. 심(心)은 성(性)의 담체다. 심(心)에 결함이 있으면 성(性) 또한 그에 따라 결함이 드러난다. 신(身)은 심(心)의 담체다. 신(身)에 결함이 있으면 심(心) 또한 그에 따라 결함이 나타난다. 물(物)은 신(身)의 담체다. 물(物)에 결함이 있으면 신(身) 또한 그에 따라 결함이 드러난다. 이로부터 알 수 있는 것이, 도(道)로써 성(性)을 파악하고 성(性)으로써 심(心)을 파악하며 신(身)으로써 물(物)을 파악하면, 가능은 하겠지만 자신이 해(害)를 입는 것을 피할 수는 없을 것이다. 하지만 도(道)의 본질로써 도를 파악하고 성(性)의 본질로써 성을 파악하며 심(心)의 본질로써 심을 파악하고 신(身)의 본질로써 신을 파악하며 물(物)의 본질로써 물을 파악하면, 비록 외물(外物)이 방해를 하려 들더라도 방해할 수 없을 것이다. 그렇다면 가(家)의 본질로써 가를 파악하고 국(國)의 본질로써 국을 파악하며 천하(天下)의 본질로써 천하를 파악하는 것 역시 가능함을 알 수 있다.

나는 장년(壯年) 시절부터 유학(儒學)을 연구하기 시작했는데, 사람들이 내게 준 즐거움은 아주 적고 유가학설이 내게 준 즐거움은 상당히 많은 것 같다. 더군다나 유가학설로부터 깨우침을 얻어 천지만물을 마주하면서 얻은 즐거움이란 또한 헤아릴 수 없을 정도이다. 〈내가 그러한 즐거움에 깊이 빠져있으니〉 설령 죽고 사는 문제나 영화와 굴욕이 내 눈앞에 오가더라도 나는 마음속에 두지 않으며, 그저 그것들을 사계절 속의 한 순간과 같은 바람·꽃·눈·달처럼 여긴다. 만약 물(物)의 입장에서 물을 대하면 물은 나에게 영향을 끼치지 않고 나도 물을 상하게 하지 않으니, 물과 나는 서로 정감 상의 얽매임을 모두 잊는 것이다. 이 때 내가 잊지 않는 것이 오직 하나 있는데, 그것은 바로 시작(詩作)이다. 그런데 설령 잊지 않는다 하지만 그래도 사실은 잊는 거나 다름없다. 왜인가? 나의 시는 다른 사람의 시와 다르기 때문이다. 성률(聲律)의 제한을 받지 않고, 정감의 호오(好惡)를 따르지 않으며, 고정된 격식을 미리 세우지 않고, 다른 사람 칭찬하기를 도모하지도 않는다. 마치 윤기 있는 미옥(美玉)이 사물의 형상을 빛내는 것과 같고, 커다란 종소리에 이어지는 메아리의 아련함과 같다. 나는 경전(經典)을 읽고 생각하는 한가한 시간에, 여유롭게 시대를 바라보고 조용히 만물을 바라본다. 시대를 마주하여 마음속에 지향(志向)을 세우고, 만물을 통해 내 자신의 언어를 담아낸다. 〈그런 다음〉 지향을 읊어내며, 언어로써 시를 써낸다. 〈마지막으로〉 시를 성음(聲音)으로써 읊어낸다. 그래서 나의 시는 슬퍼도 상하는 데까지 이르지 않고 즐거워도 한도를 벗어나지 않는다. 비록 시가 성정(性情)을 읊기 위한 것이라 말하지만, 기실 그 어떠한 성정과의 얽매임도 있는 바가 없다.

何故謂之詩? 詩者言其志. 旣用言成章, 遂道心中事. 不止煉其辭, 抑亦煉其意. 煉辭得奇句, 煉意得餘味[33]. (『伊川擊壤集』 卷11 「論詩吟」)

무엇으로 시라 하는가? 시라는 것은 뜻을 드러내는 것이다. 이미 말로써 문장을 이루게 되면 곧 마음속의 일을 말하게 된다. 말을 조탁할 뿐만 아니라 뜻도 가다듬어야 한다. 글을 다듬으면 신기한 구절을 얻게 되고, 뜻을 다듬으면 여운을 얻게 된다.

詩者人之志, 非詩志莫傳. 人和心盡見, 天與意相連. 論物生新句, 評文起雅言. 興來如宿構, 未始用雕鐫. (『伊川擊壤集』 卷18 「談詩吟」)

---

33. "여미(餘味)": 여운(餘韻) 혹은 여의(餘意)와 같은 뜻으로, 미외지미(味外之味) 혹은 언외지치(言外之致)의 의경(意境)을 말한다.

시(詩)가 표현하는 것은 사람의 뜻이니, 시가 없다면 사람들의 뜻은 드러날 길이 없을 것이다. 사람들의 마음과 천지의 이치는 모두 시에 의해 전해진다. 시에서 만물의 이치를 논할 때에 〈종종 느끼는 바가 있어서〉 새로운 시구가 생각나기도 하고, 시를 평론할 때는 우아한 표현이 떠오르기도 한다. 시를 쓰는데 영감이 떠오를 때엔 왕왕 한 달음으로 써내려 가니, 아무런 조탁(彫琢)을 가하지 않고서도 그 정묘함이 자연스럽기 그지없다.

史筆善記事, 長於炫其文; 文勝則實喪, 徒憎口云云. 詩史善記事, 長於造其眞; 眞勝則華去, 非如目紛紛. (『伊川擊壤集』 卷18「詩史吟」)

사서(史書)를 쓸 때는 마땅히 사실(事實)을 잘 기록해야지 문채(文采)만 현란해선 안 된다. 문채가 현란하게 되면 종종 기록한 것이 진실 되지 못한데, 사람들은 대체로 이처럼 문채만 화려하고 사실에 충실치 않은 사서(史書)를 싫어한다. 사시(史詩)를 쓸 때는 사실을 적절하게 묘사해야지 지나치게 사실을 기록하듯 해선 안 된다. 한 치의 오차도 없이 진실을 드러내게 되면 문채가 없기 쉬운데, 사람들은 대개 그러한 문채 없는 시는 읽기 귀찮아한다.

史筆善記事, 畵筆善狀物; 狀物與記事, 二者各得一. 詩史善記意, 詩畵善狀情; 狀情與記意, 二者皆能精. 狀情不狀物, 記意不記事, 形容出造化, 想像成天地. 體用自此分, 鬼神無敢異. 詩者豈於此, 史畵而已矣. (『伊川擊壤集』 卷18「史畵吟」)

역사를 기록하는 필법은 일을 잘 기록하고, 그림을 그리는 필법은 사물 묘사를 잘 한다. 사물 묘사와 일의 기록은 각기 분야가 있다. 사건을 읊은 시는 뜻을 잘 기록하고, 시를 곁들인 그림은 정(情)을 잘 묘사한다. 정의 묘사와 뜻의 기록은 각기 정통한 바가 있다. 정을 묘사할 때는 사물을 묘사할 때와 다르게 하고, 뜻을 기록할 때는 일을 기록할 때와 다르게 한다. 그 형용하는 바와 상상하는 바가 천지조화에 의해 이루어지는 것이다. 체용(體用)이 이로부터 갈라지고 귀신(鬼神)도 의아해 하지 못한다. 시라는 것이 어찌 이러한 경지에 이르겠는가? 오직 역사화(歷史畫)뿐이다

畫筆善狀物, 長於運丹靑; 丹靑入巧思, 萬物無遁形. 詩畫善狀物, 長於運丹誠; 丹誠入秀句, 萬物無遁情. (『伊川擊壤集』 卷18 「詩畫吟」)

그림을 그리는 필법은 사물 묘사를 잘 하는데, 아름다운 채색에 뛰어나다. 아름다운 채색을 통해 구상해내면 만물의 형상이 드러나지 않음이 없다. 시를 곁들인 그림도 사물 묘사를 잘 하는데, 거짓이 없는 참된 마음을 드러내는데 뛰어나다. 참된 마음으로 아름다운 글귀를 만들어내면 만물의 정이 드러나지 않음이 없다.

人不善賞花, 只愛花之貌; 人或善賞花, 只愛花之妙. 花貌在顔色, 顔色人可效; 花妙在精神, 精神人莫造. (『伊川擊壤集』 卷11 「善賞花吟」)

사람들이 꽃을 잘 감상하지 못하는데, 다만 꽃의 모양만 좋아한다. 사람들이 혹 꽃을 잘 감상하기도 하는데, 이때는 다만 꽃의 오묘함을 좋아한다. 꽃의 모양은 색깔에 있고, 색깔은 사람들이 닮게 할 수 있다. 꽃의 오묘함은 정신에 있는데, 정신은 사람이 만들어낼 수 없다.

10. 정호(程顥)·정이(程頤)

閑來無事不從容, 睡覺東窓日已紅. 萬物靜觀皆自得, 四時佳興與人同. 道通天地有形外, 思入風雲變態中. 富貴不淫貧賤樂, 男兒到此是豪雄. (『文集』卷3 明道文三「秋日偶成二首」)

한가로울 때는 어떤 일을 맞이해도 느긋하고, 잠이 깨면 빨간 해가 이미 동창(東窓)에 들어와 있다. 편안하게 만물을 대하면 모두 터득하는 바가 있으니, 사계절의 변화에 따라 일어나는 흥(興)을 사람들과 함께 한다. 마음은 천지간 유형의 사물로부터 방해를 받지 않고 직접 무형의 도(道)와 함께 나래를 펴고, 생각은 형체의 제한으로부터 벗어나 바람 사이로 구름 사이로 날아올라 무궁무진하게 변화한다. 부귀할 때라 해서 지나치게 즐기지 않고 빈곤할 때라 해도 여전히 즐거움을 누린다. 남아(男兒)로서 이런 경지에는 이르러야 호걸이라 할 수 있다.

誰憐大第多奇景, 自愛貧家有古風. 會向紅塵生野思, 始知泉石在胸中. (『文集』卷3 明道文三「和王安之五首·野軒」)

호화로운 대저택 안이라야 기묘한 경치가 있다고 누가 말했던가, 초라한 집이라도 또한 소박한 운치가 있는 것이다. 번잡한 세상을 마주하면 나는 그만 속세를 벗어나고자 하는 마음이 생기고 마니, 그제야 비로소 내 마음속에 산수자연의 정취가 들어있음을 알겠다.

成章者, 篤實而有光輝也. 今以瓦礫積之, 雖如山嶽, 亦無由有光輝; 若使積珠玉, 小積則有小光輝, 大積則有大光輝. (『遺書』卷15 伊川語一)

우아함이 있게 된다는 것은 반드시 내면의 견실함이 있은 다음 바깥으로 광채가 드러난다는 것을 말합니다. 지금 만약 질그릇이나 조약돌을 쌓되 그것이 산처럼 높다 하여도 광채가 발할 수는 없습니다. 하지만 옥구슬을 쌓는다 치면, 그것은 적게 쌓이면 낮은 대로 작은 광채가 나고 많이 쌓이면 높은 대로 커다란 광채가 나는 것입니다.

問: 橫渠之書有迫切處否? 曰: 子厚謹嚴, 才謹嚴便有迫切氣象, 無寬舒之氣. 孟子卻寬舒, 只是中間有些英氣. 才有英氣, 便有圭角. 英氣甚害事. 如顔子便渾厚不同. 顔子去聖人只毫發之間. 孟子大賢, 亞聖之次也. 或問: 氣象於甚處見? 曰: 但以孔子之言比之便見. 如冰與水精, 非不光, 比之玉, 自是有溫潤含蓄氣象, 無許多光耀也.(『遺書』卷18 伊川語四)

묻다. "장재(張載)의 문장은 급박한 바가 있습니까?" 답하다. "장재는 사람됨이 근엄한데, 이 때문에 문장의 어조에 다그치는 바가 있으며 너그럽고 편안한 느낌은 없습니다. 맹자(孟子)의 문장은 너그럽고 편안한데, 다만 사이사이에 호방한 기개가 있습니다. 조금이라도 호방함이 있게 되면 문장엔 날카로움이 있게 됩니다. 이러한 호방함의 폐해는 아주 큽니다. 예컨대, 안회(顔回)는 이와 다르게 아주 질박하고 자연스럽습니다. 안회는 거의 공자(孔子)와 다름없는 성인(聖人)입니다. 〈반면〉 맹자는 현인(賢人)이니, 지위로 보면 성인의 아래입니다." 묻다. "기상(氣象)은 어디에 나타납니까?" 답하다. "공자의 말을 빌려 비교하면 바로 알 수 있습니다. 예컨대, 얼음덩어리와 수정(水晶)은 결코 빛나지 않는 바는 아니지만 옥(玉)과 비교하면 온화한 윤기를 머금은 기상이 부족합니다. 옥은 눈이 부실만큼 그렇게 환한 빛을 띠지 않습니다."

或問: 詩可學否? 曰: 既學時, 須是用功方合詩人格. 既用功, 甚妨事. 古人詩云: "吟成五個字, 用破一生心." 又謂: "可惜一生心, 用在五字上." 此言甚當. 先生嘗說: 王子眞曾寄藥來, 某無以答他, 某素不作詩, 亦非是禁止不作, 但不欲爲此閑言語. 且如今言能詩無如杜甫, 如云: "穿花蛺蝶深深見, 點水蜻蜓款款飛."[34] 如此閑言語, 道出做甚? 某所以不常作詩. (『遺書』卷18 伊川語四)

어떤 사람이 묻다. "시(詩)를 배워도 됩니까?" 답하다. "배우고자 한다면 많은 노력을 기울여야만 시인(詩人)의 격식에 맞게 쓸 수 있습니다. 공을 들여 시를 배우게 되면 종종 많은 정당한 일을 못하게 됩니다. 옛사람이 시에서 말했습니다. '한 수의 시를 읊기 위해 일생 동안 마음을 썼네.' 또 말했습니다. '일생 동안 마음을 기울인 것이 안타깝다. 모두 시를 쓰는 데 바쳤구나.' 이 말은 아주 마땅합니다. 선생이 일찍이 이런 말을 했습니다. 왕자진(王子眞)이 일전에 약을 조금 보냈는데 어떻게 답시(答詩)를 써서 보내줘야 할 지 모르겠습니다. 나는 보통 시를 쓰지 않는데, 물론 완전히 쓰지 않는 것이 아니라 다만 중요하지 않은 일을 쓰고 싶지 않은 것입니다. 내가 지은 시가 두보(杜甫)가 쓴 것에 비해 더 좋지는 않지만, 두보의 시 가운데에도 또한 '꽃들 사이로 나비는 그윽하게 살랑이고, 물위를 스치며 잠자리는 나긋나긋 나네.'와 같은 시구가 있습니다. 이처럼 대수롭지 않은 일을 묘사한들 어디 쓸 데가 있습니까? 나는 그래서 보통 시를 쓰지 않습니다."

問: 作文害道[35]否? 曰: 害也. 凡爲文不專意則不工, 若專意則志

---

34. 두보(杜甫)의 시 「곡강(曲江)」에 나온다.

35. "작문해도(作文害道)": <글을 쓰기 위해서는 정신을 집중해야 하고 정신을 집중하면 천지자연의 도(道)와 자유롭게 하나가 되지 못할 수 있기 때문에> 글을 쓰는 것이 도를 체득하는 데 방해가 된다는 말이다.

局於此, 又安能與天地同其大也? 『書』云 "玩物喪志[36]", 爲文亦玩物也. 呂與叔有詩云: "學如元凱方成癖, 文似相如始類俳; 獨立孔門無一事, 只輸顏氏得心齋." 此詩甚好. 古之學者, 惟務養情性, 其佗則不學. 今爲文者, 專務章句悅人耳目. 既務悅人, 非俳優而何? 曰: 古者學爲文否? 曰: 人見『六經』, 便以爲聖人亦作文, 不知聖人亦攄發胸中所蘊, 自成文耳. 所謂有德者必有言也. 曰: 游·夏稱文學, 何也? 曰: 游·夏亦何嘗秉筆學爲詞章也? 且如 "觀乎天文以察時變, 觀乎人文以化成天下"[37], 此豈詞章之文也. (『道書』卷18 伊川語四)

묻다. "글을 쓰는 것이 도(道)를 체득하는데 방해가 됩니까?" 답하다. "방해가 됩니다. 왜냐하면 글을 쓸 때 정신을 집중하지 않으면 좋은 문장을 써낼 수 없는데, 이 때 정신을 집중하게 되면 생각이 구속을 받게 되니 어찌 천지(天地)의 큰 도(道)와 하나가 될 수 있겠습니까? 『서경(書經)』에 이르기를, '좋아하는 것에 정신이 팔려 뜻을 잃어버린다.'라 했는데, 글을 쓰는 것 또한 좋아하는 것에 정신이 팔리는 일입니다. 여대림(呂大臨: 字는 與叔)이 이런 시를 썼습니다. '원개(元凱)처럼 공부를 좋아하면 중독증이 생기고, 사마상여(司馬相如)처럼 그렇게 공덕(功德)을 찬양하는 글을 쓰면 마치 주인에게 잘 보이려는 광대와 같게 된다. 나는 매일 유가경전을 익히며 안회(顏回)처럼 내면의 마음을 수양할 뿐 세상의 그런 작은 기예는 배우지 않는다.' 이 시는 아주 좋습니다. 옛날의 학자들은 내면의 마음을 수양할 뿐 다른 기예는 배우지 않았습니다. 지금 글을 쓰는 사람들은 문장을 다듬고 수식함으로써 사람들의 이목을 기쁘게 하려 합니다. 다른 사람을 기쁘게 하기 위해 글을 쓴다면 글을 짓는 사람이 광대와 다를 바가 무엇이겠습니까?" 묻다. "그렇다면 옛날의 작자들은 글 쓰는

---

36. "완물상지(玩物喪志)": 좋아하는 것에 정신이 팔려 지향이나 이상을 구현할 뜻을 잃어버린다는 말이다.

37. 이 대목은 『역경(易經)·분괘(賁卦)』에 나온다.

것을 배웠습니까?" 답하다. "사람들은 육경(六經)을 보면서 성인(聖人) 또한 문장의 창작에 힘을 쏟았다고 생각하는데, 사실 성인이 다만 마음속의 생각을 말했을 뿐이며 이것이 자연스럽게 좋은 문장이 된 것임은 알지 못합니다. 그래서 재덕(才德)이 있는 사람은 반드시 좋은 문장을 쓸 수 있다고 말하는 것입니다." 묻다. "자유(子游)와 자하(子夏)는 공문(孔門) 제자 가운데 문학으로 이름이 났는데, 이는 무슨 연고입니까?" 답하다. "자유와 자하가 언제 글쓰기를 배웠습니까? 또한 예컨대, '하늘의 문채(文采)를 보고 시대의 변화를 살피고, 세상의 문채를 보고 천하를 교화(敎化)한다.'라고 했는데, 여기서의 문채가 어찌 문자로 이루어진 편장(篇章)을 말하는 것이겠습니까?"

問: 張旭學草書, 見擔夫與公主爭道[38], 及公孫大娘舞劍, 而後悟筆法, 莫是心常思念至此而感發否? 曰: 然. 須是思方有感悟處, 若不思, 怎生得如此? 然可惜張旭留心於書, 若移此心於道, 何所不至? (『遺書』卷18 伊川語四)

묻다. "장욱(張旭)이 초서(草書)를 열심히 익혔는데, 짐꾼과 공주〈를 모신 가마꾼〉가 외길에서 마주하여 서로 갈 길을 다투는 동작이나 공손대낭(公孫大娘)의 칼춤을 보고 초서의 필법(筆法)을 깨달았습니다. 이는 그가 마음속에 항상 초서를 생각했기에 그런 깨달음을 얻은 것 아니겠습니까?" 답하다. "그렇습니다. 오로지 〈초서〉 생각에 골몰했기에 그런 깨달음이 있을 수 있었습니다. 만약 생각이 없었다면 어떻게 느끼는 바가 있었겠습니까? 그런데 안타깝게도 장욱은 다만 초서의 창작에만 몰두했습니다. 그가 만약 수도(修道)에 마음을 쏟았다면 그 어떤 높은 경지라도 이를 수 있지 않았겠습니까?"

---

38. 이 이야기는 당(唐)의 이조(李肇)가 쓴 『당국사보(唐國史補)』에 나온다.

孔子曰: "有德者必有言."[39] 何也? 和順積於中, 英華發於外也. 故言則成文, 動則成章. (『遺書』卷25 伊川語十一)

"공자(孔子)가 말하길, '덕이 있는 사람은 반드시 좋은 글을 쓴다.'고 했는데 무슨 연고입니까?" "한 사람의 마음속에 온화함과 부드러움이 있으면 외면으로 자연스레 광채가 드러나기 마련입니다. 그래서 말마다 모두 문채가 있고 움직임마다 모두 우아함이 있는 것입니다."

"禮云禮云, 玉帛云乎哉? 樂云樂云, 鍾鼓云乎哉?"[40] 此固有禮樂不在玉帛鍾鼓. 先儒解者, 多引 "安上治下莫善於禮, 移風易俗莫善於樂."[41] 此固是禮樂之大用也; 然推本而言, 禮只是一個序, 樂只是一個和. 只此兩字, 含蓄多少義理. 又問: 禮莫是天地之序, 樂莫是天地之和? 曰: 固是, 天下無一物無禮樂. 且置兩只椅子, 才不正便是無序, 無序便乖, 乖便不和. 又問: 如此則禮樂卻只是一事? 曰: 不然. 如天地陰陽, 其勢高下甚相背, 然必相須而爲用也. (『遺書』卷18 伊川語四)

"〈공자(孔子)가 말했다.〉 '예(禮)다, 예다 하는데 단지 옥백(玉帛)과 같은 예물(禮物)만을 말하는 것이겠는가? 악(樂)이다, 악이다 하는데 단지 종고(鐘鼓)와 같은 악기 소리만을 말하는 것이겠는가?' 여기서 말하는 것은, 예와 악의 관건이 결코 옥백과 종고가 아니라는 점입니다. 예전의 유학자들은 이 대목을 해석할 때 종종 '위에 처해서 백성을 다스릴 때는 예(禮)보다 나은 것이 없고, 사회의 풍속을 바꾸는 데는 악(樂)보다 나은 것이 없다.'는 말을 인용합니다.

---

39. 이 대목은 『논어(論語)·헌문(憲問)』에 나온다.
40. 이 대목은 『논어(論語)·양화(陽貨)』에 나온다.
41. 이 대목은 『효경(孝經)·광요도(廣要道)』에 나온다. 원래 문장은 "移風易俗莫善於樂. 安上治民莫善於禮."이다.

이는 물론 예악(禮樂)의 주요한 기능을 말한 것입니다. 하지만 근본을 미루어 보면, 예가 말하는 것은 '서(序)'이며 악이 말하는 것은 '화(和)'입니다. 이 두 글자만이 많은 도리를 함축하고 있습니다." 또 묻다. "예가 천지의 질서이고, 악이 천지의 조화입니까?" 답하다. "그렇습니다. 세상에 예와 악이 없는 사물은 없습니다. 이는 마치 두 개의 의지를 놓는 것과 같습니다. 바르게 놓이지 않으면 질서가 없고, 질서가 없다는 것은 곧 문란함이 나타난다는 것이며, 문란하게 되면 조화롭지 못하게 됩니다." 또 묻다. "그렇다면 예와 악은 사물일 뿐입니까?" 답하다. "그렇지 않습니다. 이는 마치 천과 지, 음과 양처럼 높고 낮은 구별이 있고 방향이 같지는 않지만 반드시 서로 보조해주고 함께 쓰여야 하는 것과 같습니다."

11. 주희(朱熹)

　　古之隱君子, 不得志於時, 而甘沉冥者, 其心超然出塵韜之外矣. 而猶必有寄焉然後快. 蓋其中亦有所不能平, 而借所寄者力與之戰, 僅能勝之而已. 或以山水, 或以曲蘗, 或以著述, 或以養生, 皆寄也. 寄也者, 物也. 借怡於物, 以內暢其性靈者, 其力微, 所謂寒入火室, 暖自外生者也. 故隱者貴聞道, 聞道則其心休矣. 惟心休而不假物以適者, 隱爲眞隱. 陶元亮之隱也, 差適矣. 今讀其詩, 殷憂內結, 至於生死遷變之際, 每每泫然欲涕, 而姑借酒以降之, 又安能樂? 然則自漢以後, 以道隱而自適其窮者, 一邵子耳. 邵子洞先天之秘, 觀化於時, 一切柴棘, 如爐點雪, 如火銷冰, 故能與造物者爲友, 而遊於溫和恬適之鄕. 彼惟不借力於物, 而融化於道, 斯深於隱者也. (『晦庵先生朱文公文集』卷1「贈東粤李封公序」)

　　고대에 은일(隱逸)하는 군자(君子)들은 대부분 현실 속에서 뜻을 이루지 못해서 일부로 자기를 숨기는 것이다. 그들의 정신과 마음은 세속에서 벗어나고 초탈해 있다. 그러나 반드시 무언가에 의탁해야만 진정 후련해질 수 있다. 이것은 그들의 마음속에 지울 수 없는 고민이 여전히 남아 있기 때문이고, 반드시 의탁하는 사물을 빌려야 마음속에 있는 고민과 해결할 수 있기 때문이다. 하지만 왕왕 고민을 잠깐 잊을 수 있긴 하지만 극복할 수는 없다. 산수(山水)나 미주(美酒), 혹은 저술이나 양생(養生) 등을 시도한다. 모두 그들이 의탁할 수 있도록 빌린 방법이다. 의탁할 수 있는 것은 외재적인 사물이다. 외재적인 사물을 통해서 기쁨과 쾌락을 구하고 자기의 마음을 조절한다. 하지만 그 효과가 별로 뚜렷하지 않다. 마치 마음이 추운데 따뜻한 방에 들어가더라도 별로 소용이 없는 것과 같다. 왜냐하면 따뜻해질 수 있는 것은 외재적인 몸이지 내재적인 마음이 아니기 때문이다. 그러므로 은일하는 사람으로부터 이치에 관한 이야기를 듣는 것은 좋다. 특히 참된 진리를 들으면 마음이 점차 고요해질 것이다. 마음이 고요해질 수 있어 외재적인 사물에 의탁하여 조절하는 것이 아니면 진정한 은자(隱者)다. 도잠(陶潛)의 은(隱)은 진정한 고요함에 속하지 않는다. 오늘날 그의 시를 읽어보면 그 마음속에 서린 깊은 슬픔과 우울함을 여전히 느껴볼 수 있다. 도잠이 지은 시에 언급한 생사(生死)의 교체는 항상 사람들로 하여금 견딜 수 없이 눈물을 흐르게 한다. 어쩔 수 없으니 잠깐 술로 우울함을 해소하려고 시도하나 어찌 한적(閑寂)할 수 있겠는가? 한(漢)나라 때부터 지금까지 큰 도(道)가 없는 사회 환경 속에서 가난하고 어렵게 살고 있더라도 여전히 아무렇지도 않은 듯이 태연자약(泰然自若)한 사람은 소옹(邵雍)밖에 없다. 소옹은 천지의 심오한 이치를 통찰하여 세상만물의 변화를 관찰하고, 마음속의 모든 불만을 마치 화로(火爐)로 녹는 흰 눈이나 혹은 불에 녹는 얼음처럼 사라지게 했다. 그러므로 소옹은 조화(造化)와 부드럽게 상대할 수 있으며, 온화하고 편안한 경지에 처할 수 있었다. 소옹은 외재적인 사물을 의탁하지 않고 큰 도와 융합하였으니, 진정한 은자라고 할 수 있다.

大都自然勝者, 窮於點綴, 人工極者, 損其天趣. 故野逸之與濃麗, 往往不能相兼. 惟此山骨色相和, 神彩互發, 淸不槁, 麗不俗. (『晦庵先生朱文公文集』卷7「遊太和記」)

일반적으로 자연스러움이 뛰어난 경치는 교묘하게 단장하지 못한다. 인위적으로 공교하게 만든 것에는 자연스러운 정취가 부족하다. 그래서 야일(野逸)과 농염함은 항상 동시에 구비할 수 없다. 그러나 이 산은 골력(骨力)과 용색(容色)을 동시에 갖추고 있다. 내재적인 신운(神韻)과 외재적인 풍채(風采)가 서로 호응하여 고요하더라도 시들어 마르지 않고 아름다워도 용속(庸俗)하지 않다.

夫此岩也, 望之嵐彩墨氣, 浮於天際, 則其色最靈. 玲瓏駁蝕, 虛幻鮮活, 空而多竅, 浮而欲落, 則其骨最靈. 側出橫來, 若有視瞻性情, 可與酬酢, 可與話言, 則其態最靈. 其山之最爲穎慧者歟. 吁, 岩之所以爲靈也. (『晦庵先生朱文公文集』卷7「靈岩記」)

이만한 암석들은 멀리 바라볼 때 마치 푸른 기운이 하늘 끝에 떠 있는 것 같다. 이렇게 보면 그 색깔은 영기(靈氣)가 있다. 정교하더라도 쇄탈(灑脫)하고 뇌락(磊落)한 성격을 갖고 있으며, 허무하고 환상적인 동시에 선명하고 생동적인 것이며, 공허하더라도 탁 트였다. 위로 떠오른 듯하면서도 또 아래로 떨어진 모양이다. 이렇게 보면 그 골격은 또한 영기가 있다. 옆으로 나가면서도 횡으로 날아온다. 성정(性情)을 갖고 있는 듯 남과 서로 수답(酬答)하고 담화(談話)한다. 이렇게 보면 그의 자태는 또한 영기가 있다. 그는 이 산 속에 제일 똑똑하고 총명한 것이다. 아! 이것이 바로 바위 산봉우리가 영(靈)으로 이름 붙은 원인이겠지!

話未終, 而霧忽下墜, 日輪當空, 天都一峰, 如張圖畫, 有若主人屛息, 良久而出見客者. 遊人皆拊掌大叫. 予偶足肋拘攣, 乃坐草間, 以手捫足, 而目注視天都峰不置. 大約亭立天表, 健骨崚嶒, 其格異; 輕嵐澹墨, 被服雲煙, 其色異; 玉溫璧潤, 可拊可飡, 其膚異; 咫尺之間, 波折萬端, 其態異; 無爪甲泥, 而生短松, 如翠羽, 其飾異. 夫道子之腳, 陁子之頭, 皆貌吾所常見之山耳, 或貌此, 翻覺太奇, 不似山矣. 頃之霧墜, 諸山盡出, 蓮花峰依稀與天都相似, 而夭麗過之. 天都尊特, 蓮花生動. (『晦庵先生朱文公文集』卷8「遊黃山記」)

말을 아직 다 못 했는데 구름과 안개가 살짝 흩어진다. 붉은 해가 하늘에 걸려 있어 천도봉(天都峰)이 굽힘없이 우뚝 서 있는 모습이 뚜렷하게 보인다. 두

루마리 그림을 펼친 것 같다. 이러한 장면은 마치 주인이 병풍 뒤에 조용하게 숨어 있어 오랜 시간이 지난 후 나와서 손님들을 만난 것과 같다. 관람자들이 이 경치를 보고 모두 박수갈채이고, 나는 주의하지 않으니 복사뼈에 경련이 난다. 그래서 초지에 앉아서 손으로 발을 누르고 있다. 하지만 내 눈은 꼼짝하지 않고 천도봉을 바라보고 있다. 천도봉은 우뚝하게 솟아 있고 굳센 동시에 매우 두드러진다. 이것은 천도봉의 골격이 남다르기 때문이다. 멀리 바라보면 남기(嵐氣)가 가볍게 날리고 묵색이 연하여 마치 구름과 연기가 옷이 된 것 같다. 이것은 천도봉의 용모와 안색이 남다르기 때문이다. 벽옥(壁玉)처럼 온화하고 축축하여 마치 손에 들고 감상하거나 입에 들고 맛을 보아도 될 것 같다. 이것은 그의 피부가 남다르기 때문이다. 매우 가까운 거리 사이에 많은 변화와 전환이 나타난다. 이것은 그의 자태가 남다르기 때문이다. 비록 조그만 진흙도 없지만 왜송(矮松)이 여기서 자랄 수 있다. 마치 미인의 취우(翠羽)와 같다. 이것은 그의 장식이 남다르기 때문이다. 흔히 볼 수 있는 산봉을 항상 도자(道子)의 발이나 타자(陁子)의 머리로 형용하는데, 만약 이것으로 천도봉을 형용한다면 누가 봐도 어울리지 않을 것이다. 천도봉은 너무나 기이하여 늘 보이는 산과 같지 않다. 시간이 좀 더 지나 구름과 안개가 모두 흩어지고 산봉의 전체 모습이 다 드러난다. 연화봉(莲花峰)이 천도봉과 비슷하게 보이지만 사실상 천도봉보다 더 요염하고 아름답다. 천도봉은 존귀하고 특별하며, 연화봉은 산뜻하고 생동하다.

來教謂詩本爲樂而作, 故今學者必以聲求之, 則知其不苟作矣. 此論善矣, 然愚意有不能無疑者. 蓋以『虞書』考之, 則詩之作本爲言志而已. 方其詩也, 未有歌也; 及其歌也, 未有樂也. 以聲依永, 以律和聲, 則樂乃爲詩而作, 非詩爲樂而作也. 三代之時, 禮樂用於朝廷, 而下達於閭巷, 學者諷誦其言, 以求其志, 詠其聲, 執其器, 舞蹈其節, 以涵養其心, 則聲樂之所助於詩者爲多. 然猶曰興於詩, 成於樂[42], 其求之固有序矣. 是以凡聖賢之言詩, 主於聲者少, 而發其義者多. 仲尼所謂"思無邪"[43], 孟子所謂"以意逆志"[44]者, 誠以詩之所以作, 本乎其志之所存, 然後詩可得而言也. 得其志而不得其聲者有矣, 未有不得其志而能通其聲者也. 就使得之, 止其鍾鼓之鏗鏘而已, 豈聖人樂云樂云[45]之意哉? 況今去孔孟之時千有餘年, 古樂散亡, 無復可考, 而欲以聲求詩, 則未知古樂之遺聲, 今皆以推而得之乎?『三百五篇』皆可協之音律, 而被之弦歌已乎? 誠既得之, 則所助於詩多矣, 然恐未得爲詩之本也. 況未必可得. 則今之所講, 得無有畫餅之譏乎? 故愚意竊以爲詩出乎志者也, 樂出乎詩者也. 然則志者詩之本, 而樂者其末也, 末雖亡不害本之存, 患學者不能平心和氣, 從容諷詠, 以求之情性之中耳. 有得乎此, 然後可得而言, 顧所得之淺深如何耳. 有舜之文德, 則聲爲律而身爲度,「簫韶」・「二南」之聲不患其不作. 此雖未易言, 然其理蓋不誣也. 不審以爲如何?「二南」分王者諸侯之風,「大序」之說, 恐未爲過, 其曰聖賢淺深之辨, 則說者之鑿也. 程夫子謂「二南」猶『易』之乾坤, 而龜山楊氏以爲一體而相成, 其說當矣. 試考之如何? 召南夫人恐是當時諸侯夫人被文王太姒之化者,「二南」之應似亦不可專以爲樂聲之應

---

42. "興於詩, 成於樂": 이 구절은『논어(論語)・태백(泰伯)』에 나온다. 원문은 다음과 같다. "子曰: 興於詩, 立於禮, 成於樂."

43. "思無邪": 이 구절은『논어(論語)・위정(爲政)』에 나온다. 원문은 다음과 같다. "子曰: 詩三百, 一言以蔽之, 曰思無邪."

44. "以意逆志": 이 구절은『맹자(孟子)・만장상(萬章上)』에 나온다. 원문은 다음과 같다. "故說詩者, 不以文害辭, 不以辭害志. 以意逆志, 是爲得之."

45. "樂云樂云": 이 구절은『논어(論語)・양화(陽貨)』에 나온다. "子曰: 禮云禮云, 玉帛云乎哉? 樂云樂云, 鍾鼓云乎哉?"

爲言. 蓋必有理存乎其間. 豈有無事之理, 無理之事哉? 惟卽其理 而求之, 理得則事在其中矣. (『晦庵先生朱文公文集』卷37「答陳體 仁」)

　그대는 보낸 글에서 말하길, 『시경(詩經)』은 본디 음악과 어울리도록 만든 것이기 때문에 오늘날 학자들은 음조(音調)에 근거해 『시경』을 연구해야 한다고 했다. 이 말은 아주 좋다. 하지만 나에게는 여전히 의문이 남는다. 『서경(書經)·우서(虞書)』를 고찰해보면 곧 시(詩)가 뜻을 드러내기 위해 지은 것이란 점을 알 수 있다. 시가 처음 지어졌을 때엔 아직 노래가 없었다. 또 노래가 있었을 때엔 아직 음악이 없었다. 성조(聲調)를 써서 시와 어울리도록 하고 음률(音律)로써 성조와 어울리게 한 것이니, 곧 음악이 시를 위해 만들어진 것이지 시가 음악을 위해 만들어진 것은 아니다. 하상주(夏商周) 삼대(三代) 시절에는 예악(禮樂)이 조정에서 운용되었고 민간 백성들에게까지도 사용되었다. 배우는 이들은 시구(詩句)를 소리 내어 읽음으로써 작자의 뜻을 알고자 했다. 입으로 음조를 읊고 손으로는 악기를 들고 리듬에 맞춰 춤을 추면서 몸과 마음을 함양하였으니, 시에 대한 음악의 도움은 참으로 큰 것이다. 공자(孔子)는 "시에서 감흥을 일으키고, 음악에서 완성한다."라고 했는데, 여기서 시와 음악에 대한 배움에는 선후(先後)의 순서가 있음을 알 수 있다. 성현(聖賢)이 『시경』을 논할 때 시의 음악적 특성에 대해 말한 부분은 아주 적고 대개는 시의 문자적 함의를 드러낸 것이 많았다. 공자가 "생각함에 사특함이 없다."라고 말한 것이나 맹자가 "자신의 생각으로써 작자의 뜻을 받아들인다."라고 말한 것은, 모두 시가 마음속의 뜻을 드러내기 위해 만들어진 것이며 오직 시인(詩人)의 뜻을 알아야만 비로소 시를 이해할 수 있다고 여겼기 때문이다. 시의 음악적 특성을 모르고서도 시를 통해 시인의 뜻을 이해할 수 있는 이는 있지만, 시인의 뜻을 이해하지 못하면서 시의 음악적 특성을 파악할 수 있는 이는 없다. 설령 시의 음악적 특성을 파악했다 할지라도 그 파악한 것이 단지 종고(鐘鼓)와 같은 악기(樂器)의 음향뿐이라면 어찌 그것이 공자가 말한 음악의 함의라 하겠는가? 하물며 지금은 공자와 맹자가 처했던 시절과는 이미 천여 년이 지나 고대의 음악은 모두 전해지지 않아 고찰할 길이 없으므로, 설령 음악으로써 『시경』을 해석하고자 해도 고대의 음악이 구체적으로 어떠했는지 알 길이 없으니 제대로 파악이 되겠는가? 『시경』의 삼백 오 편의 시가 모두 음악과 어울릴 수 있는가? 모든 시가 연주할 수 있는 것인가? 만약 정말 그렇다면 음악의 『시경』에 대한 기여는 정말로 큰 것이다. 하지만 그렇다고 해도 음악이 시의 근본이라 말할 수 없다. 또한 더더구나 삼백 오 편의 시 모두가 음악과 어울릴 수 있다고 볼 수는 없다. 그렇다면 그대의 관점은 종이 위에 그려진 한 조각 떡처럼 집어서 먹을 수 없는 것과 같은 것 아닌가? 나는 시가 뜻으로부터 나오고 또 음악은 시로부터 나온 것이라 생각한다. 그러니 뜻이 시의 근본이고 음악은 시의 말단인 것이다. 말단은 소멸하더라도 근본을 해치지는 않는다. 비록 오늘날 음악이 『시경』과 함께 어울리지 않는다 해도, 독자들이 다만 화평한 심기로 느긋하게 읊는다면 시 속에 담긴 시인들의 화평한 뜻을 충분히 헤아릴 수 있다. 만약 시인의 뜻을 이해한 다음 시를 논한다면, 그 때 그대는 다시 그대의 지금 관점과 비교하여 어떤 것이 더 깊은 사료인지 따져보기 바란다. 순(舜)의 품덕(品德)은 크고 빛나는 것인데, 그의 소리는 음률과도 같았고 그의 행위는 예법(禮法)에 부합하였다. 순의 이러한 성정(性情)이 있기에 「소소(簫韶)」・「이남(二南)」의 음악이 만들어지지 않을 수 없었던 것이다. 이 말은 비록 이해하기 쉽지 않지만 결코 일리 없는 말은 아니다. 그대는 어찌 생각하는가? 「이남(二南)」은 왕자(王者)와 제후(諸侯)가 각기 구역을 통치하는 국풍(國風)을 보여준다. 「모시서(毛詩序)」의 얘기 또한 틀린 데가 없다. 그런데 「이남(二南)」이 성현(聖賢)의 도덕과 수양의 수준차를 보여주는 것이라고 생각하는 것은 곧 훗날 사람들의 「모시서」에 대한 곡해이다. 정이(程頤)는 「이남(二南)」이 마치 『역경(易經)』에서의 건곤(乾坤)과 같은 것이라 생각했고, 구산양씨(龜山楊氏)는 「이

남(二南)」이 서로 도와 서로를 이루어주는 한 몸이라고 여겼다. 이 두 견해는 모두 합당한 것이다. 어떤지 한 번 생각해보기 바란다. 「소남(召南)」의 부인(夫人)은 마땅히 제후의 부인인데, 그녀는 주(周) 문왕(文王) 부인 태사(太姒)의 교화(敎化)와 영향을 받았다. 「이남(二南)」을 연구할 때 음악적 특성이라는 점에만 초점을 맞춰선 안 된다. 그 안에는 반드시 어떤 이치가 있다. 어찌 세상에 이치 없는 사(事)가 있을 수 있으며 사(事) 없는 이치가 있을 수 있단 말인가? 오직 이치로써 「이남(二南)」을 해석할 것이며, 이치를 터득했다면 사(事)는 곧 그 안에 있을 것이다.

辭欲巧[46]乃斷章取義. 有德者言雖巧, 色雖令, 無害; 若徒巧言令色[47], 小人而已. (『晦庵先生朱文公文集』卷39「答範伯崇」)

〈앞에 "내면이 성실하고 진지하고서야 비로소"["情欲信"]라는 말을 고려하지 않은 채〉"언사(言辭)를 교묘(巧妙)하게 한다."라는 말만 단독으로 떼어내서 〈문장에 대한 공자(孔子)의 견해를〉 이해한다면 이는 곧 단장취의(斷章取義)이다. 도덕적인 군자는 비록 언어가 교묘하고 낯빛이 좋아도 해로운 것이 없다. 그러나 만약 어떤 한 사람이 〈내면의 성실과 진지함이 없이〉 그저 교언영색(巧言令色)만 한다면 그는 소인(小人)일 뿐이다.

大抵吾友誠慤之心似有未至, 而華藻之飾常過其哀, 故所爲文亦皆辭勝理, 文勝質[48], 有輕揚詭異之態, 而無沉潛溫厚之風. 不可不

---

46. "辭欲巧": 『예기(禮記)·표기(表記)』에 나온다. 전체 문장은 "子曰, 情欲信, 辭欲巧."이다.
47. "巧言令色": 『논어(論語)·학이(學而)』에 나온다.
48. "사승리(辭勝理), 문승질(文勝質)": 글자의 채색이 이치를 덮어버리고 형식의 화려함이 내용의 질박함을 넘어섰다는 말로, 주희(朱熹)가 글쓰기의 양태에 대해 지적한 비판이다.

深自警省, 訥言敏行⁴⁹, 以改故習之謬也. (『晦庵先生朱文公文集』 卷39「答王近思」)

대체로 그대는 내면의 성실함과 순박함은 크지 않으면서 문장의 화려한 수식은 지나친 것 같다. 그래서 써 논 글은 글자의 채색이 이치를 덮어버리고 형식의 화려함이 내용의 질박함을 넘어섰으며, 가볍고 기괴한 맛은 있되 온후하고 차분한 풍치(風致)는 보이지 않는다. 이 점을 그대는 삼가고 경계하지 않으면 안 된다. 말을 적게 하고 공부를 많이 해야만 그러한 병폐를 고칠 수 있다.

倬彼雲漢則爲章於天矣, 周王壽考則何不作人乎.⁵⁰ 此等語言自有個血脈流通處, 但涵泳久之, 自然見得條暢浹洽, 不必多引外來道理言語, 卻壅滯卻詩人活底意思也. 周王既是壽考, 豈不作成人材, 此事已自分明, 更著個倬彼雲漢爲章於天喚起來, 便愈見活潑潑地, 此六義所謂"興⁵¹"也. 興乃興起之義. 凡言興者, 皆當以此例觀之. 『易』以言不盡意而立象以盡意⁵², 蓋亦如此. (『晦庵先生朱文公文集』 卷40「答何叔京」)

은하수는 아득히 멀어 하늘에 화사한 문채(文彩)를 수놓을 수 있었고, 주왕

---

49. "訥言敏行": 이 구절은 『논어(論語)·이인(里仁)』에 나온다. 원문은 다음과 같다. "子曰, 君子, 欲訥於言而敏於行."
50. "倬彼雲漢則爲章於天矣, 周王壽考則何不作人乎": 이 구절은 『시경(詩經)·대아(大雅)·역박(棫樸)』에 나온다. 원문은 다음과 같다. "倬彼雲漢, 爲章于天. 周王壽考, 遐不作人."
51. "흥(興)": 정작 말하고자 하는 내용의 앞에 그 본론 내용의 느낌을 살려주거나 받쳐줄 수 있는 선행 구절을 미리 전제 혹은 배치함으로써 글의 맛을 점진적으로 고조시키는 것, 그리고 그럼으로써 두 구절이 내재적 맥락관계를 갖게 하는 표현수법을 말한다.
52. "言不盡意而立象以盡意": 이 구절은 『역전(易傳)·계사상(繫辭上)』에 나온다. 원문은 다음과 같다. "子曰, 書不盡言, 言不盡意. 然則聖人之意其不可見乎? 子曰, 聖人立象以盡意, 設卦以盡情僞, 繫以盡其言, 變而通之以盡利, 鼓之舞之以盡神."

(周王)이 만수무강하니 어찌 인재를 기르지 않음이 있었겠는가? 이 시(詩)는 내재적인 맥락이 있다. 읊기를 오래하다 보면 자연히 알게 된다. 그러니 억지로 외재적인 이치를 가져다 해석할 필요가 없다. 혹 그랬다간 시인(詩人)의 본뜻을 가릴 수 있다. 주왕이 장수했던 만큼 어찌 많은 현재들을 기르지 못할 바가 있었겠는가? 여기서 의미는 이미 분명하다. 그런데도 작자는 앞에 은하수가 하늘에 문채를 수놓는 형상의 묘사를 통해 이 구절을 이끌어내니, 느낌이 훨씬 더 생동감이 있게 된 것이다. 이것이 바로 『시경(詩經)』의 육의(六義) 가운데 하나인 "흥(興)"이다. 흥은 일으킨다는 뜻이다. 무릇 이 흥을 말하고자 하면 마땅히 이 시구(詩句)를 예로 삼아 살펴야 할 것이다. 『역전(易傳)』에서 말한 바, 말은 뜻을 다 드러내지 못하기에 형상을 통해 내용을 나타냈다고 한 것 역시 흥을 말한 것과 같다.

體用一源者自理而觀, 則理爲體, 象爲用, 而理中有象, 是一源也; 顯微無間者自象而觀, 則象爲顯, 理爲微, 而象中有理, 是無間也. 先生後答語意甚明, 子細消詳, 便見歸著. 且旣曰有理而後有象, 則理象便非一物, 故伊川但言其一源與無間耳, 其實體用顯微之分則不能無也. 今曰理象一物不必分別, 恐陷於近日含胡之弊, 不可不察. (『晦庵先生朱文公文集』卷40「答何叔京」)

체(體: 본질)와 용(用: 현상)의 본원(本源)이 같다는 것을 리(理)의 각도에서 보면, 리(理: 사물의 이치)가 체(體)이고 상(象: 사물의 표상)은 용(用)인데 리(理) 가운데 상(象)이 있으므로 체(體)와 용(用)의 본원은 같은 것이다. 현(顯: 外表)과 미(微: 含意)의 분별이 없다는 것을 상(象)의 각도에서 보면, 상(象)이 현(顯)이고 리(理)는 미(微)인데 상(象) 속에 리(理)가 있으므로 현(顯)과 미(微)는 분별이 없는 것이다. 그대가 보낸 회답의 뜻은 아주 분명하나, 자세히 들여다보고 곰곰이 생각해보니 허점을 볼 수 있었다. 먼저 리(理)가 있고서야 비로소 나중에 상(象)이 생긴다면 리(理)와 상(象)은 이미 같은 사물이 아닌 것이다. 그래서 정이(程頤)는 체용의 본원은 같으며 현미에는 분별이 없다고 말한 것이다. 사실 체와 용, 현과 미의 차이는 없을 수 없는 것이다. 지금 리와 상이 본디 하나의 사물이니 분별할 필요가 없다고 말하는 것은 곧 모호함의 폐단에 빠지는 것이다. 이는 고찰할 수 없는 것이 아니다.

蘇氏文辭偉麗, 近世無匹, 若欲作文, 自不妨模範. 但其詞意矜豪譎詭, 亦有非知道君子所欲聞. 是以平時每讀之, 雖未嘗不喜, 然既喜未嘗不厭, 往往不能終帙而罷. 非故欲絶之也, 理勢自然, 蓋不可曉. 然則彼醉於其說者, 欲入吾道之門, 豈不猶吾之讀彼書也哉? 亦無怪其一胡一越而終不合矣. (『晦庵先生朱文公文集』卷41「答程允夫」)

소식(蘇軾)의 글은 웅장하면서도 아름다워, 근대(近代)에 그와 필적할 만한 이는 없다. 좋은 문장을 쓰고자 한다면 그의 글을 모범으로 삼아도 된다. 하지만 그의 문장 가운데에는 거만하거나 이상야릇한 부분도 있는데, 이는 성인(聖人)의 도(道)를 터득한 군자가 받아들이기 어렵다. 나는 평소 소식의 글을 읽을 때 마다 처음엔 좋긴 하지만, 좋은 다음엔 바로 싫증이 나서 아직 다 읽지 않은 부분은 그만 내버려 두게 된다. 이 때 내가 고의로 그의 글을 읽는 것을 중단하는 것이 아니라 자연스럽게 멈추게 되는 것인데, 나도 그 이유를 모르겠다. 그렇다면 소식의 글에 빠져든 사람이 만약 우리처럼 성인의 도를 공부하고자 한다면, 당연히 우리가 소식의 글을 읽었을 때처럼 부득불 그의 글에 대한 독서를 멈추게 되지 않겠는가? 그러니 호인(胡人)과 월인(越人)이 서로 화합하지 못하는 것도 이상한 일이 아니다.

然私竊計之, 鄕道之勤, 衛道之切, 不若求其所謂道者, 而修之於己之爲本; 用力於文詞, 不若窮經觀史以求義理, 而措諸事業之爲實也. 蓋人有是身, 則其秉彝之則初不在外. 與其鄕往於人, 孰若反求諸己; 與其以口舌馳說, 而欲其得行於世, 孰若得之於己而一聽其用舍於天耶! 至於文詞, 一小伎耳! 以言乎邇, 則不足以治己; 以言乎遠, 則無以治人. 是亦何所與於人心之存亡·世道之隆替, 而校其利害, 勤懇反復, 至於連篇累牘而不厭耶? 足下志尙高遠, 才氣明決, 過人遠甚, 而所以學者未足以副其天資之美, 熹竊惜之. 又念其所以見予之厚而不忍忘也, 不敢不盡其愚. 足下試一思之, 果能舍其舊而新是圖, 則其操存探討之方, 固自有次第矣. (『晦庵先生朱文公文集』卷59「答汪叔耕」)

　　나는 개인적으로 이렇게 생각한다. 진정 흠모하는 마음으로 도의(道義)를 지향하고 진정 절실한 마음으로 도의를 지키는 것은, 도의 자체를 추구하고 도의로써 자신을 수양하는 것을 근본으로 삼는 것만 못하다. 온 힘으로 문사(文辭)를 창작하는 것은, 경서(經書)와 사서(史書)를 많이 읽어 의리(義理)를 찾고 그런 후에 이 의리를 생활 가운데 응용하는 것으로 실질을 삼는 것만 못하다. 사람들은 모두 자기의 신체를 가지고 있으며, 도의를 찾는 방법은 자신의 밖에 있는 것이 아니다. 다른 사람으로부터 찾을 것이 아니라 자신으로부터 구해야 한다. 화려한 문사로 다른 사람에게 유세하여 세상에 공을 세울 기회를 얻으려는 것은, 전심으로 의리를 깨닫고서 조정의 부름을 받느냐 못 받느냐를 하늘에 맡기는 것만 못하다. 문사의 창작은 한낱 소소한 기예에 불과하다. 가까이 말하자면 문사에 치중하는 것은 자신의 수양을 충족시키지 못하고, 멀리 말하자면 문사에 치중하는 것은 사람들을 다스리는데 충분치 않다. 이 문사라는 것은 도대체 인심도덕(人心道德)의 존망(存亡)과 국가의 흥쇠(興衰)와 치란(治亂)에 무슨 쓰임이 있단 말인가? 그런데도 그대는 문사에 빠져 작은 문제 때문에 반복해서 생각하고 비교하며, 대량의 글을 지으면서도 싫증을 내지 않는다. 그대는 뜻이 고원(高遠)하고 재기(才氣)가 출중하여 뭇사람을 뛰어넘는다. 그러나 그대의 의리에 대한 공부가 그대의 자질을 따르지 못하니 나는 진정으로 안타까움을 느낀다. 하지만 그대가 나에 대해 배려하고 염려해 주는 마음을 항상 새기고 있어, 그 보답으로 부득불 내 생각을 드러내니 그대는 깊이 한 번 생각해 주기 바란다. 만약 그대가 진정으로 문사에 대한 이전의 편협한 집착을 버리고 자신의 수양에 진력한다면, 그대의 의리(義理)에 대한 견해는 훨씬 더 조리(條理)가 있게 될 것이다.

文字之設, 要以達吾之意而已. 政使極其高妙而於理無得焉, 則亦何所益於吾身, 而何所用於斯世? 鄕來前輩, 蓋其天資超異, 偶自能之, 未必專以是爲務也. 故公家舍人公謂王荊公曰: 文字不必造語及摹擬前人. 孟韓文雖高, 不必似之也. 況又聖賢道統正傳見於經傳者, 初無一言之及此乎? (『晦庵先生朱文公文集』卷61「答曾景建」)

문자가 발명되어 나온 것은 사람의 마음속 생각을 드러내도록 하기 위함이다. 만약 문사(文辭)가 아주 고상하게 쓰였으나 아무런 이치도 담겨 있지 않는다면, 스스로에게 무슨 이로울 것이 있겠으며 또 세상에 무슨 쓰임이 있겠는가? 선인(先人)들은 왕왕 타고난 자질이 출중하여 가끔 우연히 글을 썼을 뿐, 글쓰기를 전문적인 일로 생각하지 않았다. 증공(曾鞏: 公家舍人)이 일찍이 왕안석(王安石: 王荊公)에게 말했다. 글을 쓸 때는 의식적으로 전인(前人)을 모방해서도 안 되고 새로운 어휘를 애써 만들어내서도 안 된다. 맹교(孟郊)와 한유(韓愈)의 시문(詩文)은 아주 고상하지만 그들과 같은 것을 쓸 필요는 없다. 더욱이 성현(聖賢) 또한 경전(經傳) 안에 아주 많은 도리(道理)를 언급했음에도 불구하고 문장을 쓰는 일에 대해 남긴 말은 한 마디도 없지 않은가.

古之聖賢所以教人, 不過使之講明天下之義理, 以開發其心之知識, 然後力行固守, 以終其身. 而凡其見之言論, 措之事業者, 莫不由是以出, 初非此外別有歧路可施功力, 以致文字之華靡, 事業之恢宏也. 故『易』之「文言」, 於「乾」九三實明學之始終. 而其所謂忠信所以進德者, 欲吾之心實明是理, 而眞好惡之, 若其好好色而惡惡臭也. 所謂修辭立誠以居業者, 欲吾之謹夫所發以致其實, 而尤先於言語之易放而難收也. 其曰修辭, 豈作文之謂哉? 今或者以修辭名左右之齋, 吾固未知其所謂, 然設若盡如「文言」之本指, 則猶恐此事當在忠信進德之後, 而未可以遽及. 若如或者賦詩之所詠歎, 則恐其於乾乾夕惕之意, 又益遠而不相似也. (『晦庵先生朱文公文集』卷64「答鞏仲至」)

옛날 성현(聖賢)이 백성을 교화(敎化)시킨 것은 다만 그들로 하여금 천하의 의리(義理)를 명확히 알게 함으로써 그들의 심지(心智)를 개발하며, 그런 다음 다시 그들로 하여금 일생 동안 힘써 그것들을 지키게 하기 위함이었다. 성인(聖人)의 언론과 사업은 모두 이러한 목적으로부터 나온 것인데, 사실 다른 방법으로는 백성들을 교화시킬 수 있는 길이 없기에 화려한 언사를 쓴 것이고 광대한 사업을 일으킨 것이다. 『역경(易經)』에서의 「문언(文言)」은 건괘(乾卦)의 구삼(九三) 효사(爻辭)에 대한 해석을 통하여 학습의 본말을 밝힌 것이다. 그 가운데 "충신(忠信)으로써 덕에 나아간다."라는 구절은 우리로 하여금 도리를 명확히 알게 함으로써 마치 미색을 좋아하고 악취를 싫어하는 것처럼 정확한 판단기준을 갖게 하려는 것이다. 또 이른바 "수사(修辭)를 진실하게 함으로써 사업을 이루게 한다."라는 구절은 우리로 하여금 언어와 문사(文辭)를 공손하게 함으로써 그 실질을 이루게 하려는 것이다. 반대로, 언어를 표현하기는 쉽지만 도로 거두기는 아주 어렵기 때문에 그렇다. 여기서 말하는 수사(修辭)라는 것이 한낱 문사(文辭)의 창작만을 이르겠는가? 오늘날 어떤 이는 '수

사(修辭)'를 자신의 서재이름으로도 쓰는데, 나는 그들의 생각을 알지 못하겠다. 만약 「문언」의 본지(本旨)로 보자면, '수사(修辭)'는 충신(忠信)을 학습하고 덕행을 수양하고서도 단박에 이를 수 없는 것이다. 예컨대, 만약 부시(賦詩)를 읊을 때에도 「문언」에서 말하는 "끊임없이 분발하고 항상 신중하라."라는 요구로부터 멀어진다면 본지(本旨)에서 훨씬 더 요원해질 수밖에 없다.

　偶記頃年學道未能專一之時, 亦嘗間考詩之原委, 因知古今之詩, 凡有三變. 蓋自書傳所記, 虞·夏以來, 下及魏·晉, 自爲一等. 自晉·宋間顔·謝以後, 下及唐初, 自爲一等. 自沈·宋以後, 定著律詩, 下及今日, 又爲一等. 然自唐初以前, 其爲詩者, 固有高下, 而法猶未變, 至律詩出, 而後詩之與法, 始皆大變. 以至今日, 益巧益密, 而無復古人之風矣. 故嘗妄欲抄取經史諸書所載韵語, 下及『文選』·漢·魏古詞, 以盡乎郭景純·陶淵明之所作, 自爲一編, 而附於『三百篇』·『楚辭』之後, 以爲詩之根本準則. 又於其下二等之中, 擇其近於古者, 各爲一編, 以爲之羽翼輿衛. 其不合者, 則悉去之, 不使其接於吾之耳目, 而入於吾之胸次, 要使方寸之中無一字世俗言語意思, 則其爲詩, 不期於高遠而自高遠矣. ……
　來喩所云"漱六藝之芳潤, 以求眞澹", 此誠極至之論. 然恐亦須先識得古今體制, 雅俗鄕背[53], 仍更洗滌得盡腸胃間夙生葷血脂膏, 然後此語方有所措; 如其未然, 竊恐穢濁爲主, 芳潤入不得也. 近世詩人, 正緣不曾透得此關, 而規規於近局, 故其所就, 皆不滿人意, 無足深論. 然既就其中而論之, 則又互有短長, 不可一槪, 抑此伸彼. (『晦庵先生朱文公文集』卷64『答鞏仲至』)

---

53. "향배(鄕背)": 긍정과 부정 혹은 정면(正面)과 반면(反面)을 말한다. 향(鄕)은 향(向)과 통한다.

내가 기억하기로 수도(修道)에 아직 전심(專心)하지 않던 때 시간을 내서 시(詩)의 원류(原流)에 대해 고찰한 바 있었는데, 고금(古今)의 시의 발전에 세 차례의 큰 변화가 있음을 알게 되었다. 고대 전적(典籍)에 기재된 바에 의하면, 우(虞)·하(夏) 이래 위(魏)·진(晉)에 이르기까지가 첫 번째 단계이다. 진(晉)·송(宋) 사이 안연지(顏延之)·사령운(謝靈運) 이후 당대(唐代) 초기까지가 두 번째 단계이다. 그리고 초당(初唐)의 심전기(沈佺期)·송지문(宋之問)으로부터 시작해서 율시(律詩)가 생겨났고 이후 지금에 이르기까지가 세 번째 단계이다. 초당 이전에는 시를 쓰는 사람의 수준에 비록 높고 낮음의 차이가 있더라도 작시(作詩)의 법도(法度)는 같았다. 하지만 율시가 생겨난 이래 작시의 법도에 아주 큰 변화가 시작되었다. 그리고 오늘에 이르러 작시의 수법이 날로 교묘하고 세밀해져 일찍이 고인(古人)의 질박한 풍치(風致)를 잃어버렸다. 그래서 나는 시선집(詩選集)을 만들려 했던 것이다. 먼저 고대 전적에 기재된 시를 수록하고 그 다음 『문선(文選)』과 한(漢)·위(魏)의 고시(古詩) 및 곽박(郭璞)·도잠(陶潛)에 이르기까지의 시를 담았다. 그리고 이 시들을 편집하여 『시경(詩經)』과 『초사(楚辭)』의 뒤에 놓아 작시의 기본적인 준범으로 참조케 하였다. 다시 두 번째와 세 번째 단계의 시들 가운데에서 고인의 풍미(風味)에 가까운 시를 골라 두 부분으로 편성하여, 앞서 편찬한 시집과 호응하도록 하였다. 요구에 부합하지 않는 시는 모두 버림으로써 그러한 시들이 나의 이목을 어지럽히지 못하도록 하였다. 〈궁극적으로 내가 시를 산정(刪定)하는 목적은〉 나의 심흉(心胸)이 한 점 세속의 찌꺼기에 오염되지 않도록 하기 위함이다. 이리하면 시를 쓸 때 내가 설령 의도적으로 고원(高遠)함을 추구하지 않더라도 자연스레 고원한 시를 쓸 수 있게 된다. ……

그대는 보낸 편지글에서 "육경(六經)의 정화(精華)를 취하면 시문(詩文)에 진솔하고 담박한 정치(情致)가 드러난다."라고 했는데, 이는 지극히 정확한 말이다. 하지만 먼저 고금(古今)의 체제(體制)와 아속(雅俗)의 정반(正反)을 알고,

나아가 흉중의 속기(俗氣)를 깨끗하게 씻어낸 다음에야 비로소 그대가 말한 방법으로 시를 쓸 수 있을 것이다. 만약 그렇게 하지 못한다면 아마도 혼탁한 속기가 마음속에 가득 차서 육경의 정화가 내심에 들어오지 못할 것이다. 근대(近代)의 시인은 바로 이러한 이치를 알지 못했기 때문에 시를 쓸 때 세속의 사정(事情)에 얽매이게 됐고, 그리하여 써낸 시는 모두 사람들을 만족시키지 못하고 깊이 논할만한 가치가 없게 되었다. 물론 그러한 시들 가운데에도 어떤 것은 좋고 어떤 것은 나빠 수준이 일률적이진 않으니, 개괄적으로 동등하게 대할 수는 없다.

老蘇自言其初學爲文時, 取『論語』·『孟子』·『韓子』及其他聖賢之文, 而兀然端坐終日, 以讀之者七八年. 方其始也, 入其中而惶然以博, 觀於其外而駭然以驚. 及其久也, 讀之益精, 而其胸中豁然以明, 若人之言固當然者, 然猶未敢自出其言也. 曆時既久, 胸中之言日益多, 不能自制, 試出而書之, 已而再三讀之, 渾渾乎覺其來之易矣.

予謂老蘇, 但爲欲學古人說話聲響, 極爲細事, 乃肯用功如此, 故其所就, 亦非常人所及. 如韓退之·柳子厚輩亦是如此. 其答李翊·韋中立之書, 可見其用力處矣. 然皆只是要作好文章, 令人稱賞而已, 究竟何預已事, 卻用了許多歲月, 費了好多精神, 甚可惜也.

今人說要學道, 乃是天下第一至大至難之事, 卻全然不曾著力. 蓋未有能用旬月功夫熟讀一人書者, 乃至見人泛然發問, 臨時湊合, 不曾舉得一兩行經傳成文, 不曾照得一兩處首尾相貫. 其能言者不過以己私意, 敷演立說, 與聖賢本意, 義理實處, 了無干涉. 何況望其更能反求諸己, 眞實見得, 眞實行得耶! (『晦庵先生朱文公文集』卷74「滄州精舍諭學者」)

소순(蘇洵)이 처음 문장 쓰기를 배울 때에 대해 말했다. 먼저 『논어(論語)』·『맹자(孟子)』·『한비자(韓非子)』 및 다른 성현(聖賢)의 글을 읽었는데, 온종일 바르게 앉아 책 읽기를 7, 8년 간 했다. 처음 시작할 때엔 책을 읽음이 온통 미혹이었고, 생각할 땐 놀라워 두려운 지경이었다. 시간이 흐르자 마음속의 의혹이 모두 풀렸는데, 이에 고인(古人)의 문장은 필시 이처럼 써졌음을 알게 되었다. 이때는 아직 스스로의 관점을 감히 쓸 수 없었다. 다시 읽고 또 읽는 시간을 지내니 마음속의 생각이 갈수록 많아졌다. 더 이상 억제할 수 없을 즈음에 이르러 나의 생각을 써냈다. 그런 다음 다시 그것을 두 번 세 번 읽은 후에 비로소 글을 쓰는 것이 아주 쉬운 일임을 알게 되었다.

나는 소순(蘇洵)이 배운 바가 다만 고인(古人)의 글 쓰는 방식과 풍격 및 언사(言辭)일 뿐이고 그것들은 아주 사소한 것이지만, 그럼에도 불구하고 아주 열심히 노력했기 때문에 그가 이룬 성취는 일반인이 다다를 수 없는 경지라고 생각한다. 한유(韓愈)와 유종원(柳宗元) 역시 마찬가지이다. 그들이 쓴 「답이익서(答李翊書)」와 「답위중립사도서(答韋中立師道書)」를 보면 그들의 노력을 알 수 있다. 하지만 그들이 글을 쓴 목적은 다만 좋은 글을 써서 사람들의 칭찬을 듣는 것일 따름이었다. 자신의 수양과는 아무 상관이 없는데도 많은 시간을 쏟아 붓고 정력을 기울였으니, 실로 안타까울 따름이다.

오늘날 사람들은 도(道)를 배워야 한다고 말하고, 또 도(道)를 배우는 것이 천하의 가장 어려운 일이라고 생각한다. 하지만 노력은 전혀 하지 않는다. 몇 날 되지도 않는 시간이나마 어떤 책을 열심히 읽는 것도 아니면서 생각나는 대로 질문하고 가볍게 대답하는데, 그러면서도 경서(經書) 중의 한 두 구절 격언을 예로 드는 것도 없고 말의 앞뒤가 연결되지도 않는다. 변론을 아주 잘하는 사람 또한 왕왕 개인적인 이해에 근거하여 멋대로 학설을 세우지만, 성현(聖賢)의 본의 및 진리와는 아무 상관이 없다. 그러니 무슨 내면의 진실한 깨달음이 있을 것이며, 밖으로도 어디 진실한 실행이 있겠는가!

蓋天地之間有自然之理: 凡陽必剛, 剛必明, 明則易知; 凡陰必柔, 柔必暗, 暗則難測. 故聖人作『易』, 遂以陽爲君子, 陰爲小人. 其所以通幽明之故, 類萬物之情者, 雖百世不能易也. 予嘗竊推『易』說以觀天下之人. 凡其光明正大, 疏暢洞達, 如青天白日, 如高山大川, 如雷霆之爲威而雨露之爲澤, 如龍虎之爲猛而麟鳳之爲祥, 磊磊落落, 無纖芥可疑者, 必君子也; 而其依阿淟忍, 回互隱伏, 糾結如蛇蚓, 瑣細如蟣蝨, 如鬼域狐蠱, 如盜賊詛祝, 閃倏狡獪, 不可方物者, 必小人也. 君子小人之極既定於內, 則其形於外者, 雖言談擧止之微, 無不發見, 而況於事業文章之際, 尤所謂燦然者. 彼小人者雖曰難知, 而亦豈得而逃哉? 於是又嘗求之古人以驗其說, 則於漢得丞相諸葛忠武侯, 於唐得工部杜先生·尚書顔文忠公·侍郎韓文公, 於本朝得故參知政事范文正公, 此五君子其所遭不同, 所立亦異, 然求其心則皆所謂光明正大·疏暢洞達·磊磊落落而不可掩者也. 其見於功業文章, 下至字畫之微, 蓋可以望之而得其爲人. 求之今人, 則如太子詹事王公龜齡, 其亦庶幾乎此者矣. (『晦庵先生朱文公文集』卷75「玉梅溪文集序」)

천지(天地) 사이에는 자연의 이치가 있다. 대개 양(陽)에 속한 사물은 굳세고, 굳센 사물은 밝으며, 밝은 사물은 이해하기 쉽다. 대개 음(陰)에 속한 사물은 부드럽고, 부드러운 사물은 어두우며, 어두운 사물은 이해하기 어렵다. 그래서 성인(聖人)이 『역경(易經)』을 만들 때, 양(陽)으로 군자(君子)를 삼고 음(陰)으로 소인(小人)을 삼았다. 『역경』은 사물의 은미하고 심오한 원리를 충분히 드러낸 책이기에 만물의 정상(情狀)을 추출하여 기록한 그 이치는 설령 백세(百世)가 지나더라도 고칠 수 없다. 나는 일찍이 『역경』의 이치에 따라 천하의 사람들을 살펴보았는데, 정정당당하며 확 트여서 막힘이 없고 청천백일(青天白日) 같으며 고산대천(高山大川) 같고 준엄한 우레 같으며 촉촉한 비 같고 용맹한 용과 호랑이 같으며 상서로운 기린과 봉황 같고 공명정대하여 한 점 의혹도 만들지 않는 이는 반드시 군자이다. 또 대개 연약하여 끌려 다니고 은미하며 독사나 지렁이처럼 은근하고 벌레처럼 자질구레하며 저승의 여우귀신처럼 음흉하고 도적처럼 악독하며 어물쩍거리면서 교활하기가 이루 다 형용할 길이 없는 사람은 바로 소인이다. 만약 내재적으로 군자인지 소인인지가 이미 정해졌다면, 그것이 설령 아주 작은 언행일지라도 바깥으로 드러나는 행위에 그 각각의 품격이 드러나기 마련이다. 하물며 문장(文章)과 사업(事業)에 어찌 각자의 품행이 드러나지 않을 바가 있겠는가? 비록 어떤 이가 소인인지 규정하기가 어렵다 하지만 이러한 방법을 통한다면 잘 측정할 수 있을 것이다. 그래서 나는 이러한 방법으로 고인을 평가해 보았는데, 궁극적으로 다음 다섯 사람을 추렸다. 한대(漢代)의 승상(丞相) 제갈량(諸葛亮)·당대(唐代)의 공부원외랑(工部員外郞) 두보(杜甫)·당대(唐代)의 상서(尙書) 안진경(顔眞卿)·당대(唐代)의 시랑(侍郞) 한유(韓愈)·송대(宋代)의 참지정사(參知政事) 범중엄(范仲淹)이 그들이다. 비록 이 다섯 군자는 처지가 달랐고 각각의 공업(功業) 또한 같지 않았지만, 그 내면을 살펴보면 그들은 모두 정정당당하고 확 트여서 막힘이 없으며 공명정대하여 한 점 의혹도 없는 군자임을 알 수 있다. 그들이 세운 공업 및 그들이 지은 문장, 그리고 심지어 그들의 글 가운데 보이는 일필(一筆) 일획(一劃)을 통해서 그들의 사람됨을 파악할 수 있다. 지금 그런 사람을 찾자면, 예컨대 태자첨사(太子詹事) 왕십붕(王十朋: 字는 龜齡, 號는 梅溪) 같은 이가 그런 사람일 것이다.

　　蓋屈子者, 窮而呼天·疾痛而呼父母之詞也. 故今所欲取而使繼之者, 必其出於幽憂窮蹙怨慕凄涼之意, 乃爲得其餘韻, 而宏衍巨麗之觀, 歡愉快適之語, 宜不得而與焉! 至論其等, 則又必以無心而冥會者爲貴. 其或有是, 則雖遠且賤, 猶將汲而進之. 一有意於求似, 則雖迫眞如楊·柳, 亦不得已而取之耳. 若其義, 則首篇所著荀卿子之言, 指意深切, 詞調鏗鏘. 君人者, 誠能使人朝夕諷誦, 不離於其側, 如衛武公之抑戒, 則所以入耳而著心者, 豈但廣廈細旃明師勸誦之益而已哉? 此固余之所爲眷眷而不能忘者. 若「高唐」·「神女」·「李姬」·「洛神」之屬, 其詞若不可廢, 而皆棄不錄; 則以義裁之, 而斷其爲禮法之罪人也. (『晦庵先生朱文公文集』卷76「楚詞後語目錄序」)

굴원(屈原)의「초사(楚辭)」는 그가 곤궁하게 되어 하늘에 외친 것이자 비참하고 침통하여 부모에게 호소했을 때의 언사(言辭)이다. 나는 지금 내가 생각하기에「초사」의 풍격을 계승할 만한 작품을 골라「초사」의 뒤에 첨부하였는데, 이 작품들은 모두 그윽하고 슬프고 곤궁하고 급박하고 원망하고 사모하며 쓸쓸한 함의를 내포하고 있어「초사」의 유풍(遺風)을 갖추고 있다. 그런데 어떤 작품들은「초사」의 광활하고 화려한 구조와 유쾌하고 즐거운 언사만을 모방하였으니, 이런 것들은 수록하지 않았다. 후세에「초사」를 모방한 작품의 수준으로 말하면, 무심(無心)으로 모방하여「초사」의 정수를 터득한 작품이 가장 훌륭하다. 만약 그러한 작품이 있다면 설령 그 작가가 이름 없고 오랫동안 알려지지 않았다 할지라도 찾아내고 발굴하여 책 속에 수록하였다. 그런데 어떤 작품은「초사」를 의도적으로 모방하여서「초사」와 아주 비슷하게 만들었는데, 설령 사람들이 마치 백양나무와 버드나무를 혼동하듯 유사해 나를 감동시킬 수는 없지만 부득불 수록하였다. 내가 수록한 첫 번째 작품은 순자(荀子)의「성상(成相)」인데, 의미가 깊고 음조가 낭랑하다. 만약 세상의 군주가 사람으로 하여금 자기 옆에서 매일 이러한 글을 읽게 하기를 마치 위무공(衛武公)이「억(抑)」이라는 시를 창작하여 스스로 경계한 것처럼 하면, 예컨대「성상」이라는 글이 군주의 귀에 전해지고 군주의 마음에 들어가게 되면, 군주가 다만 가늘고 부드러운 양탄자 위에 앉아 대유(大儒)의 강론을 듣는 것보다는 훨씬 더 이로운 점이 많을 것이다. 이 점이 바로 내가 이러한 문장을 뽑아 수록한 목적이다. 「고당부(高唐賦)」·「신녀부(神女賦)」·「이부인가(李夫人歌)」·「낙신부(洛神賦)」 등의 글은 글자의 맛으로만 보면 수록해야만 할 것 같지만, 나는 최종적으로 그것들을 수록하지 않았다. 왜냐하면 글의 의미로 말하자면 이 글들이 말하는 도리가 예법(禮法)에 부합하지 않기 때문이다.

張敬夫嘗言: "平生所見王荊公書, 皆如大忙中寫, 不知公安得有如許忙事." 此雖戱言, 然實切中其病. 今觀此卷, 因省平日得見韓公書跡, 雖與親戚卑幼, 亦皆端嚴謹重, 略與此同, 未嘗一筆作行草勢. 蓋其胸中安靜詳密, 雍容和豫, 故無頃刻忙時, 亦無纖芥忙意, 與荊公之躁擾急迫正相反也. 書札細事, 而於人之德性其相關有如此者. 熹於是竊有警焉, 因識其語於左. (『晦庵先生朱文公文集』卷84『跋韓魏公與歐陽文忠公帖』)

장식(張軾: 字는 敬夫)이 일찍이 말했다. "내가 평생 봐왔던 왕안석(王安石)의 서예는 모두가 마치 총망한 가운데 쓴 것 같았는데, 도대체 그에게 얼마나 바쁜 일이 많이 있었는지 모르겠다." 이 말은 물론 농담이겠지만, 그럼에도 불구하고 왕안석의 서예에 나타난 문제를 잘 말해주고 있다. 지금 나는 한기(韓琦)의 서예를 보고 있는데, 이전에 봤던 한기의 서예와 대조해보니 친척·아랫사람·자식 등 누구에게 보낸 것이든 간에 자체가 모두 장중하고 단정하였다. 내가 지금 보고 있는 이 글씨는 조정의 중신(重臣)인 구양수(歐陽脩)에게 보낸 편지 글씨와 다를 바가 없었으니, 한 글자도 쉬이 갈겨쓴 것이 없었다. 이는 대개 한기의 심흉(心胸)이 안정되고 엄밀하며 또한 의젓하고 너그럽기 때문에, 바빠서 허둥대는 일도 있을 수 없고 또 그러한 마음도 있을 수 없었던 것이다. 이는 왕안석의 조급하고 심란한 심태와 정반대이다. 서신은 아주 사소한 것이지만 사람의 성정(性情)과 품격을 잘 드러내 준다. 나는 이로써 스스로를 경계하여 이 몇 구절 글을 서신의 왼쪽에 써놓는 바이다.

道者文之根本, 文者道之枝葉. 惟其根本乎道, 所以發之於文皆道也. 三代聖賢文章, 皆從此心寫出, 文便是道. 今東坡之言曰: "吾所謂文, 必與道俱." 則是文自文而道自道, 待作文時, 旋去討個道來入放裏面, 此是它大病處. 只是它每常文字華妙包籠將去, 到此不覺漏逗. 說出他本根病痛所以然處, 緣他都是因作文卻漸漸說上道理來, 不是先理會得道理了方作文, 所以大本都差. 歐公之文, 則稍近於道, 不爲空言. 如『唐禮樂志』云: "三代而上, 治出於一; 三代而下, 治出於二."[54] 此等議論極好, 蓋猶知得只是一本. 如東坡之說, 則是二本, 非一本矣. (『朱子語類』卷139)

도(道)는 문장의 근본이고, 문장은 도의 지엽(枝葉)이다. 글을 쓸 때는 오직 도를 근본으로 삼아야만 문장의 곳곳에 도가 다 드러난다. 하상주(夏商周) 삼대(三代) 성현들의 글은 모두 이러한 방식으로 지어졌기에 그들의 문장은 그 자체로 도인 것이다. 지금의 소식(蘇軾)은 이렇게 말한다. "내가 말하는 좋은 문장이란, 필연코 도를 담고 있는 것이다." 이러한 생각에 의하면, 도는 도이고 글은 글이라 양자는 서로 아무 상관이 없는 것이며, 글을 쓸 때에 이르러 급히 도리를 찾아 글 안에 집어넣는 것이 된다. 이 점이 바로 문제의 관건이다. 그저 소식의 글과 단어가 훌륭하기에 이러한 결함이 덮여져 넘어가 사람들이 그 허점을 알지 못할 따름이다. 소식의 문장이 지닌 근본적인 결점은 이렇다. 그는 항상 먼저 문사(文辭)를 다듬은 다음에 천천히 뜻을 그 글 안에 담아내려 하지 마음속에 먼저 뜻이 있은 다음에 글을 통해 그것을 드러내려 하지 않는다. 그래서 그의 글은 근본적으로 틀리게 된다. 구양수(歐陽脩)의 문장은 〈소

---

54. 이 구절은 『신당서(新唐書)·예악지(禮樂志)』에 나온다. 원래의 내용은 이렇다. "由三代而上, 治出於一, 而禮樂達於天下; 由三代而下, 治出於二, 而禮樂爲虛名."

식과 비교하자면) 좀 더 도에 가까우며 빈 말이 없다. 예컨대, 그는 『신당서(新唐書)·예악지(禮樂志)』에서 이런 말을 했다. "하상주 삼대 이전에는 국가를 다스리는 것이 다만 예악(禮樂) 하나로써 가능했다. 그런데 삼대 이후에는 국가를 다스리는데 예악과 법제(法制)의 두 가지가 동시에 필요했다." 이러한 의론(議論)은 아주 뛰어난데, 바로 구양수의 문장엔 도(道)와 문(文)이 통일되어 있음을 말해준다. 반면 소식의 생각에 나타난 도와 문은 두 가지로 분리되어 결코 하나가 될 수 없다.

才卿問: "韓文「李漢序」頭一句甚好." 曰: "公道好, 某看來有病." 陳曰: "文者貫道[55]之器, 且如六經是文, 其中所道皆是這道理, 如何有病?" 曰: "不然, 這文皆是從道中流出, 豈有文反能貫道之理? 文是文, 道是道, 文只如吃飯時下飯耳! 若以文貫道, 卻是把本爲末, 以末爲本, 可乎? 其後作文者皆是如此." 因說蘇文害正道, 甚於老佛. 且如『易』所謂 "利者義之和"[56], 卻解爲義無利則不和, 故必以利濟義, 然後合於人情. 若如此, 非惟失聖言之本旨, 又且陷溺其心. 先生正色曰: "某在當時, 必與他辨." 卻笑曰: "必被他無禮." (『朱子語類』卷139)

진재경(陳才卿)이 물었다. "이한(李漢)의 「창려선생집서(昌黎先生集序)」 중 첫 번째 구(句)는 아주 좋습니다." 주희(朱熹)가 대답했다. "그대는 아주 좋다 생각하는가? 나는 문제가 있다고 본다." 진재경이 말했다. "문장은 도(道)를 담는 그릇입니다. 예컨대 육경(六經)의 글이 말하는 것이 모두 이 이치인데 무슨 문제가 있다는 것입니까?" 주희가 대답했다. "그렇지 않다. 문장이란 것이 모두 도(道)로부터 나오는 것인데 어찌 문장을 도(道)를 담는 그릇이라 말할

---

55. "관도(貫道)": "재도(載道)"와 같은 뜻이다. <문장은> 도를 담는다, 내포한다는 뜻이다.
56. 이 구절은 『역전(易傳)·문언(文言)』에 나온다.

수 있겠는가? 만약 그렇다면 문(文)은 문이고 도(道)는 도일뿐이니 이 둘은 서로 상관이 없게 된다. 글을 쓴다는 것은 마치 식사 때에 이르러 비로소 밥을 짓는 것과 같다. 만약 글로써 도를 담고자 한다면 본말이 전도된 것이다. 말(末)을 본(本)으로 삼으려 한다면 될 일인가? 한유(韓愈) 이후로 글을 쓰는 이들은 모두 이러한 병통으로부터 벗어나지 못하였다." 이어 주희는 또 말했다. 소식(蘇軾)의 문장이 정도(正道)를 해친 것은 불교와 도교보다 더 심하다. 예컨대, 『역경(易經)』에 나오는 "利者義之和"를 소식은 "의(義)에 이로움이 없으면 화합할 수 없다."고 하여 반드시 이로움으로써 인의를 보조해야만 비로소 인정(人情)에 부합하는 것이라 했다. 만약 정말 그렇다면 이는 성인(聖人)이 『역경』을 지은 본지(本旨)를 잃어버린 것일 뿐 아니라 또한 자신의 내면을 나락에 빠트릴 수도 있는 것이다. 여기에 이르러 주희는 아주 엄숙하게 말하였다. "만약 내가 그 현장에 있었다면 나는 필시 소식과 변론을 하였을 것이다." 그런 다음 주희는 또한 웃으면서 말하였다. "소식은 변론을 아주 잘하는 사람이니 나는 분명 그에게 휘둘렸을 것이다."

今人作文, 皆不足爲文, 大抵專務節字, 更易新好生面辭語, 至說義理處, 又不肯分曉. 觀前輩歐·蘇諸公作文, 何嘗如此? 聖人之言, 坦易明白, 因言以明道[57], 正欲使天下後世由此求之; 使聖人立言, 要敎人難曉, 聖人之經定不作矣. 若其義理精奧處, 人所未曉, 自是其所見未到耳, 學者須玩味深思, 久之自可見. 何嘗如今人欲說, 又不敢分曉說, 不知是甚所見, 畢竟是自家所見不明, 所以不敢深言, 且鶻突說在裏. (『朱子語類』 卷139)

오늘날 사람들이 쓴 글은 좋은 문장이라 할 순 없다. 그들은 자구(字句)의

---

[57] "언이명도(言以明道)": "문이재도(文以載道)"나 "문이관도(文以貫道)"와 같은 개념이다. 말이나 글을 통해 도를 드러냄. 혹은 말이나 글은 도를 담아야(드러내야) 함을 말한다.

조탁(彫琢)에 신경 쓰고 곧잘 새롭고 별난 어휘로 글을 장식하는데, 이치를 드러내는 것으로 말하자면 글이 모호하여 명백하지 않다. 앞 세대인 구양수(歐陽脩)나 소식(蘇軾) 등의 문장에 어디 이런 것이 있었던가? 성인(聖人)의 글은 대개 평이하고 뜻이 잘 통하는데, 이는 언사(言辭) 가운데 이치를 기탁하여 후세 사람들로 하여금 그 문장을 통해 대도(大道)를 능히 알 수 있도록 하기 위함이다. 만약 성인으로 하여금 많은 사람들이 어려워 알 수 없도록 글을 짓게 했다면 성인은 아마도 육경(六經)을 짓지 않았을 것이다. 물론 성인의 문장 가운데에도 어떤 것은 이치가 아주 심오한 것이 있어 이해하기 어렵다. 그런데 이는 독자의 견식이 더 높아져야 하는 것으로, 독자가 자세히 음미하여 일정 시간이 지나면 반드시 이해할 수 있다. 그러나 오늘날 사람들의 글은 왕왕 하고 싶은 말이 있으나 명백하게 드러내지 못하여 사람들로 하여금 도대체 무엇을 말하려고 하는지를 알 수 없게 만든다. 이는 사실 자기 스스로가 글 속의 관점을 분명하게 이해하지 못했기 때문에 명확하게 드러내지 못하고 모호하게 덮고 지나가는 것이다.

前輩云: "文字自有穩當底字, 只是始者思之不精." 又曰: "文字自有一個天生成腔子, 古人文字自貼這天生腔子." (『朱子語類』卷139)

전인(前人)이 말하였다. "문장에는 쓰여야 할 곳에 타당한 글자가 있게 마련이다. 〈그런데도 그 글자를 쓰지 못하는 것은〉 처음 문장을 쓰기 시작할 때 생각이 면밀하지 못했기 때문이다. 문장에는 본디 저절로 이루어지는 운치가 있다. 옛사람들의 문장에는 이러한 자연스런 운치가 있다."

國初文章, 皆嚴重老成. 嘗觀嘉祐以前誥詞等, 言語有甚拙者, 而其人才皆是當世有名之士. 蓋其文雖拙, 而其辭謹重, 有欲工而不能之意, 所以風俗渾厚. 至歐公文字, 好底便十分好, 然猶有甚拙底, 未散得他和氣. 到東坡文字, 便已馳騁弋巧了. 及宣政間, 則窮極華麗, 都散了和氣. 所以聖人取先進於禮樂[58], 意思自是如此. (『朱子語類』卷139)

　　송대(宋代) 초기의 글은 모두 진지하고 의젓하였다. 나는 일찍이 가우(嘉祐: 宋 哲宗의 年號) 시기 이전의 정부 문서 글을 본 적이 있는데, 어떤 언사(言辭)는 아주 질박하였으나 글을 지은 이는 모두 당시의 명사(名士)들이었다. 문사(文辭)는 비록 질박하였으나 그 서술이 아주 정중하고 진지하여, 고치려면 훨씬 더 정교하게 해야 해 어디를 손대야 할 지 모를 지경이었다. 〈당시의 문사가 이처럼 질박한 것은〉 바로 그 때의 사회풍속이 아주 순박하고 돈독했기 때문이다. 구양수(歐陽脩)의 문장을 보면, 어떤 글은 아주 섬세하게 잘 써졌지만 어떤 것은 아주 질박하다. 그래서 그의 글에는 여전히 순박하고 온화한 정취가 있는 것이다. 소식(蘇軾)의 글은 날렵하고 불규칙적인 변화가 많을 뿐 아니라 교묘하기까지 하다. 송(宋) 휘종(徽宗)의 선화(宣和)·정화(政和)의 시기에 이르러, 문장이 극히 화려해지면서 순박하고 온화한 맛이 모두 사라졌다. 그래서 공자(孔子)가 "선배들이 예악(禮樂)에 대해서는 야인(野人)이요, 후배들은 예악에 대해서는 군자다. 그런데 내가 만약 예악을 쓰고자 한다면 선배를 좇겠다."라는 구절을 들어, 문질(文質) 가운데 질(質)을 더 중요하게 여긴 뜻이 바로 이와 같다.

---

58. "先進於禮樂": 이 구절은 『논어(論語)·선진(先進)』에 나온다. 원래 구절은 다음과 같다. "先進於禮樂, 野人也. 後進於禮樂, 君子也. 如用之則吾從先進."

12. 육구연(陸九淵)

主於道則欲消而藝亦可進, 主於藝則欲熾而道亡, 藝亦不進. 以道制欲則樂而不厭, 以欲忘道則惑而不樂. (『象山先生全集』卷23 「雜說」)

수도(修道)에 전념하면 욕망이 사라지고 기예(技藝) 또한 나아질 수 있다. 기예에 전념하면 욕망이 살아나 마음속의 도(道)를 잃어버릴 수 있으며 기예 또한 나아지지 않는다. 수도(修道)를 통해 욕망을 제어하면 마음이 흔쾌해지고 짜증이 나지 않는다. 욕망에 사로잡혀 수도를 잊어버리면 마음이 어지러워 즐겁지 않다.

梭山一日對學者言, 曰: "文所以明道, 辭達足矣." 意有所屬也. 先生正色而言曰: "道有變動, 故曰爻; 爻有等, 故曰物; 物相雜, 故曰文; 文不當, 故吉凶生焉.[59] 昔者聖人之作『易』也, 幽贊於神明而生蓍, 參天兩地而倚數, 觀變於陰陽而立卦, 發揮於剛柔而生爻, 和順於道德而理於義, 窮理盡性以至於命,[60] 這方是文. 文不到這裏, 說甚文?" (『象山先生全集』卷34 『語錄上』)

육구소(陸九韶: 호는 梭山이며 陸九淵의 형)가 하루는 학자에게 말했다. "문장(文章)은 도리(道理)를 밝히기 위하는 것이요, 문사(文辭)는 다만 문장을 표현할 수 있기만 하면 그만이다." 어느 정도 맞는 듯하다. 선생〈陸九淵〉이 이를 듣고 정색을 하며 말했다. "〈『역경(易經)』의〉 도리는 변화운동에 있고, 변동(變動)의 정상(情狀)을 나타낸 것이 육효(六爻)이다. 육효에는 각기 상하의 등

---

59. "道有變動, …… 故吉凶生焉": 『역전(易傳)·계사하(繫辭下)』에 나온다.
60. "昔者聖人之作『易』也, …… 窮理盡性以至於命": 『역경(易經)·설괘(說卦)』에 나온다.

급이 있는데, 이를 일러 물상(物象)이라 한다. 음양과 물상이 서로 섞인 것을 문리(文理)라 한다. 문리에는 마땅한 것도 있고 마땅치 않은 것도 있는데, 이 때문에 길흉이 생기는 것이다. 옛날에 성인(聖人)이 『역경(易經)』을 지었을 때, 신명(神明)에게 간구하여 시법(蓍法)을 창제했다. 이로써 천수(天數) 삼(三)과 지수(地數) 량(兩)에 의거하여 음양(陰陽) 강유(剛柔)의 수(數)를 확립하였고, 음양의 변화를 관찰하여 괘(卦)를 세웠으며, 강유를 변동시켜 효(爻)를 만들었다. 도덕에 화순함으로 사물을 조리(調理)하여 그 마땅함을 얻었다. 물리(物理)와 물성(物性)을 지극히 궁구함으로써 천명(天命)을 터득하였다. 이래야만 비로소 문(文)이라 할 수 있다. 만약 문장이 이러한 경지를 쓰지 못한다면 그것은 문장이라 할 수 없다."

『詩·大雅』多是言道,「小雅」多是言事.「大雅」雖是言小事, 亦主於道;「小雅」雖是言大事, 亦主於事. 此所以爲「大雅」·「小雅」之辨. (『象山先生全集』卷34『語錄上』)

『시경(詩經)』 가운데 「대아(大雅)」의 목적은 주로 대도(大道)를 밝히는 것이고, 「소아(小雅)」의 주된 목적은 사정(事情)을 서술하는 것이다. 「대아」에서 언급한 사정은 비록 아주 사소한 것이라 할지라도 모두 대도를 드러낸 것이다. 「소아」에서 언급한 사정은 비록 아주 중대한 것이라 하더라도 대개는 서사(敍事)이다. 이것이 「대아」와 「소아」의 구별이다.

『三百篇』之詩, 有出於婦人女子, 而後世老師宿儒且不能注解得分明. 豈其智有所不若? 只爲當時道行道明. (『象山先生全集』卷35『語錄下』)

『시경(詩經)』 중의 어떤 시(詩)는 여자가 쓴 것이다. 그러나 후세에 『시경』에 주석을 붙인 학자들은 이러한 시들을 제대로 해석하지 못했다. 학자들의 지력

(智力)이 보통 여자만 못해서란 말인가? 사실은 그 여자들이 처했던 시대엔 국가가 창명하여 대도(大道)가 잘 이행되던 시기였고 따라서 그러한 기풍이 시에 스며들어 있었던 것인데, 후대의 학자들은 그러한 시대를 겪어보지 못했기에 그 시의 기풍을 명확히 이해할 수 없었던 탓이다.

棋所以長吾之精神, 瑟所以養吾之德性. 藝卽是道, 道卽是藝, 豈惟二物, 於此可見矣. (『象山先生全集』卷35 『語錄下』)

장기나 바둑을 두는 것은 나의 정신을 향상시킬 수 있으며, 거문고를 타는 것은 나의 덕성을 함양할 수 있다. 예술 행위가 곧 수도(修道)이고 수도가 곧 예술 행위이다. 이로써 보면 예(藝)와 도(道)는 다른 일이 아니라 한 가지임을 알 수 있다.

13. 왕수인(王守仁)

愛問: "先生以博文爲約禮功夫, 深思之, 未能得, 略請開示." 先生曰: "禮字卽是理字, 理之發見可見者謂之文[61], 文之隱微不可見者謂之理. 只是一物. 約禮, 只是要此心純是一個天理. 要此心純是天理, 須就理之發見處用功. ……" (『王文成公全書』 卷1 『語錄·傳習錄上』)

서애(徐愛)가 물었다. "선생님은 글을 넓게 배우는 것이 예(禮)로 단속하는 공부라고 하셨는데, 깊이 생각해도 그 말뜻을 알 수 없습니다. 가르쳐 주십시오." 선생이 답하였다. "예(禮)라는 글자는 곧 이(理)라는 글자이다. 이(理)가 발현하여 볼 수 있는 것을 문(文)이라 하고, 문(文)이 은미하여 보이지 않는 것을 일러 이(理)라고 하니, 이는 다만 하나의 물(物)일 뿐이다. 예(禮)로 단속한다는 것은 다만 이 마음이 순수하게 하나의 천리(天理)이고자 하는 것이다. 이 마음이 순수하게 천리이고자 하면 반드시 이(理)가 발현한 곳에서 공부해야 한다. ……"

古之教者, 教以人倫, 後世記誦詞章之習起, 而先王之教亡. 今教童子, 惟當以孝·弟·忠·信·禮·義·廉·恥爲專務. 其栽培涵養之方, 則宜誘之歌詩, 以發其志意; 導之習禮, 以肅其威儀; 諷之讀書, 以開其知覺. 今人往往以歌詩習禮爲不切時務, 此皆末俗庸鄙之見. 烏足以知古人立教之意哉! 大抵童子之情, 樂嬉遊而憚拘檢, 如草木之始萌芽, 舒暢之則條達, 摧撓之則衰痿. 今教童子, 必使其趨向鼓舞, 中心喜悅, 則其進自不能已. 譬之時雨春風, 霑被卉木, 莫不萌動發越, 自然日長月化; 若冰霜剝落, 則生意蕭索, 日就枯槁矣. 故

---

61. "문(文)": 무늬를 가리키며, 여기서는 몸의 외양과 외관에 나타나는 바를 말한다.

凡誘之歌詩者, 非但發其志意而已, 亦所以洩其跳號呼嘯於詠歌, 宣其幽抑結滯於音節也; 導之習禮者, 非但肅其威儀而已, 亦所以周旋揖讓而動蕩其血脈, 拜起屈伸而固束其筋骸也; 諷之讀書者, 非但開其知覺而已, 亦所以沈潛反復而存其心, 抑揚諷誦以宣其志也. 凡此皆所以順導其志意, 調理其性情, 潛消其鄙吝, 默化其麤頑, 日使之漸於禮義而不苦其難, 入於中和而不知其故. 是蓋先王立教之微意也. (『王文成公全書』卷2 『語錄·傳習錄中』)

옛날의 교육은 인륜(人倫)으로 하였으나, 후세에 암송하여 기억하고 문장을 짓는 풍습이 생겨 선왕(先王)의 가르침이 사라졌다. 지금 어린아이를 가르치는 교육은 다만 효(孝)·제(悌)·충(忠)·신(信)과 예의(禮義)·염치(廉恥)를 가르치는데 힘써야 한다. 그들을 기르고 함양하는 방법은, 곧 시(詩)를 노래하도록 인도하여 그 안에 담긴 뜻을 드러내도록 하고, 예(禮)를 익히도록 인도하여 거기에 위의(威儀)를 엄숙히 하도록 하며, 글을 읽도록 인도하여 지각(知覺)을 개발할 수 있게끔 하는 것이다. 지금 사람들은 시를 노래하고 예를 익히는 것이 현실의 사무를 처리하는데 절실하지 않은 것이라고 하는데, 이는 모두 세속의 비루한 견해이다. 그러니 어찌 옛사람이 가르침을 세운 뜻을 제대로 알 수 있겠는가? 대개 어린아이의 성정(性情)은 놀기를 좋아하고 구속받는 것을 싫어한다. 이는 마치 초목이 처음에 싹을 낼 때 그것을 잘 펼치도록 해 주면 가지가 사방으로 자라지만, 꺾거나 휘어버리면 그냥 시들어버리는 것과 같다. 이제 어린아이를 가르칠 때는 반드시 그 취향을 북돋아주어 마음속으로 기쁨을 느낄 수 있도록 해 주어야 스스로 나아가기를 멈추지 않게 된다. 예를 들자면 이는 때에 맞는 비가 내리고 봄바람이 불어 초목을 적시면 제대로 자라지 않음이 없어 자연스레 날로 성장할 것이지만, 만약 얼음이 얼고 서리가 내리도록 추우면 생기가 위축돼 날로 말라버리는 것과 같다. 그러므로 시를 노래하도록 인도하는 것은, 그 안에 담긴 뜻을 드러내도록 할 뿐 아니라, 그 아이들이 뛰고 소리치며 휘파람부는 것을 노래를 통해 발산토록 하고, 나아가 그들의 답답하고 억눌린 것을 노래의 리듬을 통해 트이게 하기 위함이다. 예를 익히도록 인도하는 것은, 거기에 위의를 엄숙히 드러내게 할 뿐 아니라 예를 행하는 신체 활동을 통해 혈맥을 뛰게 하고 힘줄과 뼈를 튼튼하게 하는 의미도 있는 것이다. 글을 읽도록 인도하는 것은, 어린아이의 지각을 개발하게 할 뿐 아니라 깊이 있게 반복함으로써 마음을 안존케 하고 소리의 높낮이를 두어 낭독함으로써 그 뜻을 트이게 하려는 것이다. 대개 이러한 것들이 그 뜻을 순리대로 인도하고, 그 성정을 바르게 길들이며, 속된 성품을 없애고, 거칠고 고집스러운 것을 은연중에 변화시키는 것이다. 이렇게 하면 점차 예의를 익히더라도 그 어려운 바를 고통스러워하지 않아 중화(中和)에 들어서더라도 왜 그렇게 되었는지 느끼지 못하는 것이다. 이것이 바로 선왕이 가르침을 세운 은미한 뜻이다.

問「志於道」[62]一章. 先生曰: "只志道一句, 便含下面數句功夫, 自住不得. 譬如做此屋, '志於道'是念念要去擇地鳩材, 經營成個區宅; '據德'卻是經畵已成, 有可據矣; '依仁'卻是常常住在區宅內, 更不離去; '遊藝'卻是加些畵采, 美此區宅. 藝者, 義也, 理之所宜者也. 如誦詩·讀書·彈琴·習射之類, 皆所以調習此心, 使之熟於道也. 苟不知道而遊藝, 卻如無狀小子, 不先去置造區宅, 只管要去買畵掛, 做門面, 不知將掛在何處." (『王文成公全書』卷3 『語錄·傳習錄下』)

〈황수이(黃修易)가〉 "도(道)에 뜻을 둔다."는 구절에 대해 물었다. 선생이 답하였다. "'도에 뜻을 둔다.'는 구절은 이미 그 아래 여러 구절의 공부를 담고 있기 때문에 그 절 하나만의 문제가 아니다. 집을 짓는 것으로 비유하면, '도에

---

62. "志於道, 據於德, 依於仁, 遊於藝": 『논어(論語)·술이(述而)』에 나온다.

뜻을 둔다.'는 것은 집터를 정하고 목재를 마련하며 측량하고 터를 닦아 집을 지으려고 생각하는 것이다. 그 다음의 '덕(德)에 의거한다.'는 것은 설계의 청사진이 이미 완성되어 의거할 바가 있는 것이다. 다음의 '인(仁)에 의지한다.'는 것은 이제 집에 거주하면서 떠나지 않는 것이다. 마지막으로 '예(藝)에 노닌다.'는 것은 색채를 더하여 집을 아름답게 꾸미는 것이다. 예(藝)란 의로움이자 그 이치의 마땅한 바이다. 예컨대, 시를 외우고 책을 읽으며 거문고를 타고 활쏘기를 익히는 일들은 모두 마음을 조절하고 익혀 도(道)에 익숙하게 하려는 것이다. 만약 도(道)에 뜻을 두지 않은 채 예(藝)에서 노닌다면, 이는 마치 경우 없는 젊은이가 집은 지으려고도 하지 않고 그저 그림만 사서 걸어 놓고 겉치레만 따지려 드는 격이니, 장차 어디에다 그 그림을 걸어놓을 것인지는 알지 못하는 것이다.

先生曰: "古樂不作久矣! 今之戲子, 尙與古樂意思相近." 未達, 請問. 先生曰: "「韶」之九成, 便是舜的一本戲子, 「武」之九變, 便是武王的一本戲子, 聖人一生實事, 俱播在樂中. 所以有德者聞之, 便知他盡善盡美, 與盡美未盡善處. 若後世作樂, 只是做些詞調, 於民俗風化絶無關涉, 何以化民善俗? 今要民俗反樸還淳, 取今之戲子, 將妖淫詞調俱去了, 只取忠臣孝子故事, 使愚俗百姓, 人人易曉, 無意中感激他良知起來, 卻於風化有益. 然後古樂漸次可復矣." (『王文成公全書』卷3 『語錄·傳習錄下』)

선생이 말했다. "고악(古樂)이 행해지지 않은 지 오래 되었다. 오늘날의 창극(唱劇)이 오히려 고악의 의미와 가깝다." 〈전덕홍(錢德洪)이〉 알아듣지 못하여 물었다. 이에 선생이 답하였다. "「소(韶)」의 9악장(樂章)은 곧 순(舜)임금의 창극이고, 「무(武)」의 9악장은 곧 무왕(武王)의 창극이다. 각기 성인(聖人)이 평생 겪은 일이 모두 음악 속에 표현되어 있다. 그러므로 덕이 있는 자가 그것을 들으면, 곧 순(舜)이 지극히 선하면서 동시에 지극히 아름답다는 점과 무왕이 지극히 아름다우나 지극히 선하지는 않음을 알게 된다. 만약 후세에 음악을 짓는 일이 다만 가사와 가락만을 만드는 것이라면 민속의 교화(敎化)와는 아무런 관계가 없게 되는 것이니, 어떻게 백성을 교화하고 풍속을 바꿀 수 있겠는가? 지금 백성과 풍속을 순박한 데로 돌리고자 한다면 오늘날의 창극에서 취하는데, 그 가운데 요사하고 음란한 가사와 가락을 모두 제거하고 다만 충신·효자의 일만을 취함으로써, 어리석은 백성들로 하여금 사람마다 쉽게 깨닫고 무의식중에 그들의 양지(良志)가 감발될 수 있도록 해야만 풍속의 교화에 도움이 될 것이다. 그런 다음에 고악(古樂)은 점차 회복될 수 있을 것이다.

問: "樂是心之本體, 不知遇大故, 於哀哭時, 此樂還在否?" 先生曰: "須是大哭一番了方樂, 不哭便不樂矣. 雖哭, 此心安處卽是樂也, 本體未嘗有動."(『王文成公全書』卷3『語錄·傳習錄下』)

물었다. "즐거움이 마음의 본체라 하였는데, 부모의 상(喪)을 당해 곡을 하며 슬퍼할 때도 그 즐거움이 있습니까?" 선생이 답하였다. "반드시 크게 통곡을 한 번 해야만 비로소 즐거움이 있게 되니, 통곡을 하지 않으면 즐겁게 되지 않는다. 비록 통곡을 하더라도 그 마음이 편안한 바가 바로 즐거움이다. 본체는 움직인 바가 없다."

先生曰: "你說元聲在何處求?" 對曰: "古人制管侯氣, 恐是求元聲之法." 先生曰: "若要去葭灰黍粒中求元聲, 卻如水底撈月, 如何可得? 元聲只在你心上求." 曰: "心如何求?" 先生曰: "古人爲治, 先養得人心和平, 然後作樂. 比如在此歌詩, 你的心氣和平, 聽者自然悅懌興起, 只此便是元聲之始.『書』云'詩言志', 志便是樂的本;

'歌永言', 歌便是作樂的本; '聲依永'·'律和聲'[63], 律只要和聲, 和聲 便是制律的本, 何嘗求之於外?"(『王文成公全書』卷3『語錄·傳習錄下』)

선생이 말하였다. "그대는 기준음(基準音)을 어디서 구하는지 말해보라."〈전덕홍(錢德洪)이〉대답했다. "아마 옛사람이 율관(律管)을 만들어 절기(節氣)를 헤아린 것이 기준음을 구하는 방법인 듯싶습니다." 선생이 말하였다. "갈대를 태운 재와 기장의 낱알로 기준음을 구하고자 하는 것은 마치 물속에서 달을 떠올리는 것과 같으니, 어떻게 가능하겠는가? 기준음은 오직 그대의 마음 속에서 구해야 한다."〈전덕홍이〉대답했다. "마음에서 어떻게 구합니까?" 선생이 말하였다. "옛사람의 다스림은 우선 사람들의 마음을 화평하게 한 다음 음악을 만들었다. 예컨대, 여기 시를 노래하는데 그대의 심기가 화평하다면 듣는 사람 역시 자연스레 기뻐하여 흥이 이는 것과 같다. 이것이 바로 기준음의 시작인 것이다. 『서경(書經)』에 이르길 '시(詩)는 뜻을 드러내는 것이다.'라고 했는바 뜻이 바로 음악의 근본이며, '노래는 말을 길게 읊는다.'고 했는바 노래가 바로 음악을 짓는 근본이고, '소리는 길게 읊는 것에 의지'하고 '음율(音律)은 소리를 조화시킨다.'고 했는바 음율은 다만 소리를 조화시킬 뿐이니 조화된 소리가 곧 율려(律呂)를 제작하는 근본이다. 그러니 어디 마음 밖에서 그것을 구하겠는가?"

又曰: "目無體, 以萬物之色爲體; 耳無體, 以萬物之聲爲體; 鼻無體, 以萬物之臭爲體; 口無體, 以萬物之味爲體; 心無體, 以天地萬物感應之是非爲體."(『王文成公全書』卷3『語錄·傳習錄下』)

또 말하였다. "눈에는 본체가 없으니 만물의 색채를 본체로 삼는다. 귀에는

---

63. "詩言志, 歌永言, 聲依永, 律和聲": 『서경(書經)·순전(舜典)』에 나온다.

본체가 없으니 만물의 소리를 본체로 삼는다. 코에는 본체가 없으니 만물의 냄새를 본체로 삼는다. 입에는 본체가 없으니 만물의 맛을 본체로 삼는다. 마음에는 본체가 없으니 천지만물이 감응한 시비(是非)를 본체로 삼는다."

黃以方問: "'博學於文'[64]爲隨事學存此天理, 然則謂'行有餘力, 則以學文'[65], 其說似不相合." 先生曰: "『詩』·『書』·六藝, 皆是天理之發見, 文字都包在其中. 考之『詩』·『書』·六藝, 皆所以學存此天理也, 不特發見於事爲者方爲文耳. 餘力學文, 亦只博學於文中事."(『王文成公全書』卷3『語錄·傳習錄下』)

황이방(黃以方)이 물었다. "'글에서 널리 배운다.'라고 하는 것이 일에 따라 천리(天理)를 보존함을 배우는 것이라 한다면, 이는 이른바 '행하고도 여력(餘力)이 있거든 곧 글을 배우라.'고 말하는 것과 서로 부합하지 않는 듯싶습니다." 선생이 말하였다. "『시경(詩經)』·『서경(書經)』·육예(六藝) 등은 모두 천리가 발현한 것이다. 문자는 모두 그 속에 포함되어 있다. 『시경』·『서경』·육예 등을 고구(考究)하는 것은 곧 이 천리를 보존하는 것을 배우는 바이지 딱히 일에서 발현한 것만을 글이라 하는 것은 아니다. 여력이 있으면 글을 배우라는 것도 역시 글 속의 일을 널리 배우라는 뜻일 따름이다."

先生遊南鎭, 一友指巖中花樹問曰: "天下無心外之物, 如此花樹, 在深山中自開自落, 於我心亦何相關?" 先生曰: "你未看此花時, 此花與汝心同歸於寂, 你來看此花時, 則此花顏色一時明白起來, 便知此花不在你的心外."(『王文成公全書』卷3『語錄·傳習錄下』)

---

64. 『논어(論語)·옹야(雍也)』에 나온다.
65. 『논어(論語)·학이(學而)』에 나온다.

선생이 남진(南鎭)을 유력(遊歷)할 때 한 친구가 바위 속의 꽃나무를 가리키며 물었다. "선생께서는 천하에 마음 밖의 물(物)이 없다고 했는데, 이 꽃나무처럼 깊은 산속에서 저절로 피었다 지는 것이 내 마음과 무슨 관계가 있습니까?" 선생이 답하였다. "그대가 아직 이 꽃을 보지 않았을 때는 이 꽃과 그대의 마음은 함께 적막함으로 돌아간다. 그러나 그대가 이 꽃을 보았을 때 이 꽃의 색깔은 단번에 분명히 드러난다. 그러니 이 꽃이 그대의 마음 밖에 있지 않음을 알 수 있다."

文也者, 禮之見於外者也; 禮也者, 文之存於中者也. 文顯而可見之禮也, 禮微而難見之文也. 是所謂體用一源, 而顯微無間[66]者也. (『王文成公全書』卷7『文錄·博約說』)

문(文)이라는 것은 예(禮)가 밖으로 드러난 것이다. 예(禮)라는 것은 문(文)이 그 안에 있는 것이다. 문(文)이 드러나면 그 예(禮)를 볼 수 있고, 예(禮)가 은미하면 그 문(文)을 보기가 어렵다. 이것이 이른바 체용(體用)은 같은 근원이고 드러남과 은미함에는 사이가 없다고 하는 것이다.

學弈則謂之學, 學文詞則謂之學, 學道則謂之學, 然而其歸遠也. 道, 大路也, 外是荊棘之蹊, 鮮克達矣. 是故專於道, 斯謂之專; 精於道, 斯謂之精. 專於弈, 而不專於道, 其專溺也; 精於文詞, 而不精於道, 其精辟也. 夫道廣矣, 大矣, 文詞技能, 於是乎出, 而以文詞技能爲者, 去道遠矣. (『王文成公全書』卷7『文錄·送宗伯喬白岩序』)

바둑을 배우는 것도 배움이라 하고, 문사(文詞)를 배우는 것도 배움이라 하

---

66. "현미무간(顯微無間)": 드러남과 은미함에는 사이가 없음을 말한다. 예컨대, 문(文)은 예(禮)가 밖으로 드러난 것이고 예(禮)는 문(文)이 그 안에 있는 것인데, 문(文)이 드러나야 그 예(禮)를 볼 수 있고 예(禮)가 은미하면 그 문(文)을 보기가 어렵다는 것이다.

며, 도(道)를 배우는 것도 배움이라 한다. 그러나 그 귀결점은 아주 다르다. 도(道)는 대로(大路)이다. 고난의 과정을 통과하지 않으면 도달하기 어렵다. 그래서 오로지 도(道)로 나아간다는 말에서 '오로지'라는 말을 쓰는 것이며, 도(道)로 면밀하게 나아간다는 말에서 '면밀히'라는 말을 쓰는 것이다. 바둑에 전념하는 것은 도(道)에 전념하는 것이 아니라 빠지는 것이다. 문사에 정진하는 것은 도(道)에 정진하는 것이 아니라 빠지는 것이다. 도(道)는 넓고 큰 것이며, 문사의 기능은 거기서 나오는 것이다. 그러나 문사의 기능으로만 하려는 것은 도(道)로부터 멀리 벗어나는 것이다.

『六經』者非他, 吾心之常道也. 是故『易』也者, 志吾心之陰陽消息[67]者也;『書』也者, 志吾心之紀綱政事者也;『詩』也者, 志吾心之歌詠性情者也;『禮』也者, 志吾心之條理節文者也;『樂』也者, 志吾心之欣喜和平者也;『春秋』也者, 志吾心之誠僞邪正者也. (『王文成公全書』卷7『文錄·稽山書院尊經閣記』)

『육경(六經)』이란 다른 것이 아니라 내 마음의 상도(常道)이다. 그러므로 『역경(易經)』은 내 마음의 음양(陰陽)과 소식(消息)을 기록한 것이고, 『서경(書經)』은 내 마음의 기강(紀綱)과 정사(政事)를 기록한 것이며, 『시경(詩經)』은 내 마음의 가영(歌詠)과 성정(性情)을 기록한 것이고, 『예기(禮記)』는 내 마음의 조리(調理)와 절문(節文)을 기록한 것이며, 『악기(樂記)』는 내 마음의 기쁨과 화평(和平)을 기록한 것이고, 『춘추(春秋)』는 내 마음의 성위(誠僞)와 사정(邪正)을 기록한 것이다.

---

67. "소식(消息)": 줄어드는 것을 소(消)라 하고, 늘어나는 것을 식(息)이라 한다. 따라서 소식(消息)은 증감(增減) 혹은 성쇠(盛衰)와 같은 말이다. 이로부터 확장되어 소식(消息)은 예술의 변화규율을 말하게 되었다.

14. 황종희(黃宗羲)

澤望之爲詩文, 高厲遐淸, 其在於山, 則鐵壁鬼谷也; 其在於水, 則瀑布亂礁也; 其在於聲, 則猿吟而鸛鶴欸且笑也; 其在平原曠野, 則蓬斷草枯之戰場, 狐鳴鴟嘯之蕪城荒殿也; 其在於樂, 則變徵而絶弦也. 蓋其爲人, 勁直而不能屈己, 淸剛而不能善世. 介特寡徒, 古之所謂隘人也. 隘則胸不容物, 並不能自容. 其以孤憤絶人, 徬徨痛哭於山巓水漈之際; 此耿耿者終不能下, 至於鼓脹而卒, 宜矣! 獨怪古之爲文章者, 及其身而顯於世者無論矣. 卽或憔悴終生, 其篇章未有不流傳身後, 亦是榮辱屈伸之相折. 澤望死十二年矣, 所有篇章, 亦與其骨俱委於草莽, 無敢有明其書者. 蓋驚世駭俗之言, 非今之地上所宜有也. 蘇子瞻所謂"能折困其身而不能屈其言"者, 至澤望而又爲文人之一變焉.

雖然, 澤望之文, 可以棄之使其不顯於天下, 終不可滅之使其不留於天地. 其文蓋天地之陽氣也. 陽氣在下, 重陰錮之, 則擊而爲雷; 陰氣在下, 重陽包之, 則搏而爲風. 商之亡也, 「采薇」之歌, 非陽氣乎? 然武王之世, 陽明之世也. 以陽遇陽, 則不能爲雷. 宋之亡也, 謝皋羽·方韶卿·龔聖予之文, 陽氣也, 其時遁於黃鍾之管, 微不能吹纊轉雞毛, 未百年而發爲迅雷. 元之亡也, 有席帽, 九靈之文, 陰氣也, 包以開國之重陽, 蓬蓬然起於大隧, 風落山爲蠱, 未幾而散矣. 今澤望之文, 亦陽氣也, 然視葭灰, 不啻千鈞之壓也. 錮而不出, 豈若劉蛻之文塚, 腐爲壚壤, 蒸爲芝菌. 文人之文而已乎. (『南雷文約』卷4「縮齋文集序」)

황종회(黃宗會: 자는 澤望)의 시문(詩文)은 고고(孤高)하면서 맹렬하고 고원(高遠)하면서 청아(淸雅)하다. 산으로 비유하자면 마치 철처럼 까맣고 단단한 절벽이나 이상야릇한 골짜기 같다. 물로 비유하자면, 마치 내리 꽂히는 폭포나 곳곳에 숨겨진 암초 같다. 소리로 비유하자면, 마치 원숭이의 애절한 울음소리나 두루미의 목이 잠긴 울음소리 같다. 평원으로 비유하자면, 마치 온 벌판에 잡초만 가득한 전쟁터나 여우와 솔개의 울음소리만 들리는 고성(古城)의 황량한 폐허 같다. 음악으로 비유하자면, 마치 처량하고 비통한 변치(變徵)의 음이나 높고 처연하여 줄이 끊어진 거문고 소리 같다. 황종회의 사람됨은 강직하여 굽히지 않으며 맑고 굳세 세속(世俗)과 부화(附和)하지 않으니, 홀로 우뚝 선 것이 바로 고인(古人)이 말한 바의 '꼿꼿하고 곧아 조금의 더러움도 용납하지 못하는 사람' 같다. 사람됨이 이러하니 가슴속에 다른 속물을 받아들이지 못하며, 심지어 어떨 때는 자기 자신조차도 용납하지 않는다. 그는 가슴속에 한가득 분노를 품고 홀로 존재한다. 높은 산 위와 깊은 물가를 방황하며 통곡하나 분노의 정(情)은 오히려 시종 없어지지 않다가, 마침내 분(憤)을 품고 죽었다. 나는 고인(古人)의 문장에 대해 의아하게 생각하는 바가 있는데, 대개 작가 생전에 존귀하던 문장은 후세에 전해지지 않고, 작가 생전에 초라하던 문장은 오히려 사후에 널리 전해진다. 문장에 대한 대우와 인생의 환경은 전혀 일치하지 않는다. 이것은 대개 사람들의 절충인 듯싶다. 황종회가 세상을 떠난 지 이미 12년이다. 그러나 그의 문장 또한 그의 몸과 함께 황토에 매몰되어 있다. 아무도 광명정대하게 읽으려 하지 않는데, 이는 그의 문장에 세상 사람들을 깜짝 놀라게 할 내용이 가득하기 때문이니 지금 사람들이 과감하게 받아들일 수 있는 것은 아니다. 그는 소식(蘇軾)이 말한 것처럼 "그의 몸을 곤궁하게 할 수는 있어도 그의 말을 굴복시킬 수는 없다." 황종회에게서 문인의 풍모는 또 한 번 변화가 일어났다.

    설령 그렇다 해도 황종회의 문장은 통치자에 의해 금지됨으로써 천하 사람들은 광명정대하게 읽을 수 없었다. 그럼에도 불구하고 철저하게 소멸시켜 이 세상에 존재하지 못하게 할 수는 없었다. 그의 문장은 천지간의 양기(陽氣)를 머금고 있다. 단약 양기가 아래에 있게 되면 음기(陰氣)는 위에서 양기를 제어한다. 그러면 양기는 마치 우레와 번개처럼 음기와 들이받는다. 만약 음기가 아래에 있으면 양기는 층층이 음기를 둘러싸는데, 그러면 양기는 마치 바람처럼 음기를 세차게 들이받는다. 상대(商代)가 멸망했을 때 백이(伯夷)·숙제(叔齊)의 「채미(采薇)」 노래가 나왔는데, 이것이 양기가 아니란 말인가? 그러나 백이·숙제는 주(周) 무왕(武王)의 시대에 살았는데, 이 시대는 광명정대한 시기로 양기가 양기를 만났기에 자연히 우레와 같은 격렬한 성조가 나올 도리가 없었다. 남송(南宋)이 망했을 때, 사고(謝翺: 자는 皋羽)·방봉(方鳳: 자는 韶卿)·공개(龔開: 자는 聖予) 등의 문장 또한 양기가 충만했다. 남송시기에는 통치자들이 부드럽고 여린 음악소리에 빠졌는데, 유약하기가 가벼운 솜도 불 수 없고 닭털 하나도 돌릴 수가 없는 지경이었다. 백년이 안 돼 남송이 망하자, 문장엔 갑자기 우레와 번개 같은 신속하고 세찬 성조가 나타났다. 원대(元代)가 망할 때 왕봉(王逢: 호는 席帽山人)·대량(戴良: 호는 九靈山人)의 문장엔 음기가 가득 찼는데, 명대(明代)의 겹겹의 양기에 의해 둘러싸인 것이 마치 바람이 큰 동굴로부터 세게 일어나 산 위의 부패한 사물을 불어버리니 그 사물들이 얼른 흩어져 버리는 것과 같았다. 지금 황종회의 문장은 양기이다. 그러나 오히려 갈대 잿더미처럼 청대(淸代) 통치자에게 겹겹이 눌려 전파될 수 없으니, 어떻게 하면 유태(劉蛻)와 같은 보통 문인의 작품처럼 문총(文塚) 안에 묻히고, 나중에 황토(黃土)로 바뀐 후 영지버섯으로 변할 수 있을 것인가! 진정 문인의 문장일 따름이다.

夫文章, 天地之元氣也. 元氣之在平時, 昆侖旁薄, 和聲順氣, 發自廊廟, 而鬱浹於幽遐, 無所見奇. 逮夫厄危時, 天地閉塞, 元氣鼓蕩而出, 擁勇鬱遏, 坌憤激訐, 而後至文生焉. 故文章之盛, 莫盛於亡宋之日, 而皋羽其尤也. 然而世之知之者鮮矣. (『南雷文約』卷4

「謝皐羽年譜遊錄注序」)

　　문장은 천지의 원기(元氣)이다. 이 원기는 태평시대에는 끝없이 드넓게 사방으로 퍼져 조화로우며, 묘당(廟堂)으로부터 퍼져 나와 그윽하고 아득하게 지방으로 확산되는 데 아무 기이할 것이 없다. 이 원기는 혼란의 시대에는 천지가 꽉 막혀 통하지 않으니 크게 충돌하여 기세가 용맹하고 격렬하며 또한 급박한데, 이렇게 생겨난 문장이어야 비로소 절묘한 것이다. 문장이 가장 좋은 것은 송대(宋代) 말년이다. 사고(謝翺: 자는 皐羽)의 문장은 특히 훌륭하나, 세상에 알아보는 사람이 아주 적다.

　　詩以道性情, 夫人而能言之. 然自古以來, 詩之美者多矣, 而知性者何其少也. 蓋有一時之性情, 有萬古之性情. 夫吳歈越唱, 怨女逐臣, 觸景感物, 言乎其所不得不言, 此一時之性情也. 孔子刪之, 以合乎興·觀·群·怨·思無邪之旨, 此萬古之性情也. 吾人誦法孔子, 苟言其詩, 亦必當以孔子之性情爲性情. 如徒逐逐於怨女逐臣, 逮其天機之自露, 則一偏一曲, 其爲性情亦末矣. 故言詩者不可以不知性. 夫性豈易知乎? 先儒之言性者, 大略以鏡爲喩, 百色妖露, 鏡體澄然, 其澄然不動者爲性. 此以空寂言性. 而吾人應物處事, 如此則安, 不如此則不安. 若是乎有物於中, 此安不安之處, 乃是性也. 鏡是無情之物, 不可爲喩. 又以人物同出一原, 天之生物有參差, 則惡亦不可不謂之性, 遂以疑物者疑及於人. 夫人與萬物並立於天地, 亦與萬物各受一性. 如薑桂之性辛, 稼穡之性甘, 鳥之性飛, 獸之性走, 或寒或熱, 或有毒無毒, 古今之言性者, 未有及於本草者也. 故萬物有萬性, 類同則性同. 人之性則爲不忍, 亦猶萬物所賦之專一也. 物尚不與物同, 而況同人於物乎? 程子言"性卽理也", 差爲近之. 然當其澄然在中, 滿腔子皆惻隱之心, 無有條理可見, 感之而爲四端, 方可言理. 理卽"率性之爲道也", 寧可竟指道爲性乎? 晦翁 以爲天以陰陽五行化生萬物, 而理亦賦焉, 亦是兼人物而言. 夫使 物而率其其性, 則爲觸·爲螯·爲蠢·爲婪, 萬有不齊, 亦可謂之道乎? 故 自性說不明, 後之爲詩者, 不過一人偶露之性情. 彼知性者, 則吳· 楚之色澤, 中原之風骨, 燕·趙之悲歌慷慨, 盈天地間, 皆惻隱之流 動也, 而況於所自作之詩乎! 秣陵馬雪航介余族象一請序其詩. 余 讀之, 淸裁駿發, 牘映篇流, 不爲雅而爲風. 余從象一得其爲人, 以 心之安不安者定其出處, 其得於性情者深矣. 如則宋景濂之五美, 又何必拘拘而擬之也. (『南雷文約』卷4「馬雪航詩序」)

　시라는 것은 성정(性情)을 나타내는 것이다. 사람은 누구나 이러한 이치를 말할 수 있다. 예부터 지금까지 좋은 시를 쓴 사람은 많다. 그러나 성정(性情)에서의 '성(性)'을 아는 자는 아주 적다. 일시적으로 나타나는 성정이 있고, 만고불변의 성정이 있다. 오(吳) 지역이나 월(越) 지역의 노래는 원통한 여자나 쫓겨난 신하가 눈앞의 경물(景物)에 감촉하여 어쩔 수 없이 쓴 것인데, 이것이 일시적인 성정이다. 공자가『시경(詩經)』을 정리한 것은 시를 흥(興)·관(觀)·군(群)·원(怨)과 사무사(思無邪)의 기준에 부합시킨 것인데, 이것이 만고불변의 성정이다. 우리가 공자를 본받아 시를 논할 때는 또한 공자의 성정으로 시의 성정을 평론해야 한다. 만약 원통한 여자나 쫓겨난 신하의 정감에 빠져 스스로의 정감이 드러나기를 기다린다면, 자신이 지닌 것 또한 그러한 편견과 왜곡이며 일시적인 성정에 머무르고 있음을 발견할 것이다. 따라서 시를 논할 땐 '성(性)'을 알지 않으면 안 된다. 그러나 성(性)이라는 것이 어찌 쉽게 이해되겠는가? 선유(先儒)들이 성(性)을 논할 때, 대개 거울에 비유했다. 여러 가지 형상이 거울에 비춰지지만, 거울 자체는 영원히 맑다. 이처럼 변하지 않는 맑음이 바로 성(性)이다. 이러한 비유는 공적(空寂)이라는 측면에서 성(性)을 논한 것이다. 거울은 무정(無情)한 사물이니 사실 우리의 성(性)과 비유할 수 없다. 또 어떤 이들은 이렇게 생각한다. 사람과 만물의 본원은 동일하다. 천하 만물은 서로 섞여 좋은 것도 있게 되고 나쁜 것도 있게 되는데, 여기서 좋은 것은 성(性)이나 나쁜 것 또한 성(性)이 아니라고 말할 수 없다. 그래서 만물의 성(性)에 대한 이해를 사람에게 옮긴 것이다. 사실 사람과 만물은 함께 천지 사이에서 생장하고, 천지간으로부터 각자 자기에게 속한 성(性)을 취한다. 예컨대, 생강이나 계피의 성(性)은 맵고, 농작물의 성(性)은 달며, 나는 새의 성(性)은 날 수 있는 것이고, 짐승의 성(性)은 잘 걷는 것이며, 어떤 사물의 성(性)은 춥고, 어떤 사물의 성(性)은 더우며, 어떤 사물의 본성엔 독이 있고, 어떤 사물의 본성엔 독이 없다. 예부터 지금까지의 성(性)에 대한 담론 가운데 내가 지금 말한 것과 같이 초목을 거론한 적은 없었다. 이러한 예를 통해서 일만 가지의 사물에는 일만 가지의 성(性)이 있으며, 만약 종류가 같다면 성(性) 또한 같음을 알 수 있다. 사람의 성(性)엔 정(情)이 있는데, 마치 만물이 품부한 전일(專一)과 같다. 물(物)과 물(物)의 성(性)이 같지 않다면 사람과 만물의 성(性)이 어떻게 같을 수 있겠는가? 정자(程子)는 "성(性)이 곧 리(理)다."라고 했는데, 이 말은 정확한 것 같다. 그러나 내심(內心)이 거울처럼 맑다고 했을 때, 그 전제는 마음속에 정감이 충만하고 조리(條理)에 따르지 않는다는 것이다. 이럴 때에야 비로소 리(理)를 논할 수 있다. 리(理)는 성정을 따라 이루어진 도(道)이지, 도(道)가 바로 성(性)이겠는가? 주희(朱熹)는 천지가 음양오행을 통해 만물을 화육(化育)하는데, 리(理)가 그 안에 있다고 생각했다. 이것은 바로 사람과 만물을 동등하게 본 것이다. 만약 만물이 그저 자신의 본성을 따르는 것이라고 하면, 성(性)은 곧 달라붙고 물어뜯으며 우둔하고 탐욕스러워 각기 다를 것이니, 어찌 그것을 도(道)라 할 수 있단 말인가? 성(性)에 대한 이해가 명확하지 않기 때문에, 후세에 시를 쓰는 사람들이 시에 오직 개인의 일시적 성정만을 드러낸 것이다. 그러나 성(性)을 이해한 사람은 오(吳)·초(楚) 지역의 그윽한 아름다움과 중원(中原) 지역의 늠름한 풍골(風骨)과 연

(燕)·조(趙) 지역의 비분강개를 모두 구비하였으므로, 천지 사이의 충만한 것이 그들의 마음속에 흘러들어간 것이다. 그러니 그가 지은 시는 어떻겠는가? 말릉(秣陵)의 마설항(馬雪航)이 나의 집안사람인 상일(象一)을 통해 내게 그의 시에 대한 서문을 써 달라 하여 그의 시를 읽어 보았는데, 청신(淸新)하고 호방하며 풍아(風雅)의 전통을 갖추었다. 내 또한 상일로부터 그의 사람됨을 파악했는데, 그는 아주 돈독하고 진실한 성정을 가지고 있다. 명초(明初) 송렴(宋濂: 자는 景濂)이 말한 오미(五美)를 잘 본받았는데, 다시 모방할 것이 무엇이겠는가?

古人不言詩而有詩, 今人多言詩而無詩. 其故何也? 其所求之者非也. 上者求之於景, 其次求之於古, 又其次求之於好尚. 以花鳥爲骨, 煙月爲精神, 詩思得之壩橋驢背, 此求之於景者也. 贈別必欲如蘇·李, 酬答必欲如元·白, 遊山必欲如謝, 飮酒必欲如陶, 憂悲必欲如杜, 閑適必欲如李, 此求之於古者也. 世以開元·大歷之格繩作者, 則迎之而爲浮響; 世以公安, 竟陵爲解脫, 則迎之而爲率易·爲渾淪, 此求之於一時之好尚者也. 夫以己之性情, 顧使之耳目口鼻皆非我有, 徒爲殉物之具, 寧復有詩乎! 吾友金介山之詩, 淸泠竟體, 姿韻欲絶, 如毛嬙·西施淨洗腳面, 與天下婦人鬪好, 一擧一動, 無非詩景詩情, 從何處容其模擬? 讀之者知其爲介山之人, 知其爲介山之詩而已. 昔人不欲作唐以後一語, 吾謂介山直不欲作明以前一語也. 故介山胸口所欲豎之語, 無有不盡, 不以博溫柔敦厚之名, 而蘄世人之好也. 雖然, 介山其亦何能盡乎? 雷霆焚槐, 天地大祓, 萬物之摧拉搖蕩者, 蓼蓼而爲窮苦愁怨之聲, 不啻風泉之滿聽矣. 介山能無動乎? 將一一寫之以爲變風, 無有也. 且不特介山, 古之能自盡其情者, 莫如淵明, 然而「述酒」等作, 未嘗不爲廋辭矣, 此亦溫柔敦厚之教, 見于詩外者也. (『南雷文約』卷4「金介山詩序」)

　　고인(古人)은 별로 시를 연구하지도 않았으나 좋은 시를 많이 썼다. 지금 사람들은 시를 평론하기 좋아하나 써낸 시는 보통이다. 무슨 이유인가? 이는 오늘날 사람들이 시를 쓸 때 차용하는 사물이 부정확하기 때문이다. 오늘날에는 가장 최상의 방법이 경물(景物)을 차용하는 것이고, 중간의 방법은 고인(古人)을 차용하는 것이며, 최하의 방법은 세상의 풍속과 분위기를 차용하는 것이다. 화조(花鳥)를 시의 근간으로 삼고, 연월(烟月)로 시의 風貌를 삼으며, 패교(灞橋)에서의 나귀 등에 올라타 영감을 찾는다. 이것은 경물을 차용하여 시를 쓰는 것이다. 송별시를 쓸 때 소무(蘇武)와 이릉(李陵)처럼 하고, 서로 화답하는 시를 쓸 때는 원진(元稹)과 백거이(白居易)처럼 하며, 산을 유람하는 시를 쓸 때는 사령운(謝靈運)처럼 하고, 음주시를 쓸 때는 도잠(陶潛)처럼 하며, 비애를 나타내는 시를 쓸 때는 두보(杜甫)처럼 하고, 한적하게 유유자적하는 시를 쓸 때는 이백(李白)처럼 한다. 이것은 고인을 차용하여 시를 쓰는 것이다. 세상 사람들은 개원(開元)·대력(大曆) 시기 시의 격조를 창작의 기준으로 삼고 그러한 분위기에 영합하니 시의 성조가 진지하지 못하다. 또 세상 사람들은 공안(公安)·경릉(竟陵) 두 파의 시학(詩學) 이론을 들어 곧이곧대로 좇으니 시가 경솔하고 조잡하다. 이것은 바로 세상의 풍속과 분위기를 차용하여 시를 쓰는 것이다. 만약 자기의 성정이 매몰되면, 귀·눈·입·코는 모두 자기에게 속한 것이 아니라 경물·고인(古人)·세상의 풍속과 분위기의 도구가 된다. 이럴 때 시를 쓰니 무슨 좋은 시가 나오겠는가? 내 친구 금개산(金介山)의 시는 풍치(風致)가 맑고 상쾌하며 신운(神韻)이 세속에 물들지 않으니, 마치 모장(毛嬙)과 서시(西施)가 깨끗하게 씻은 얼굴로 화장을 하지 않아도 세상의 여자들과 아름다움을 겨루며 거동이 자연스러운 것과 같다. 이러한 시는 구절 하나하나마다 모두 농후한 시정(詩情)을 담고 있으니, 이 어찌 모방해서 써 낼 수 있단 말인가? 개산의 시를 읽으면 그의 사람됨을 알 수 있고, 또한 개

산만이 이러한 시를 쓸 수 있음을 알게 된다. 옛사람은 당(唐) 이전의 시는 본받을 수 없다고 했는데, 나는 개산이 명(明) 이전의 모든 시를 본받기 원치 않았다고 생각한다. 개산은 마음속이 말하고자 한 것을 써내지 않은 것이 없다. 그의 창작은 '온유돈후(溫柔敦厚)'라는 시명(詩名)을 얻고자 한 것도 아니고, 또한 세상 사람들이 좋아하는 바에 영합하고자 한 것도 아니다. 물론 개산의 시는 그 풍격을 완전히 개괄할 수 있는 그런 것은 아니다. 그의 모든 시가 마치 산 속의 바람소리나 물소리처럼 맑고 상쾌하지는 않다. 우레가 치고, 나무들이 불타며, 천지가 놀라고, 만물이 전율하며, 장풍(長風)이 몰아치고, 처절하게 울부짖는 소리가 나는데, 이러한 광경을 보고 개산이 마음속에 아무 느낌이 없었겠는가? 그는 이러한 내용을 시 안에 함축시켰는데, 이는 마치 『시경(詩經)』 중의 변풍(變風)과 같다. 개산 뿐 아니라, 예부터 지금까지 시에 자기의 정감을 가장 진지하게 드러낸 이로는 도잠을 들 수 있다. 그러나 도잠의 「술주(述酒)」 등의 시는 너무 완곡하게 쓰였다. 이는 시 밖에 온유돈후를 표현한 것이다.

夫其人不能及於前代, 而其文反能過於前代者, 良由不名一轍, 唯視其一往深情, 從而捃摭之. 巨家鴻筆, 以浮淺受黜, 稀名短句, 以幽遠見收. 今古之情無盡, 而一人之情有至有不至. 凡情之至者, 其文未有不至者也, 則天地間街談巷語·邪語呻吟, 無一非文, 而遊女田夫·波臣戌客, 無一非文人也. (『南雷文約』卷4「明文案序上」)

어떤 이의 인품(人品)은 전대(前代)의 성현(聖賢)만 못하나, 시문(詩文)은 오히려 그들보다 낫다. 이는 사람들의 추구하는 바가 서로 다를지라도 정감이 진지하다면 그 시문은 취할 바가 있기 때문이다. 명가(名家)의 대작은 가끔 너무 공허하여 사람들의 질책을 받는다. 그저 그런 인물의 작은 작품은 대개 정회(情懷)가 그윽하고 아득하여 사람들이 좋아하고 잘 간직한다. 예부터 지금까지 세상의 정감은 영원히 마르지 않았는데, 세상 사람들의 정감은 둘로 나눌 수 있다. 하나는 돈독한 것이고, 다른 하나는 천박한 것이다. 대개 정감이 아주 돈독하면 그의 문장 또한 필시 훌륭할 것이다. 이렇게 보면, 민간의 말과 의론(議論) 및 대중의 기쁨과 슬픔은 모두 문장이라 불릴 수 있다. 그리고 여자·농부·쫓겨난 신하·출정하는 사내 등은 모두 문인이라 칭할 수 있다.

情者, 可以貫金石·動鬼神. 古之人, 情與物相遊而不能相舍. 不但忠臣之事其君·孝子之事其親·思婦勞人結不可解, 卽風雲月露草木蟲魚, 無一非眞意之流通, 故無溢言曼辭以入章句, 無謟笑柔色以資應酬. 唯其有之, 是以似之. 今人亦何情之有, 情隨事轉, 事因世變, 幹啼濕哭, 總爲膚受, 卽其父母兄弟, 亦若敗梗飛絮, 適相遭於江湖之上. 勞苦倦極, 未嘗不呼天也, 疾痛慘恒, 未嘗不呼父母也, 然而習心幻結, 俄頃銷亡, 其發於心著於聲音, 未可便謂之情也. 由此論之, 今人之詩非不出於性情也, 以無性情之可出也. (『南雷文案』卷1「黃孚先詩序」)

정(情)이란 것은 금석도 꿰뚫고 귀신도 움직일 수 있다. 옛 사람에겐 정(情)과 물(物)이 함께 융합되어 서로 대립되지 않았다. 충신이 임금을 섬길 때나, 효자가 어버이를 섬길 때나, 심지어 멀리 떠난 남편과 그를 그리워하는 부인이 구름·달·이슬·풀·나무·벌레·물고기 등을 바라볼 때나, 어느 것 하나 진정(眞情) 아닌 것이 없다. 그래서 이런 사람들의 시는 언사가 번잡하지 않고, 아첨하며 비위를 맞추는 내용이 없다. 그들이 진정한 성정(性情)을 가졌기 때문에 그들의 시가 비로소 그렇게 써질 수 있는 것이다. 그런데 오늘날 사람들은 어디에 진정한 성정이 있는가? 그들의 성정은 처한 상황에 따라 바뀌며, 사람 자체도 세사(世事)의 기복에 따라 변한다. 그들이 슬픔은 개인의 처지 때문이고, 부모와 형제일지라도 그들이 보기엔 소원하여 마치 바람에 날리는 버들가지가 세상에서 우연히 만난 것과 같다. 그들은 노고로 피곤하면 천지에 호소하고, 병으로 힘들면 부모에게 호소할 수 있다. 그러나 그들은 이미 진정한 성정이 없는 바가 오래되었으니, 이 일시적인 감촉은 금방 사라져버린다. 이러하니, 오늘날의 시는 결코 성정으로부터 나오지 않는 것이 아니라 사실은 성정 없이 나오는 것이다.

夫詩以道性情, 自高廷禮以來主張聲調, 而人之性情亡矣. 然使其說之足以勝天下者, 亦由天下之性情汨沒於紛華汙惑之往來, 浮而易動. 聲調者浮物也, 故能挾之而去. 是非無性情也, 其性情不過如是而止. 若是者不可謂之詩人. 周伯弜之注三體詩也, 以景爲實, 以意爲虛, 此可論常人之詩, 而不可以論詩人之詩. 詩人萃天地之清氣, 以月露風雲花鳥爲其性情, 其景與意不可分也. 月露風雲花鳥之在天地間, 俄頃滅沒, 而詩人能結之不散. 常人未嘗不有月露風雲花鳥之詠, 非其性情極雕繪而不能親也. (『南雷文案』卷1「景州詩集序」)

대체로 시(詩)라는 것은 성정(性情)을 나타내는 것이지만, 고병(高棅: 廷禮는 改名) 이래로 성조(聲調)를 중시하면서부터 사람들이 시를 쓸 때 성정의 드러냄을 더 이상 중시하지 않았다. 고병 등의 관점이 세상에 유행할 수 있었던 것은, 세상 사람들이 변화한 세속에 미혹되고 아무 생각 없이 조류를 따르다가 결국 진정한 성정이 가려졌기 때문이다. 성조라는 것은 시문(詩文)의 표면적인 것이며 쉽게 파악되는 것이다. 성조 안에 성정을 담고 있지 않는 바가 없으나 그 안의 성정은 진지하지 못하다. 시라는 것이 성정을 나타내기 위한 것이라면, 시를 쓸 때 성조를 중시하는 이는 진정한 시인(詩人)이라 할 수 없다. 주필(周弼: 자는 伯弜)이 『당삼체시(唐三體詩)』를 선집(選集)하고 주석을 달면서, 경치에 대한 묘사는 실(實)로 여겼고 정감을 읊고 이치를 서술하는 것을 허(虛)로 생각하였다. 이러한 관점은 일반인의 시를 평론하는 데에는 적용할 수 있지만, 진정한 시인을 평가하는 데엔 사용할 수 없다. 진정한 시인의 몸엔 천지의 청기(淸氣)가 모이고, 그들의 성정과 눈 안의 월로(月露)·풍운(風雲)·화조(花鳥)는 하나로 융합되니 그들의 시 속엔 경(景)과 정(情)·리(理)가 나뉠 수 없다. 천지간의 월로·풍운·화조 등 사물은 눈을 돌리면 바로 없어지나, 진정한 시인은 그것들을 자기의 성정과 하나로 융합시켜 시와 함께 전해지도록 하니 사라지지 않는다. 보통 사람들 또한 월로·풍운·화조를 읊지만, 이것들이 만약 그들의 성정과 융합되지 못한다면 좋은 시를 쓸 수 없는 것이다.

蓋文章之道, 臺閣山林, 其體闊絶; 臺閣之文, 撥釐治本, 絪幅道義, 非山龍黼黻不以設色, 非王霸損益不以措辭, 而卒歸於和平神聽, 不爲矯激; 山林之文, 流連光景, 雕鏤酸苦, 其色不出於退紅沈綠, 其辭不離於欸老嗟卑, 而高張絶弦, 不識忌諱. 故使臺閣者而與山林之事, 萬石之鍾不爲細響, 與葦布里閈憔悴專一之士, 較其毫厘分寸, 必有不合者矣; 使山林者而與臺閣之事, 蚓竅蠅鳴, 豈諧『韶』『護』, 脫粟寒漿, 不登鼎鼐, 蓋典章文物, 禮樂刑政, 小致不能彈, 孤懷不能述也. (『南雷文案』卷2 「辭張郡侯請修郡志書」)

문장을 쓸 때 대각체(臺閣體)와 산림체(山林體)의 차이는 매우 크다. 대각체의 시문(詩文)은 국가의 치란(治亂)이나 인의도덕과 같은 문제와 떨어질 수 없고, 글이 전아(典雅)한 것은 마치 산(山)·룡(龍)의 도안을 수놓은 예복(禮服)같아 언사가 장중하고 담론하는 내용이 모두 왕도(王道)·패업(霸業)의 흥망성쇠에 관한 것이다. 그러나 문장 말미에선 대개 용어가 화평하고 군주의 명찰(明察)을 희망하는 말을 덧붙이며, 격분의 어기(語氣)를 사용하지 않는다. 산림체의 시문은 풍광과 경색을 묘사하고 사조(辭藻)를 힘써 꾸미는데, 색채가 매우 암담한 것이 예컨대 퇴색한 붉은 빛이나 짙은 초록색 등이며, 말이 매우 소극적인 것이 예컨대 자기의 쇠로(衰老)를 애탄(哀歎)하고 자신의 비천함을 비탄하는 것이다. 그러나 문장 말미에선 대개 격렬하게 쓰는데, 마치 팽팽하게 당겨진 거문고 줄로 연주하는 것 같아 조금의 거리낌도 없다. 만약 조정의 관리더러 산림체의 문장을 지으라 하면 전혀 어울리지 않을 것이다. 만 석(石)이나 되는 큰 종에서 어찌 미세한 소리가 나올 것인가? 산림 속에서 찢어진 옷을 입고 초췌한 형상을 한 사람과 전일(專一)한 사람이 함께 얘기를 하면 필시 적합지 않을 것이다. 또 만약 산림의 은사더러 대각체의 문장을 지으라 하면 역시 어울리지 않을 것이다. 파리나 지렁이의 소리로 어찌「소(韶)」·「호(護)」같은 선왕(先王)의 음악을 연주할 수 있겠는가? 거칠고 궁색하여 묘당(廟堂)에 올릴 수 없다. 묘당의 전장(典章)·문물(文物)·예악(禮樂)·형정(刑政)을 재기(才氣)와 견식이 매우 적은 그러한 사람은 제대로 묘술(描述)할 수 없으며, 자기의 정감만 중시하는 그러한 사람은 또한 명확히 표현할 수 없는 것이다.

昔吾夫子以興·觀·群·怨論詩. 孔安國曰: "興, 引譬連類." 凡景物相惑, 以彼言此, 皆謂之興. 後世詠懷·遊覽·詠物之類是也. 鄭康成曰: "觀風俗之盛衰." 凡論世采風, 皆謂之觀. 後世吊古·詠史·行旅·祖德·郊廟之類是也. 孔曰: "群居相切磋." 群是人之相聚. 後世公燕·贈答·送別之類皆是也. 孔曰: "怨刺上政." 怨亦不必專指上政. 後世哀傷·挽歌·遣謫·諷諭皆是也. 蓋古今事物之變雖紛若, 而以此四者爲統宗.

自毛公之六義, 以風·雅·頌爲經, 以賦·比·興爲緯, 後儒因之. 比·興強分, 賦有專屬. 及其說之不通也, 則又相兼. 是使性情之所融結, 有鴻溝南北之分裂矣.

古之以詩名者, 未有能離此四者. 然其情各有至處. 其意句就境中宣出者, 可以興也; 言在耳目, 贈寄八荒者, 可以觀也; 善於風人答贈者, 可以群也; 凄戾爲騷之苗裔者, 可以怨也. (『南雷文定四集』卷1「汪扶晨詩序」)

공자(孔子)는 '흥(興)·관(觀)·군(群)·원(怨)'으로 시를 평론하였다. 공안국(孔安國)이 말하길, "흥(興)은 하나의 사물을 가져다가 같은 종류의 다른 사물에 대한 연상(聯想)을 끌어내는 것이다."라고 했다. 대개 경물(景物) 중에 감촉하는 바가 있어 하나의 사물에 대한 묘사를 통해 다른 사물을 표현하는 방법이 모두 흥(興)이다. 후세의 영회시(詠懷詩)·유람시(遊覽詩)·영물시(詠物詩) 등은 모두 흥(興)에 속한다. 정현(鄭玄)이 말하길, "관(觀)은 사회풍속의 성쇠변화를 보는 것이다."라고 했다. 대개 민간에서 수집한 시를 통해 사회풍속을 보는 것이 모두 관(觀)이다. 후세의 적고(吊古)·영사(詠史)·행려(行旅)·조덕(祖德)·교묘(郊廟) 등을 제재(題材)로 쓴 시는 모두 관(觀)에 속한다. 공안국이 말하길, "군(群)은 많은 사람들이 서로 토론하는 것이다."라고 했다. 많은 사람이 모이는 것이 군(群)이다. 후세의 연회시(宴會詩)·증답시(贈答詩)·송별시(送別詩) 등이 모두 군(群)에 속한다. 공안국이 말하길, "원(怨)은 상부의 정책을 풍자하는 것이다."라고 했다. 원(怨)의 대상이 모두 일률적으로 상부의 정책인 것은 아니다. 후세의 애상(哀傷)·만가(挽歌)·견적(遣謫)·풍유(諷諭) 등을 제재로 한 시는 모두 원(怨)에 속한다. 예부터 지금까지 시문(詩文)의 체식(體式)이 비록 복잡하지만, 모두 흥(興)·관(觀)·군(群)·원(怨)의 네 가지를 근원으로 한다.

모시서(毛詩序)에서 『시경(詩經)』의 육의(六義)를 제기했는데, 풍(風)·아(雅)·송(頌)을 경(經)으로 하고, 부(賦)·비(比)·흥(興)을 위(緯)로 했다. 후세의 유자(儒者)들 또한 이러한 견해를 답습하였다. 그러나 이러한 견해는 비(比)와 흥(興)을 억지로 둘로 나누고, 또 부(賦)를 단독으로 하나의 종류로 만드는 것이다. 이는 매우 불합리할 뿐 아니라, 나눈 종류 또한 서로 중복된다. 만약 이러한 분류를 따른다면, 성정(性情)으로부터 나온 좋은 시는 사분오열로 분해될 것이다.

옛날의 시는 흥(興)·관(觀)·군(群)·원(怨)의 네 가지를 갖추지 않은 바가 없었다. 다만 시의 정감이 서로 달라, 이 네 가지에 대해 각자 편향(偏向)이 있을 뿐이다. 경물(景物)을 통해 생각을 표현한 시구는 '흥(興)'할 수 있고, 눈 앞의 사정(事情)을 묘사하여 함축적이면서도 심원한 시구는 '관(觀)'할 수 있으며, 증답(贈答)의 내용을 담은 시구는 '군(群)'할 수 있고, 비통함을 써서 굴원(屈原)의 「이소(離騷)」같은 시구는 '원(怨)'할 수 있다.

文以理爲主, 然而情不至則亦理之郛廓耳. 廬陵之志交友, 無不嗚咽; 子厚之言身世, 莫不淒愴; 郝陵川之處眞州, 戴剡源之入故都, 其言皆能惻惻動人. 古今自有一種文章不可磨滅, 眞是"天若有情天亦老"[68]者. 而世不乏堂堂之陣, 正正之旗, 皆以大文目之. 顧其中無可以移人之情者, 所謂剞然無物者也. (『金石要例』附「論文管見」)

문장은 리(理)를 위주로 한다. 그러나 만약 정감이 불충분하다면 리(理)를 말하는 것 또한 공허할 뿐 진실하지 못할 것이다. 구양수(歐陽脩: 자칭 廬陵)가 붕당(朋黨)을 말할 때 비분에 빠졌고, 유종원(柳宗元: 자는 子厚)이 자신의 신세를 한탄할 떠는 감개가 처량하였다. 학경(郝經: 陵川 사람)이 가사도(賈似道)에 의해 진주(眞州)에서 15년을 구금당했을 때 썼던 작품이나 대표원(戴表元: 호는 剡源)이 남송(南宋) 멸망 후 고향으로 돌아와 쓴 시문은, 모두 몹시 비통하여 심금을 울린다. 예부터 지금까지의 불후의 명문(名文)은 모두 하늘도 감동시킬만한 정감을 담고 있다. 세상의 어떤 문장은 기상이 매우 커 마치 장

---

68. 이 구절은 이하(李賀)의 「금동선인사한가(金銅仙人辭漢歌)」에 나온다.

대한 군사나 펄럭이는 큰 깃발 같으니, 사람들이 모두 대문장(大文章)이라 생각한다. 그러나 대개는 사람의 마음을 움직이지 못하는데, 이는 그러한 문장들이 다만 표피만 크고 실제로는 깊은 내용을 담고 있지 않기 때문이다.

所謂文者, 未有不寫其心之所明者也. 心苟未明, 劬勞憔悴於章句之間, 不過枝葉耳, 無所附之而生. 故古今來, 不必文人始有至文, 凡九流百家以其所明者, 沛然隨地湧出, 便是至文. 故使子美而談劍器, 必不能如公孫之波瀾; 柳州而敍宮室, 必不能如梓人之曲盡. 此豈可强者哉! (『金石要例』附「論文管見」)

이른바 좋은 문장은 모두 마음속의 분명한 사리(事理)를 명확하게 묘사한 것이다. 만약 마음속이 명백하지 않으면 공을 들여 어구를 다지더라도 잡은 것은 문장의 지엽(枝葉)일 뿐이다. 그런데 지엽은 궁극적으로 의지할 가지가 없으면 생장할 수 없다. 예부터 지금까지 문인만이 절묘한 문장을 써냈던 것은 아니다. 높은 지위에 오르지 못한 대부분의 백성들도 사리가 분명하기만 하면 그 내심에 근거하여 글을 쓰면 또한 절묘한 문장을 지을 수도 있었다. 두보(杜甫)가 검무(劍舞)를 출 때 사용하는 검(劍)을 묘사할 때, 설령 그의 문채가 아무리 풍부하다 해도 공손대낭(公孫大娘)이 검을 놀리는 것만큼 생동감 있지는 못한다. 궁전을 묘사할 때 유종원(柳宗元)의 문필이 아무리 아름다워도 공장(工匠)들이 작업해 놓은 것만큼 세밀하지는 못한다. 어찌 억지로 구한다고 얻을 수 있으랴!

15. 고염무(顧炎武)

形而上者謂之道, 形而下者謂之器. 非器則道無所寓, 說在乎孔子之學琴於師襄也.[69] 已習其數, 然後可以得其志; 已習其志, 然後可以得其爲人. 是雖孔子之天縱, 未嘗不求之象數也. 故其自言曰: "下學而上達."[70] (『日知錄』卷1)

형이상(形而上)의 것은 도(道)이고, 형이하(形而下)의 것은 기(器)이다. 기(氣)가 없으면 도(道)라는 것도 의탁할 곳이 없다. 이는 마치 공자(孔子)가 사양(師襄)에게 거문고를 배운 내용과 같다. 공자는 기법을 배운 후에 나아가 거문고의 뜻을 음미 하였고, 뜻을 깨달은 후에는 작곡자의 성품을 파악하였다. 물론 공자는 타고난 자질이 비범하였지만, 그래도 여전히 그 기법으로부터 터득할 필요가 있었던 것이다. 공자는 또 말했다. "먼저 형이하적 기(器)를 배우고 나서 형이상적 도(道)를 터득한다."

「詩三百篇」皆可以被之音而爲樂. 自漢以下, 乃以其所賦五言之屬爲徒詩, 而其協於音者則謂之樂府. 宋以下, 則其所謂樂府者, 亦但擬其辭, 而與徒詩無別. 於是乎詩之與樂, 判然爲二, 不特樂亡, 而詩亦亡.

古人以樂從詩, 今人以詩從樂. 古人必先有詩, 而後以樂合之. 舜命夔教胄子, "詩言志, 歌永言, 聲依永, 律和聲."[71] 是以登歌在上, 而堂上堂下之器應之, 是之謂以樂從詩. 古之詩, 大抵出於中原諸國, 其人有先王之風, 諷誦之教, 其心和, 其辭不侈, 而音節之間, 往

---

69. "孔子之學琴於師襄": 이 내용은 『사기(史記)·공자세가(孔子世家)』에 나온다.
70. 이 구절은 『논어(論語)·헌문(憲問)』에 나온다.
71. 이 구절은 『서경(書經)·우서(虞書)·순전(舜典)』에 나온다.

往合於自然之律. 楚辭以下, 卽已不必盡諧; 降及魏晉, 羌戎雜擾, 方音遞變, 南北各殊, 故文人之作, 多不可以協之音. 而名爲樂府, 無以異於徒詩者矣. 人有不純, 而五音·十二律之傳於古者, 至今不變, 於是不得不以五音正人聲, 而謂之以詩從樂. 以詩從樂, 非古也, 後世之失, 不得已而爲之也.

　樂府中如淸商·淸角之類, 以聲名其詩也; 如小垂手·大垂手之類, 以舞名其詩也. 以聲名者, 必合於聲; 以舞名者, 必合於舞. 至唐而舞亡矣, 至宋而聲亡矣, 於是乎文章之傳盛, 而聲音之用微, 然後徒詩興, 而樂廢矣.

　歌者爲詩, 擊者拊者吹者爲器, 合而言之謂之樂. 對詩而言, 則所謂樂者八音, "興於詩, 立於禮, 成於樂"[72]是也, 分詩與樂言之也. 專擧樂, 則詩在其中, "吾自衛反魯, 然後樂正,「雅」「頌」各得其所"[73]是也, 合詩與樂言之也.

　言詩者大率以聲音爲末藝, 不知古人入學, 自六藝始, 孔子以遊藝[74]爲學之成. 後人之學好高, 以此爲瞽師樂工之事, 遂使三代之音, 不存於兩京, 兩京之音, 不存於六代, 而聲音之學, 遂爲當今之絶藝. (『日知錄』卷5「樂章」)

　『시경(詩經)』의 시는 한 수 한 수 모두 음악으로 연주할 수 있다. 한(漢) 이후 문인이 창작한 오언시(五言詩)를 '도시(徒詩)'라고 하는데, 이 시들은 연주에 쓰일 수 없다. 반면 연주에 쓸 수 있는 시들은 '악부(樂府)'라고 부른다. 육조(六朝)의 유송(劉宋)왕조 이후부터 소위 악부(樂府)라 불리는 것들도 옛 사람

---

72. 이 구절은 『논어(論語)·태백(泰伯)』에 나온다.
73. 이 구절은 『논어(論語)·자한(子罕)』에 나온다.
74. "遊藝": 이 내용은 『논어(論語)·술이(述而)』에 나온다. "子曰: 志於道, 據於德, 依於仁, 遊於藝."

들의 문사(文辭)를 모방하는데 그쳤으며, 더 이상 연주에 사용되지 않아 도시(徒詩)와 구별되지 않았다. 이때부터 시와 음악은 철저히 분리되었고, 음악이 쇠망의 길로 접어들었을 뿐만 아니라, 시 역시 점차 쇠퇴해져 갔다.

옛 사람들은 음악을 시(詩)에 맞추었는데, 오늘날은 시를 음악에 맞춘다. 옛 사람들은 반드시 먼저 시를 짓고, 그 다음 음악을 조화롭게 연결하였다. 순임금은 기(夔)로 하여금 귀족 자제들을 가르치게 했다. "먼저 시로써 자신의 의지를 표현하고, 노래로써 시의 언어를 낭송하여 시의(詩意)를 도드라지게 한다. 이어서 소리의 고저를 기다란 말과 서로 어울리게 하며, 마지막에 율려(律呂)로 노랫소리를 조절한다."『시경(詩經)』에 나오는 시들은 대부분 중원지역 제후국들이 창작한 것인데, 선왕(先王)이 남긴 풍습에 의해 함축적으로 풍자해야 하며, 완곡하게 덕을 칭송해야 한다는 교육을 받았다. 그래서 마음이 평온하기 때문에 지어낸 글들도 번잡하지 않았고, 시의 음절이 자연의 음률에 부합할 수 있었다. 「초사(楚辭)」이후에는 시가 음률에 더 이상 완전히 부합할 수가 없었다. 위진(魏晉)시기에 이르러 서북방 소수민족의 침입으로 억양에 변화가 생겼다. 남방 억양과 북방 억양은 서로 다르기 때문에 이 시기 문인들의 시는 왕왕 음률에 부합하지 못하는 경우가 발생했다. 반면 악부(樂府)라고 말하는 것도 연주에 쓰이지 못하였으므로, 도시(徒詩)와 별 다른 구별이 없게 되었다. 후세 사람들의 억양은 여러 소수민족의 특색이 섞여 있어 이미 순정(純正)하지 않다. 그러나 고대 음률은 그대로 전해 내려오면서 변화가 없었으므로, 할 수 없이 고대 음률을 가지고 후세 사람들의 소리를 교정해야만 했던 것이다. 이것이 바로 시를 음악에 맞춘다는 것이다. 시를 음악에 맞추는 것은 고대의 전통이 아니라, 후세 사람들의 실수로 인하여 어쩔 수 없이 그렇게 된 것이다.

악부(樂府)에는 청상(淸商)과 청각(淸角)이 있는데, 이는 음조(音調)에 따라 나눈 것이다. 또 악부에는 소수수(小垂手)와 대수수(大垂手) 두 종류가 있는데, 이는 무용에 근거해 나눈 것이다. 음조에 따라 이름 지어진 것은 반드시 음률에 부합해야하며, 춤에 따라 이름 지어진 것은 춤에 맞추어야 한다. 당대(唐代)에 이르러 악부 가운데 춤이 쇠퇴하였고, 송대(宋代)에 이르러서는 악부 가운데 음조가 쇠퇴하였다. 이후에는 악부 중에서 문사(文辭)만이 이어져 내려와 날로 성행하고 음조는 그 용도가 쇠퇴해진 후에 도시(徒詩)가 발전하기 시작하였는데, 이에 악부는 폐기되기 시작하였다.

가창(歌唱)이라는 것은 시(詩)를 말하는 것이고, 두드리고 뜯고 부는 것은 악기를 말하는 것인데, 이 두 가지가 합해졌을 때 음악이라고 한다. 시에 대해 말하자면, 음악이란 금(金)·석(石)·사(絲)·죽(竹)·포(匏)·토(土)·혁(革)·목(木) 등 여덟 가지 재료로 만든 악기의 음(音)을 말한다. 공자(孔子)는 "시(詩)는 우리를 일깨워주고, 예(禮)는 우리가 바로 설 수 있게 만들어 주며, 악(樂)은 우리가 배운 것을 완성하게 해준다."고 하였는데, 이는 시를 음악과 구분지어 말한 것이다. 만약 음악을 단독으로 거론한다면, 시 또한 그 안에 포함된다. 또 공자는 "위(衛)나라로부터 노(魯)나라로 돌아와서 비로소 음악을 정리하였다. 「아(雅)」는 「아(雅)」로 「송(頌)」은 「송(頌)」으로 각각 적당한 자리를 찾아주었다."고 했다. 여기서는 「아(雅)」와 「송(頌)」 등의 시를 음악의 한 부분으로 보고, 시와 음악과 함께 엮어 말한 것이다.

오늘날 시(詩)를 논하는 사람들 대부분은 소리를 가장 중요한 부분으로 생각하지, 옛 사람들이 어릴 때부터 예(禮)·악(樂)·사(射)·어(御)·서(書)·수(數) 등 육예(六藝)로부터 배운 것이란 점을 모른다. 공자(孔子)도 "예(藝)에 노닌다."라는 것은 이미 학업이 완성되었다는 것을 나타낸다고 생각하였다. 후세 사람들은 이상만 높아서, 시 가운데 음악은 악공(樂工)들의 일이라 그다지 고상하지 않다고 생각했다. 그리하여 하상주(夏商周) 삼대(三代)의 음악이 한대(漢代)로 전해지지 않았고, 한대의 음악이 육조(六朝)로 전해지지 못한 것이다. 그렇기 때문에 오늘날 성음(聲音)의 학문을 아는 사람이 없게 되었다.

近代文章之病, 全在摹仿. 既使逼肖古人, 已非極詣, 況遺其神理而得其皮毛者乎? 且古人作文, 時有利鈍. 梁簡文與湘東王書云: "今人有效謝康樂, 裴鴻臚文者, 學謝則不屆其精華, 但得其冗長, 師裴則蔑棄其所長, 惟得其所短." 宋蘇子瞻云: "今人學杜甫詩, 得其粗俗而已." 金元裕之詩云: "少陵自有連城璧, 爭奈微之識碔砆."[75] 夫文章一道, 猶儒者之末事, 乃欲如陸士衡所謂 "謝朝花於已披, 啟夕秀於未振" 者, 今且未見其人. 進此而窺著述之林, 益難之矣.

效「楚辭」者必不如「楚辭」, 效「七發」者必不如「七發」, 蓋其意中先有一人在前, 既恐失之, 而其筆力復不能自遂, 此壽陵餘子學步邯鄲[76]之說也. ……

「曲禮」之訓: "毋剿說, 毋雷同." 此古人立言之本. (『日知錄』卷19)

근래, 글의 폐단은 모두 모방에서 온다. 설령 옛 사람의 시와 아주 그럴듯하게 똑같이 썼다고 하더라도 높은 경지의 작법이라 할 수 없는데, 하물며 그 모방한 작품이 겉으로 드러난 형식은 비슷하나 원작의 운치를 표현해내지 못했다면 오죽 하겠는가? 또한 옛 사람의 작품이라고 해서 모두 좋다고 할 수도 없는 것이다. 좋은 것도 있고 그렇지 않은 것도 있어 그 수준이 천차만별이다. 양(梁)의 간문제(簡文帝)는 「여상동왕서(與湘東王書)」에서 말했다. "요즘 사람들은 사령운(謝靈運)이나 배자야(裴子野: 鴻臚卿을 지냄)의 시문을 모방한다. 사령운의 시를 배우나 정수는 나타내지 못하고, 배운 것은 오히려 시에 나타난 지루한 결점뿐이다. 또 배자야의 문장을 배울 때도 배자야의 장점은 무시하고 그의 단점만 배운다." 또 송대(宋代)의 소식(蘇軾)은 이렇게 말했다. "오

---

75. 이 구절은 원호문(元好問)의 『논시절구(論詩絶句)』(10)에 나온다.
76. "壽陵餘子學步邯鄲": 이 내용은 『장자(莊子)·추수(秋水)』에 나온다.

늘날 사람들이 두보(杜甫)의 시를 배우는데, 그의 장점은 얻지 못하고 그의 거칠고 저속한 곳만을 배운다." 금(金)의 원호문(元好問: 자는 裕之)은 또 이렇게 말했다. "두보의 시 가운데에는 아주 귀중한 부분이 있는데, 원진(元稹)은 두보의 시를 감상할 때 가치 없는 것만 좋아한다." 시문을 창작한다는 것은 본래 선비의 생활 가운데 역할이 아주 미미한 기예인데, 사람들은 육기(陸機: 자는 士衡)가 『문부(文賦)』에서 말한 이른바 "아침에 핀 꽃은 이미 시들어버렸고, 저녁의 새 꽃은 아직 피지 않았네."의 경지에 도달하고자 한다. 하지만 아직까지 그러한 사람은 없다. 하물며 학문을 연구하고 저술을 하는 일은 더욱 어렵다.

「초사(楚辭)」를 모방한 사람은 초사와 같게 쓰지 못하고 「칠발(七發)」을 흉내 낸 사람도 칠발과 같게 쓰지 못하는데, 이는 그들이 흉내 낼 때 먼저 마음속에 본보기를 두고서 오로지 비슷하게 쓰지 못할까 전전긍긍하기 때문에 붓을 들 때 자신의 재능을 발휘하지 못하는 것이다. 이는 마치 연(燕)나라 도읍인 수릉(壽陵)의 아이가 조(趙)나라 도읍인 한단(邯鄲)에 가서 그들의 걸음걸이를 배운 것과 마찬가지로, 지나치게 세심해서 배우다 마침내 자신의 걸음걸이를 모두 잊어버려 기어서 돌아간 것과 같다. ……

「곡례(曲禮)」에서 "다른 사람을 표절하지 말 것이며, 다른 사람과 부화뇌동(附和雷同)하지 말라."라고 후세 사람들을 훈계하였는데, 이는 옛 사람들이 글을 쓰는 근본 원칙이다.

古來以文辭欺人者, 莫若謝靈運, 次則王維, …… 而文墨交遊之士多護王維. 如杜甫謂之"高人王右丞"[77], 天下有高人而仕賊者乎? 今有顚沛之餘, 投身異姓, 至擯斥不容, 而後發爲忠憤之論, 與夫名汙僞籍而自托乃心, 比於康樂·右丞之輩, 吾見其愈下矣.
末世人情彌巧, 文而不慚, 固有朝賦「采薇」之篇, 而夕有捧檄之

---

77. 이 구절은 두보(杜甫)의 「해민십이수(解悶十二首)」에 나온다.

喜者. 苟以其言取之, 則車載魯連, 斗量王蠋矣. 曰, 是不然. 世有知言者出焉, 則其人之眞僞, 卽以其言辨之, 而卒莫能逃也. 黍離之大夫, 始而搖搖, 中而如噎, 旣而如醉, 無可奈何, 而付之蒼天者, 眞也. 汨羅之宗臣, 言之重, 辭之複, 心煩意亂, 而其詞不能以次者, 眞也. 栗里之征士, 淡然若忘於世, 而感憤之懷, 有時不能自止, 而微見其情者, 眞也. 其汲汲於自表暴而爲言者, 僞也. 『易』曰: "將叛者其辭慚, 中心疑者其辭枝, 失其守者其辭屈."[78] 『詩』曰: "盜言孔甘, 亂是用餤."[79] 夫鏡情僞, 屛盜言, 君子之道, 興王之事, 莫先乎此. (『日知錄』卷19)

예로부터 문장으로 세상 사람을 속이는 사람으로는 사령운(謝靈運)을 뛰어넘지 못하며, 그 다음은 왕유(王維)이다. …… 그런데 시(詩) 쓰기를 즐겨하고 서로 교류하는 사람들은 모두 왕유를 두둔한다. 예컨대, 두보는 일찍이 '고사(高士) 왕유'라는 표현을 썼는데, 세상에 나라를 배반한 역적 가운데 고사가 있었던가? 오늘날 어떤 사람들은 정국이 불안정한 탓에 생활이 어려워 도처를 떠돌아다니다가 적의 진영에 몸을 의탁하는데, 그러다가 또 적에게 배척당하면 몸을 기탁할 곳이 다시 없게 되어 적의 진영을 나와 충성과 분개의 글을 발표하기 시작한다. 이러한 사람들의 명성은 이미 오염되었지만, 그래도 여전히 마음에도 없는 자신의 충심을 표현하니 사령운(謝靈運: 東晉 때 康樂公)이나 왕유(王維: 唐代에 尙書右丞을 지냄)에 비교하면 수준이 더 아래라 하겠다.

시대가 발전해감에 따라 사람들은 갈수록 영리해져, 가식적이거나 감추면서도 부끄러워하지 않는다. 그래서 사람들은 아침에는 「채미(采薇)」 시를 지어 자신은 결단코 새로운 조정에 출사(出仕)하지 않겠다는 고결한 심경을 표현하지만, 저녁에 이르면 곧바로 새로운 왕조의 사명을 받아들인다. 만약 사람들

---

78. 이 구절은 『역전(易傳)·계사하(繫辭下)』에 나온다.

79. 이 구절은 『시경(詩經)·소아(小雅)·교언(巧言)』에 나온다.

이 뱉은 말로만 그들의 성품을 판단한다면, 세상에 노중연(魯仲連) 같이 고상한 사람은 한가득 일 것이고, 왕촉(王蠋) 같이 충직한 사람도 한 가득일 것이다. 물론 이러한 견해가 꼭 맞는 것은 아닐 것이다. 세상에 언어로써 사람의 진위를 변별할 수 있다면, 세상 사람들의 진실과 거짓은 그의 언사를 통해서 가려낼 수 있으며 그것을 피할 수 있는 사람은 없다. 『시경(詩經)·왕풍(王風)·서리(黍離)』의 작자는, 종묘(宗廟) 앞의 무성한 풀들을 마주하니 우선 마음이 요동치듯 흔들리고, 다음 목이 매여 말을 잇기가 어려우며, 이어서 술에 취한 듯 몽롱해오다 마지막에는 어찌해 볼 도리가 없어서 마냥 허공만 바라보며 탄식을 한다. 이것이 바로 이 시를 쓴 작자의 진실한 감정이다. 골라(汨羅) 강변의 굴원(屈原)은 「이소(離騷)」에서 자신의 심란한 마음을 드러내는데 요란한 언사를 반복하는 방법을 썼으며, 마음이 너무나 번잡해서 순서 있게 표현할 수 없을 정도에까지 이르게 되었다. 이렇게 함으로써 작자는 자신의 진실한 감정을 잘 표현하였다. 율리(栗里)에 은거하던 도연명은 행동거지가 의연하여 마치 세상을 잊어버린 듯하지만, 정벌을 일삼는 국가에 대해서는 마음 깊이 격분한 마음을 쉬 가라앉히지 못하고, 때로는 참을 수 없어 자신의 시에 감정을 드러내었다. 『역경(易經)』에서 말했다. "자고로 배반한 사람의 언사는 부끄럽고 불안정하기 마련이며, 마음에 의심이 있는 사람의 언사는 어지럽고 규율이 없다. 또 직분에 소홀한 사람의 언사는 빚을 진 듯 불안하기 마련이다." 또 『시경(詩經)』에서 말했다. "남을 헐뜯으며 아첨을 하는 사람들의 언사는 감미롭지만, 재난과 변란은 이 때문에 더해진다." 그렇기 때문에 허위를 가려내고 비방하는 말을 제거하는 것은, 군자가 도를 닦고 나라의 진흥을 꾀하는데 가장 우선적 임무라 하겠다.

『詩』云: "巧言如簧, 顔之厚矣[80]." 而孔子亦曰: "巧言令色鮮矣

---

80. 이 구절은 『시경(詩經)·소아(小雅)·교언(巧言)』에 나온다.

仁."⁸¹ 又曰: "巧言亂德."⁸² 夫巧言不但言語, 凡今人所作詩·賦·碑·狀, 足以悅人之文, 皆巧言之類也. 不能不足以爲通人. 夫惟能之而不爲, 乃天下之大勇也, 故夫子以剛毅木訥爲近仁. 學者所用力之途, 在此不在彼矣. (『日知錄』卷19)

『시경(詩經)』에서 말했다. "어떤 사람이 마치 생황(笙簧) 소리가 듣기 좋듯 감언이설을 한다면, 그는 얼굴이 정말 두꺼운 사람이다." 공자(孔子)는 "교묘한 말과 낯빛을 하는 사람 중에 인한 자가 드물다."고 하였으며, 또 "교묘한 말은 도덕을 어지럽힐 수 있다."고 하였다. 교묘한 말이란 것은 비단 말뿐 아니라 오늘날 사람들이 창작하는 시(詩)·부(賦)·비문(碑文)·행장(行狀) 등의 문체도 다 포함한다. 만약 언사(言辭)가 교묘하지 않다면 박식하고 재주가 많다고 할 수 없다. 하지만 언사를 교묘하게 할 수 있는데도 다른 사람의 환심을 사는 그런 말을 쓰지 않는다면, 이런 사람이야말로 이 세상에서 가장 지혜롭고 용감한 사람이라 할 수 있다. 공자는 강경하고 결단력 있으며 소박하나 말을 함부로 내뱉지 않는 그런 사람이 인자(仁者)에 가깝다고 하였다. 배우는 사람이 공부해야할 것은 바로 이런 것이지 교묘한 언사가 아니다.

文之不可絶於天地間者, 曰明道也, 紀政事也, 察民隱也, 樂道人之善也. 若此者, 有益於天下, 有益於將來, 多一篇, 多一篇之益矣. 若夫怪力亂神之事, 無稽之言, 剿襲之說, 諛佞之文; 若此者, 有損於己, 無益於人, 多一篇, 多一篇之損矣. (『日知錄』卷19)

세상에는 없어서는 안 될 글이 있다. 성현(聖賢)의 도리를 밝힌 글, 정사(政事)를 기록한 글, 백성의 정서를 드러낸 글, 타인의 장점을 널리 알리는 글 등

---

81. 이 구절은 『논어(論語)·학이(學而)』에 나온다.
82. 이 구절은 『논어(論語)·위령공(衛靈公)』에 나온다.

이 그러하다. 이러한 것들은 세상에 이롭고 미래에 이로운 글들이어서 한 편한 편 쓸수록 더욱 더 유익하다. 반대로 괴이(怪異)·용력(勇力)·반란·귀신을 담론하는 글, 사실적 근거도 없는 글, 모방하고 표절하는 글, 아첨하고 중상모략 하는 글은 자기를 해치고 타인에게도 이익이 없으니, 쓸수록 폐해를 더해주는 셈이다.

「三百篇」之不能不降而楚辭, 楚辭之不能不降而漢魏, 漢魏之不能不降而六朝, 六朝之不能不降而唐也. 勢也! 用一代之體, 則必似一代之文, 而後爲合格.
詩文之所以代變, 有不得不變者. 一代之文, 沿襲已久, 不容人人皆道此語. 今且千數百年矣, 而猶取古人之陳言, 一一而摹仿之, 以是爲詩, 可乎? 故不似則失其所以爲詩, 似則失其所以爲我. 李杜之詩所以獨高於唐人者, 以其未嘗不似, 而未嘗似也. 知此者可與言詩也已矣. (『日知錄』卷21「詩體代降」)

『시경(詩經)』은 초사(楚辭)로 변할 수밖에 없었고, 초사는 한위(漢魏) 시문으로, 한위 시문은 육조(六朝) 시문으로, 육조 시문은 당대(唐代) 시문으로 변할 수밖에 없었다. 이것은 시문(詩文) 발전의 추세이다. 만약 그대가 한 시대의 시문 체제를 가지고 글을 쓴다면, 그 글은 반드시 그 시대의 풍격에 가까워야 비로소 합격이라 할 수 있다.

시문(詩文)이 계속 변화되고 있는 이유는, 변화를 거듭해야만 하기 때문이다. 한 시대의 시문이 계속해서 오래 유행하면 그것이 낡아 보이므로 사람들은 케케묵은 글을 쓰고자 하지 않게 된다. 그런데 수많은 시간이 흐른 후 오늘날 사람들은 오히려 옛사람들의 진부한 문장을 앞 다투어 모방하려고 하니, 이것이 옳은 것인가? 만약 제대로 모방하지 못한다면 시라고 할 수도 없을 것이다. 만약 아주 똑같이 모방을 했다면 그건 자신의 풍격을 잃어버린 것이다.

이백(李白)과 두보(杜甫)의 시는 당대(唐代) 최고로 꼽히는 것인데, 그 이유는 그들의 시가 옛사람을 닮았으면서도 또한 닮지 않았기 때문이다. 이러한 이치를 이해하는 사람만이 함께 시를 논할 수 있겠다.

古人之詩, 有詩而後有題; 今人之詩, 有題而後有詩. 有詩而後有題者, 其詩本乎情. 有題而後有詩者, 其詩徇乎物. (『日知錄』卷21 「詩題」)

옛 사람들이 시를 지을 때, 일단 시를 짓고 난 다음 제목을 지었다. 오늘날 사람들은 시를 지을 때, 우선 제목을 생각하고 나서 시를 짓는다. 먼저 시를 짓고 제목을 생각하는 이런 방법은 마음 속 정감에서 우러나는 것이고, 제목을 먼저 생각하고 시를 짓는 이런 방법은 대상을 묘사하는 것에서 출발하는 것이다.

今人作詩, 動必次韻, 以此爲難, 以此爲巧. 吾謂其易而拙也. …… 夫其巧於和人者, 其胸中本無詩, 而拙於自言者也. 故難易巧拙之論破, 而次韻之風可少衰也.
凡詩不束於韻, 而能盡其意, 勝於爲韻束, 而意不盡, 且或無其意, 而牽入他意, 以足其韻者, 千萬也. 故韻律之道, 疏密適中[83]爲上, 不然, 則寧疏無密. 文能發意, 則韻雖疏不害. (『日知錄』卷21 「次韻」)

오늘날 사람들은 시를 지을 때 툭하면 차운(次韻)을 하면서, 이것이 아주 어려우며 자신의 교묘한 생각을 잘 나타낼 수 있다고 생각한다. 하지만 나는 이

---

83. "소밀적중(疏密適中)": 소(疏)와 밀(密)이 적절하게 알맞은 것을 말한다. 특히 시(詩)에서 운(韻)을 맞출 때 모자라지도 과하지도 않게 적당히 하는 것을 말한다.

러한 작법이 쉽고도 졸렬하다고 생각한다. …… 차운을 해서 교묘한 시를 짓는 사람들은 대개 자신의 마음속에 진실한 감정이 없어 시에 자신을 드러낼 방도가 없기 때문에 그처럼 개인의 고난과 관계없는 문자를 쓰는 것이다. 그러므로 난이(難易)와 교졸(巧拙)의 논의를 버리면, 차운(次韻)의 풍조는 쇠락하게 될 것이다.

시를 지을 때 압운(押韻)에 얽매여서는 안 된다. 시의(詩意)를 적당하게 표현해낼 수만 있다면, 압운에 얽매여 시의를 제대로 알 수조차 없는 그런 시작법을 생각할 필요가 없으며, 또한 압운의 자수(字數)를 둘러맞추기 위하여 시의 중심 사상을 벗어나는 그런 방법을 고려할 까닭이 없다. 시에서 운을 맞출 때는 모자라지도 과하지도 않게 적당히 하는 것을 제일로 치며, 만약 그리 할 수 없을 때는 설령 조금 모자라게 운을 맞출지언정 지나치게 많은 압운은 피하는 것이 좋다. 시의 맛을 잘 표현했다면 압운이 비록 다소 모자란 듯해도 상관이 없다.

詩以義爲主, 音從之. 必盡一韻無可用之字, 然後旁通他韻, 又不得於他韻, 則寧無韻; 苟其義之至當, 而不可以他字易, 則無韻不害. 漢以上往往有之. (『日知錄』卷21「詩有無韻之句」)

시는 의미를 전달하는 것을 우선으로 하며, 운(韻)을 맞추는 것은 그 다음의 문제이다. 만약 운이 들어갈 구절에 쓸 수 있는 글자를 모두 써서 운을 맞춘 후 다음 구절의 압운(押韻) 글자를 빌려 쓰려는데, 다음 구절에 압운할 글자가 또한 쓰기에 그다지 합당하지 않으면 차라리 쓰지 않았다. 만약 어떠한 시구의 의미를 잘 나타낼 수만 있다면, 그리고 다른 글자로는 대체할 수 없는 지경이라면, 차라리 압운을 하지 않는다고 해도 결코 시 자체를 저해하는 것은 아니다. 한대(漢代) 이전의 시들은 모두 왕왕 이러하였다.

古人用韻, 無過十字者, 獨「閟宮」之四章, 乃用十二字. 使就此一韻, 引而伸之, 非不可以成章, 而於義必有不達, 故末四句轉一韻. 是知以韻從我者, 古人之詩也; 以我從韻者, 今人之詩也. 自杜拾遺·韓吏部, 未免此病也.

詩主性情, 不貴奇巧. 唐以下人有強用一韻中字幾盡者, 有用險韻者, 有次人韻者, 皆是立意以此見巧, 便非詩之正路.

且如孔子作『易』彖·象傳, 其用韻有多有少, 未嘗一律, 亦有無韻者. 可知古人作文之法, 一韻無字, 則及他韻; 他韻不協, 則竟單行, 聖人無必無固, 於文見之矣.(『日知錄』卷21「古人用韻無過十字」)

옛 사람들은 운(韻)을 맞출 때 단번에 이어서 열 글자 이상을 쓰는 경우가 아주 드문데, 유독 『시경(詩經)·노송(魯頌)·비궁(閟宮)』의 4장은 같은 운을 연속해서 열 두 글자를 맞추었다. 만일 계속해서 이 운을 사용하면 한 장을 이루게 되는데, 이것이 불가능한 일은 아니더라도 시의(詩意)가 그다지 매끄럽지 못하게 된다. 그래서 이 장(章)의 마지막 네 구는 운을 바꾸었다. 옛 사람들이 시를 쓸 때 운을 맞추는 것은 순전히 시인의 의도에 따랐는데, 오늘날 시를 쓸 때 시인은 운을 넣는 부분의 규율을 따르고자 한다. 심지어 두보(杜甫)와 한유(韓愈)도 이러한 버릇을 극복하지 못했다.

시를 쓰는 목적은 성정(性情)을 묘사하는데 있지 수법이나 기교에 있는 것이 아니다. 당대(唐代) 이후 사람들이 시를 쓸 때, 때로는 운이 들어가야 할 부분의 글자에 압운(押韻)을 주기도 하고, 때로는 험운(險韻)으로 운을 맞추기도 하며, 또는 이전 사람이 사용한 운을 사용하기도 한다. 그들이 시를 쓰는 목적은 자신이 시를 쓸 때 쓴 수법의 기교를 드러내기 위한 것인데, 이는 결코 시를 쓰는 바른 태도라 할 수 없다.

공자가 쓴 『역경(易經)』의 단전(彖傳)·상전(象傳)에는 압운(押韻)이 많은 곳도 있고 적은 곳도 있는데, 모두 일치하는 것은 아니다. 심지어 어떤 곳은 운을 맞추지 않았다. 여기에서 우리는 옛날 사람들이 문장을 쓸 때 만약 운을 맞춰야할 부분에 자신의 뜻을 정확하게 나타낼 만한 마땅한 글자가 없을 때에는 운을 넣을 구절을 바꾸었다는 것을 알 수 있다. 만약 운이 들어갈 구절을 바꾸었으나, 그래도 적당치가 않으면 아예 압운을 하지 않았다. 성인(聖人)들이 문장을 쓸 때 고정된 격식이 있었던 것이 아니었음을 그들의 글을 통해서 알 수 있다.

　　古人圖畵, 皆指事爲之, 使觀者可法可戒. 上自三代之時, 則周明堂之四門墉, 有堯舜之容·桀紂之像, …… 自實體難工, 空摹易善, 於是白描山水之畵興, 而古人之意亡矣.
　　宋邵博「聞見後錄」云: 觀漢李翕·王稚子·高貫方墓碑, 多刻山林人物, 乃知顧愷之·陸探微·宗處士輩, 尙有其遺法. 至吳道元絶藝入神, 然始用巧思, 而古意少減矣, 況其下者? 此可爲知者道也.
　　謝在杭「五雜俎」曰: "自唐以前名畵, 未有無故事者." 蓋有故事, 便須立意結構, 事事考訂, 人物衣冠制度, 宮室規模大略, 城郭山川, 形勢向背, 皆不得草草下筆. 非若今人任意師心, 鹵莽滅裂, 動輒托之寫意而止也. 余觀張僧繇·展子虔·閻立本輩, 皆畵神佛變相, 星曜眞形, 至如石勒·竇建德·安祿山有何足畵? 而皆寫其故實. 其他如懿宗射兔·貴妃上馬·後主幸晉陽·華淸宮避暑, 不一而足. 上之則神農播種·堯民擊壤·老子度關·宣尼十哲, 下之則商山采芝·二疏祖道·元達鏁諫·葛洪移居. 如此題目, 今人卻不肯畵, 而古人爲之, 轉相沿仿, 蓋繇所重在此, 習以成風. 要亦相傳法度, 易於循習耳. (『日知錄』卷21「畵」)

　　옛사람들은 그림을 그릴 때 모두 사실을 창작의 소재로 삼았기 때문에, 감상자가 선행(善行)을 본받고 나쁜 일은 경계하거나 거울로 삼을 수 있었다.

하상주(夏商周) 시대의 명당(明堂) 벽에는 모두 요(堯)·순(舜)의 모습과 걸(桀)·주(紂)의 생김새가 그려져 있었다. …… 후대 사람들은 사실적 사건을 그리기는 어려우나, 허구의 장면은 오히려 표현하기가 쉬웠다. 그래서 모호하고 함축적인 담묵(淡墨) 산수화가 유행하기 시작한 것이다. 이에 옛사람이 말하는 회화의 참 의미는 사라지고 말았다.

송대(宋代) 소박(邵博)이「문견후록(聞見後錄)」에서 말했다. "한(漢)의 이흡(李翕)·왕치자(王稚子)·고관방(高貫方)의 묘비 위에 산림인물이라고 새겨져 있는데, 이 그림들을 살펴보면 후세 고개지(顧愷之)·육탐미(陸探微)·종병(宗炳) 등의 화가가 역시 소박하고 예스러운 정취를 가졌다는 것을 알 수 있다. 오도자(吳道子: 又名, 道元)에 이르러 회화의 기술이 절묘한 경지에 달해 기법 또한 갈수록 섬세하고 교묘해졌으나, 예전의 질박하고 고풍스러운 맛은 사라졌다. 그렇다면 오도자의 경지에도 못 미치는 사람들의 수준은 과연 어떠할까?" 이 부분은 실로 회화의 도를 말한 것이라 하겠다.

사조제(謝肇淛: 자는 在杭)가「오잡조(五雜俎)」에서 말했다. "당대(唐代) 이전의 명화(名畫)는 사실을 창작의 소재로 삼았다." 사실을 소재로 삼으려면, 결심과 구상을 하고 각종 고증과 수정을 거쳐야 한다. 예컨대, 인물의 의관(衣冠)제도·궁궐의 규모와 윤곽·성곽과 산천·지세(地勢)와 지형(地形) 등은 제멋대로 그리면 안 된다. 요즘 사람은 그림을 그릴 때 자신의 생각에 의지해 붓 가는 대로 그리는데, 거칠고 촌스러우면서도 툭하면 사의(寫意)라 칭한다. 장승요(張僧繇)·전자건(展子虔)·염립본(閻立本) 등의 화가들은 신불(神佛)이나 변환(變幻) 등을 작품의 소재로 많이 그렸다. 이밖에 석륵(石勒)·두건덕(竇建德)·안록산(安祿山) 등의 간적(奸賊)들도 도대체 무슨 가치가 있었는지, 모두 그림 속의 인물로 그려졌다. 또 의종(懿宗)이 토끼를 쏜다든지, 양귀비(楊貴妃)가 말에 오른다든지, 진후주(陳後主)가 진양(晉陽)을 여행한다든지, 화청궁(華淸宮)에 피서를 간다든지 등등 아무 의미도 없는 것들도 모두 그림의 소재로 사용되었다. 반면 위로 성인(聖人)의 예로는, 신농(神農)이 백성들에게 파종(播種)을 가르치는 것, 요임금이 통치하던 시절 백성들이 안정된 생활을 누리며 즐겁게 일하면서 노래하는 것, 노자(老子)가 함곡관(函谷關)을 건너는 것, 공자(孔子)가 10명의 제자들과 있는 것 등과, 아래로 현인(賢人)의 예로는 사호(四皓: 商山에 은거)가 영지를 캐고 길을 닦는 모습, 소광(疏廣)과 소수(疏受) 두 사람이 관직을 사양할 때 배웅하던 거마(車馬)가 백 대에 달하는 장면, 진원달(陳元達)이 간언을 하다 형벌로 죽는 장면, 갈홍(葛洪)이 나부산(羅浮山)으로 은거하러 가는 장면 등, 오늘날 사람들은 안 그리는 것을 옛 사람들은 오히려 즐겨 그렸다. 옛 사람들의 작품이 후세에 전해지면서 후세인들이 모방하였으나, 후세 사람들은 그저 의미 없는 소재를 다룬 그런 작품들만 중시하는 풍조를 형성하였는데, 이는 그저 고인들의 기교만을 익힌 것이지 그들의 그림 소재를 계승한 것은 아니다.

16. 왕부지(王夫之)

詩所以言志也, 歌所以永言也, 聲所以依永也, 律所以和聲也. 以詩言志而志不滯, 以歌永言而言不鬱, 以聲依永而永不蕩, 以律和聲而聲不詖. 君子之貴於樂者, 貴以此也. (『尚書引義』卷1「舜典三」)

시는 뜻을 표현하기 위한 것이다. 노래는 시를 길게 읊조리기 위한 것이다. 소리의 높고 낮음은 이러한 긴 읊조림과 서로 어울린다. 그 다음에 음률로 소리를 조화롭게 하여 시로 뜻을 표현한다면 뜻이 마음속에 쌓이지 않게 된다. 노래로 시의 언어를 읊을 수 있으면 언어가 울적해지지 않고 상쾌하게 표현될 수 있다. 소리로 긴 읊조림을 배합하면 긴 읊조림이 절제(節制)를 받지 않아 갑자기 높아졌다 낮아졌다 하지 않을 것이다. 음률로 소리를 조화하면 소리가 음률과 맞지 않는 일은 없을 것이다. 군자는 음악의 소중함이 바로 이점이라고 생각한다.

且夫人之有志, 志之必言, 盡天下之貞淫而皆有之. 聖人從內而治之, 則詳於辨志; 從外而治之, 則審於授律. 內治者, 愼獨之事, 禮之則也. 外治者, 樂發之事, 樂之用也. 故以律節聲, 以聲葉永, 以永暢言, 以言宣志. 律者哀樂之則也, 聲者淸濁之韻也, 永者長短之數也, 言則其欲言之志而已. (『尚書引義』卷1「舜典三」)

마음속에 뜻이 있으면 반드시 말로 표현해 내야 된다. 이 세상에 좋은 사람이든 나쁜 사람이든 다 마찬가지다. 성인(聖人)은 내심(內心)을 잘 관리하면 뜻을 자세히 판별할 수 있고, 외면을 잘 수양하면 음률(音律)을 자세히 살필 수 있다. 내면으로부터 관리한다면 신중하게 해야 하고 예의의 규칙을 잘 지켜야 한다. 외재로부터 수양을 한다면 음악의 규범에 맞게 해야 한다. 이것이 음악의 용도이다. 음률을 통해서 소리를 절제하며, 소리를 통해서 음영(吟詠)함과 조화하고, 긴 읊조림을 통해서 언어를 더 편안하게 만들며, 언어를 통해서 뜻을 밝힌다. 음률은 슬픔이나 기쁨과 관련이 있다. 소리는 청음(清音)과 탁음(濁音)으로 구별된다. 읊는 것은 장단(長短)의 차이가 있다. 언어는 뜻을 표현하는 것이다.

律調而後聲得所和, 聲和而後永得所依, 永得所依而後言得以永, 言得永而後志著於言. 故曰: "窮本知變, 樂之情也."[84] 非志之所之, 言之所發, 而卽得謂之樂, 審矣. 藉其不然, 至近者人聲, 自然者天籟, 任其所發而已足見志, 胡爲乎索多寡於羊頭之黍, 問修短於嶰谷之竹哉? 朱子顧曰: "依作詩之語言, 將律和之; 不似今人之預排腔調, 將言求合之, 不足以興起人." 則屈元聲自然之損益, 以拘梏於偶發之話言, 發卽樂而非以樂樂, 其發也奚可哉. (『尚書引義』卷1「舜典三」)

음률을 기준에 맞게 해야 그 다음 음성이 조화로워진다. 음성을 조화롭게 해야 그 다음 읊는 것이 어울리게 된다. 읊는 것이 어울려야 그 다음 말을 천천히 낭송하게 된다. 말을 낭송해야 뜻을 말로 토로할 수 있다. 그래서 "만물의 근본을 궁구하여 그 중의 변화를 알아보는 것이 음악의 본질이다."라고 말한다. 그러나 주의할 것은, 뜻이 어떤 정도에 이르고 말로 표현해낼 수 있다 해서 그것이 바로 음악이라 할 수 있는 것은 아니라는 점이다. 음악은 반드시 자세히 살펴야 한다. 그렇지 않으면 사람의 소리와 바람소리·새소리 등 자연의 소리도 모두 마음으로부터 나오는 것이라고 말할 수가 있다. 정감을 표현하는 것인데 설마 이런 것들을 다 음악이라고 할 수 있겠는가? 만약 그것들도 모두 음악이라고 한다면, 무엇 때문에 음악을 위하여 양두산(羊頭山)의 기장과 해

---

84. 이 구절은 『악기(樂記)·악정(樂情)』에 나온다.

곡(嶰谷)의 긴 대나무로 황종지음(黃鐘之音)을 만들고 음조를 확립했겠는가? 주희(朱熹)가 말했다. "옛날의 음악은 시의 언어에 의한 다음에 음률과 서로 배합해서 비로소 만들어졌다. 오늘날 사람은 이와 달리 소리를 미리 정하고 그 안에 사(詞)를 어울리게 짓는다. 따라서 오늘날 사람의 음악은 사람을 감동시키기 어렵다." 주희는 진정으로 인간을 감동시키는 음악은, 하늘과 땅 사이의 자연스러운 음률이 인간의 마음에 따라 가끔씩 나오는 언어에 조절되어 드러나는 것이라그 생각한다. 만약 말로 드러내는 것이 곧 음악이나 이 음악이 인간에게 그 어떤 아름다운 느낌도 주지 못한다면, 이러한 음악을 어떻게 인정할 수 있겠는가?

先王之教, 以正天下之志者, 禮也. 禮之旣設, 其小人恒佚於禮之外, 則輔禮以刑; 其君子或困於禮之中, 則達禮以樂[85]. 禮建天下之未有, 因心取則而不遠, 故志爲尙. 刑畫天下以不易, 緣理爲准而不濫, 故法爲刑. 樂因天下之本有, 情合其節而後安, 故律爲和. 舍律而任聲則淫, 舍永而任言則野. 旣已任之, 又欲強使合之. 無修短則無抑揚抗墜, 無抗墜則無唱和. 未有以整截一致之聲, 能與律相協者. 故曰 "依詩之語言, 將律和之" 者, 必不得之數也. (『尙書引義』 卷1 「舜典三」)

선왕(先王)의 교화(教化)에 따르면, 천하 사람들의 뜻을 격려하고 교정하는 것이 예(禮)이다. 설령 예를 제정해도 소인(小人)들은 항상 예의를 따르지 않으니, 형벌의 힘을 빌려 예의를 바르게 하고자 했다. 때로 군자도 예의에 갇혀 있어, 설령 행위는 예의에 맞으나 내심이 자유롭지 못하기도 한다. 그래서 음악으로 예의를 도와주는 것이다. 이 세상에 원래 예가 없었는데 성인들이 인

---

85. "달례이악(達禮以樂)": <너무 예의(禮儀)에 갇혀 내심(內心)이 자유롭지 못한 것을> 음악이 도와 예(禮)를 이룰 수 있게 함을 말한다.

심(人心)을 기준으로 예를 만들었다. 그래서 예를 제정할 때 인간의 뜻을 소중하게 여겼다. 형법은 세상의 바꿀 수 없는 준칙을 규정하는데, 이 준칙이 바로 인간의 도리이다. 그러므로 법규의 준칙은 형벌을 위해 만든 것이다. 음악은 이 세상에 원래 있는 것이다. 정감과 뜻은 반드시 음악의 절제에 맞아야 안정되고 평화로워질 수 있다. 그래서 음률은 조용하고 편안하여 조화롭게 하는 작용이 있다. 만약에 음률로 절제하지 않고 음성을 내버려 두고 방임한다면 음미(淫靡)하고 방자해 질 것이다. 읊는 어조가 어떻든 간에 언어가 너무 자유분방하면 조야(粗野)하고 방탕하게 될 것이다. 말이나 읊는 것이 제멋대로 되었다면, 다시 강제적으로 음률로 하여금 그 절제 없는 말과 음영함에 서로 부합하도록 한다. 더욱이 시의 말을 잘 정돈하고 장단을 구분하지 않으며 말 자체가 장단의 구분이 없으면, 음조의 높낮이와 엇갈린 배열도 구분이 없게 된다. 음조의 높낮이와 엇갈린 배열이 없으면 음성의 창화(唱和)도 없게 된다. 정연하게 일률적인 음성이 능히 음률과 조화롭게 부합할 수 있다는 말은 들어본 적이 없다. 그래서 주희가 말한 "시의 언어에 의하여 음률과 조화하게 한다."라는 내용은 정확하지 않다.

『記』曰: "樂者, 音之所由生也. 其本在人心之感於物也."[86] 此言律之卽於人心, 而聲從之以生也. 又曰: "知聲而不知音, 禽獸是也. 知音而不知樂, 衆庶是也. 惟君子爲能知樂."[87] 此言聲永之必合於律, 以爲修短抗墜之節, 而不可以禽獸衆庶之知爲知也. (『尙書引義』卷1「舜典三」)

『악기(樂記)』에 의하면, "악(樂)은 음(音)으로 구성된 것이고, 그 본원(本源)은 사람의 마음이 외재적인 사물에 대해 감촉한 데 있다."라고 했다. 이것은

---

86. 이 구절은 『악기(樂記)·악본(樂本)』에 나온다.
87. 이 구절은 『악기(樂記)·악상(樂象)』에 나온다.

음률이 사람의 마음 중에 있고, 음성은 그로부터 생기는 것이라는 뜻이다. 또 "짐승은 성(聲)만 알고 음(音)을 모르고, 일반 사람은 음만 알고 악(樂)을 모르며, 오직 군자만이 악을 안다."라고 말한다. 이것은 음영(吟詠)과 음성이 반드시 음률에 맞고 장단이 서로 조화로우며 높낮이에 억양(抑揚)이 있어야 됨을 말한 것이다. 단지 짐승이나 일반인의 수준에 그치면 안 된다.

今使任心之所志, 言之所終, 率爾以成一定之節奏, 於喁嘔啞, 而謂樂在是焉, 則蛙之鳴, 狐之嘯, 童稚之伊吾, 可以代聖人之制作. 然而責之以"直溫寬栗, 剛無虐, 簡無傲"[88]者, 終不可得. 是欲卽語言以求合於律呂, 其說之不足以立也, 明甚.

朱子之爲此言也, 蓋徒見『三百篇』之存者, 類多四言平調, 未嘗有腔調也, 則以謂『房中之歌』, 笙奏之合, 直如今之吟誦, 不復有長短疾徐之節. 乃不知長短疾徐者, 闔辟之樞機, 損益之定數; 『記』所謂 "一動一靜, 天地之間者也"[89], 古今雅鄭, 莫不能違. 而鄕樂之歌, 以瑟浮之, 下管之歌, 以笙和之, 自有參差之餘韻. 特以言著於詩, 永[90]存於樂, 樂經殘失, 言在永亡, 後世不及知焉. 豈得謂歌·永·聲·律之盡於四言數句哉? (『尙書引義』卷1「舜典三」)

지금 생각이 가는 방향으로 따르고 말하고 싶은 대로 말하며 제멋대로 일정한 리듬을 만들어 번갈아가며 노래하면, 시끄러워 듣기 싫은데도 이것을 음악이라고 부른다. 만약 그렇다면 개구리 우는 소리와 여우가 울부짖는 소리, 그리고 어린아이가 옹알옹알하며 말하는 소리는 모두 성인(聖人)이 만든 음악

---

88. 이 구절은 『서경(書經)·요전(堯典)』에 나온다.
89. 이 구절은 『악기(樂記)·악례(樂禮)』에 나온다.
90. "영(永)": 시(詩)를 연주할 때 규정으로 기록된 성음(聲音)의 장단(長短)과 고저(高低) 등을 말한다.

을 대체할 수 있을 것이다. 그러나 성인이 말하는 "정직함과 동시에 너그럽고 온화하며, 장엄함과 동시에 아량이 넓고, 강인하지만 각박하지 않으며, 간단하지만 오만하지 않는다."는 음악의 경지에 이르는 것은 불가능하다. 그래서 말을 통해 음률을 추구한다는 주장은 이치에 맞지 않는다. 이것은 매우 명백하다.

주희(朱熹)가 이렇게 말한 것은 『시경(詩經)』의 작품을 보니 대부분 사언시(四言詩)이고 아주 평온하며 곡조가 없기 때문이다. 아울러 이 때문에 한대(漢代)의 「안세방중가(安世房中歌)」를 생황(笙簧)의 악기로 연주한다면 마치 지금의 낭송(朗誦)처럼 장단(長短)과 속도의 구분을 할 수 없을 것이다. 그러나 장단과 속도가 음악의 핵심이며 일정한 표준이 있음을 알지 못한다. 『악기(樂記)』에 "한 번 움직이고 한 번 고요하여 천지 만물을 낳았다."라는 말이 있는데, 고악(古樂)이든 금악(今樂)이든 혹은 아악(雅樂)이든 속악(俗樂)이든 막론하고 모두 이를 위배할 순 없다. 향토 음악은 슬(瑟)로 반주를 하고 「하관(下管)」이라는 노래는 생황으로 합주하는데, 자연스럽게 서로 잘 어울려 운미(韻味)가 생겨난다. 시(詩)의 언어가 문자로 기록되어 있기 때문에 영(永), 즉 시 연주의 장단 등에 대한 기록이 악경(樂經)에 남아있어, 악경이 유실되더라도 시는 문자를 통해 남아있을 수 있게 되었다. 그래서 언어가 설령 있더라도 영(永)이 없어지면 후세 사람들은 또한 모르게 된다. 어찌 가(歌)·영(永)·성(聲)·율(律)이 모두 현존하는 사언시(四言詩) 안에 있다고 말할 수 있겠는가?

漢之「鐃歌, 有有字而無義者, 『鐃歌』之永也. 今失其傳, 直以爲贅耳. 當其始制, 則固全憑之以爲音節. 以此知「升歌」·「下管」·「合樂」之必有餘聲在文言之外, 以合聲律, 所謂永也. 刪詩存言而去其永, 樂官習永而墜其傳, 固不如『鐃歌』之僅存耳. (『尙書引義』 卷1 「舜典三」)

한대(漢代)의 「요가(鐃歌)」의 어떤 글자에는 의미가 없다. 그것이 바로 「요가」의 영(永)이다. 지금은 영(永)에 관한 구체적인 방법이 전해지지 않는데, 이는 그런 글자가 번잡하고 쓸데없다는 뜻이다. 하지만 「요가」를 창작하기 시작했을 때 전부 그런 글자에 의하여 소리를 냈다. 그러므로 「승가(升歌)」와 「하관(下管)」, 그리고 「합악(合樂)」 등의 시 본연의 언어 외에 필시 소리를 내는 것을 기록한 다른 문자가 존재했기에 음률에 맞게 연주했다고 추측할 수 있다. 그것이 바로 영(永)이다. 공자(孔子)가 시를 산정(刪定)했을 때, 시 자체의 글은 남겼지만 영(永)은 삭제했다. 비록 그 시대의 악관(樂官)들은 영(永)을 잘 알았겠지만, 악관들이 죽은 후 영(永)은 전해지지 않았다. 차라리 「요가」를 정리하는 사람이 없었다면 좋았겠다. 그러면 그 영(永)이 보존되지 않았을까?

晉·魏以上, 永在言外. 齊·梁以降, 永在言中. 隋·唐參用古今, 故楊廣「江南好」, 李白「憶秦娥」·「菩薩蠻」之制, 業以言實永; 而「陽關三疊」·「甘州入破」之類, 則言止二十八字, 而長短疾徐, 存乎無言之永. 言之長短同, 而歌之襯疊異, 固不可以「甘州」之歌歌「陽關」矣. 至宋而後, 永無不言也. 永無不言而古法亡. 豈得謂之古之無永哉?

以理論之, 永在言外, 其事質而取聲博; 以言實永, 其事文而取聲精. 文質隨風會以移, 而求當於聲律者, 一也. 是故以腔調塡詞, 亦通聲律之變而未有病矣, 依之爲言, 如其度數而無違也, 聲之抑揚依永之曼引也. 浸使言有美刺, 而永無舒促, 則以「板」·「蕩」·「桑柔」之音節, 誦「文王」·「下武」之詩, 聲無哀樂, 又何取於樂哉? (『尚書引義』卷1「舜典三」)

위진(魏晉) 이전에는 영(永)이 시의 언어 밖에 나타났다. 제양(齊梁) 시기부터 영(永)은 언어의 일부분이 되었다. 수당(隋唐)과 양(梁) 시기에는 두 가지 방법을 동시에 사용했다. 양광(楊廣)의 「강남호(江南好)」, 이백(李白)의 「억진

아(憶秦娥)」와 「보살만(菩薩蠻)」 등의 작품은 언어 가운데 영(永)이 없다. 그러니 「양관삼첩(陽關三疊)」과 「감주입파(甘州入破)」 등의 작품은, 비록 언어로 보면 단지 스물여덟 글자가 있지만 음조의 장단과 빠르고 느린 정도는 언어에서 벗어나 영(永) 중에 존재한다. 비록 언어의 장단이 비슷하지만 노래를 부를 때의 '친(襯)'자와 '첩(疊)'자는 다르다. 그래서 「감주(甘州)」를 부를 때의 음조로 「양관삼첩」을 부르면 안 된다. 송나라 때에 이르러 영(永)이 모두 언어 중에 나타나게 된다. 그래서 고법(古法)이 사라지고 없어졌다. 고법이 없어져 사람들이 고대의 영(永)을 보지 못한 것이지, 어찌 고대에는 영(永)이 없었다고 할 수 있겠는가?

다시 양자(兩者)의 이치를 살펴보자. 영(永)이 언어 밖에 있으면 작품이 질박하며, 관대하고 넓은 음조를 취한다. 영(永)이 언어 안에 있으면 작품이 문채가 있으며, 정교하고 세밀한 음조를 취한다. 비록 문(文)과 질(質)은 시대의 풍조에 따라 끊임없이 바뀌었지만, 음률이 합당해야 된다는 요구는 일치했다. 그래서 말씨에 따라 사(詞)를 지은 것도 음률의 변천에 맞으니까 잘못된 것이 없다. 음조에 의해 언어를 창작하고, 그 다음에 소리의 높낮이가 영(永)의 신축(伸縮)과 어울린다. 이렇게 해도 좋다. 만약 언어에는 폄하도 있고 찬양도 있는데 영(永)에 느림과 빠름의 구분이 없으면, 「반(板)」·「탕(蕩)」·「상유(桑柔)」 등의 산뜻하고 화려하고 방탕한 시의 음조로 「문왕(文王)」·「하무(下武)」 등 장엄하고 단정한 시를 부를 수도 있다. 음성 자체는 슬픔이나 기쁨 등 정감을 포함하지 않는데, 이 두 가지 음악을 어떻게 구분하겠는가?

徒以言而已足也, 則求興起人好善惡惡之志氣者, 莫若家誦刑書, 而人讀禮策. 又何以云 "興於詩, 成於樂"[91]邪? 今之公宴, 亦嘗歌『鹿鳴』矣, 放辟邪侈之心, 雖無感以動; 肅雍敬和之志, 亦不足

---

91. 이 구절은 『논어(論語)·태백(泰伯)』에 나온다.

以興. 蓋言在而永亡, 孰爲黃鍾, 孰爲大呂, 頹然其不相得也. 古之
洋洋盈耳者, 其如是夫.『記』曰: "歌, 詠其聲也."[92] 歌詠聲, 豈聲詠
歌之謂邪? 歌詠聲, 歌乃不可廢. 聲詠歌, 聲以強入不親而可廢矣.
(『尙書引義』卷1「舜典三」)

만약 언어만으로 충분하면, 사람들로 하여금 선을 좋아하고 악을 미워하게 하는 마음을 일으키는데 형법을 외게 하고 예의에 관한 책만 읽게 하면 될 것이다. 그렇다면 왜 옛날 사람이 "시를 통하여 뜻을 불러일으키고, 음악을 통해서 이러한 뜻을 완성시킨다."라고 했겠는가? 오늘날 연회에서도 다들 「녹명(鹿鳴)」이라는 노래를 부르기 좋아하지만 오히려 방종하고 사악한 마음이 때로 나타나게 된다. 옛날처럼 사람에게 엄숙하고 고요하며 장중한 동시에 마음을 평화롭게 하는 효과를 주지 못한다. 이것은 언어만 보존하고 영(永)이 없어졌기 때문이다. 이 시를 연주할 때 어디서 황종(黃鐘)을 사용하는지, 어디서 대려(大呂)를 사용하는지 등이 모두 옛날의 표준과 맞지 않다. 옛날의 우아하고 아름답고 사람들을 감동시키는 음악이 오늘날 이런 모습이 된 것이다.『악기(樂記)』에 따르면 "노래는 읊는 방식으로 음성을 표현한다."라고 했다. 노래로 음성을 낭송하는 것이지, 음성이 노래를 낭송하겠는가? 만약 노래로 음성을 낭송하는 것이라면, 노래를 폐지하면 안 된다. 만약 음성으로 노래를 낭송하는 것이라면, 음성은 강제로 노래 안에 들어가는 것이라 폐기해도 된다.

若夫俗樂之失, 則亦律不和而永不節. 九宮之律非律也, 沈約·
周伯琦之聲非聲也. 律亡而聲亂, 聲亂而永淫, 永淫而言失物, 志
失紀. 欲正樂者, 求元聲, 定律同, 俾聲從律, 俾永葉聲, 則南北九
宮, 里巷之淫哇, 邊裔之猛厲, 見睍自消, 而樂以正. 倘懲羹吹齏, 並
其長短·疾徐·闔辟·陰陽而盡去之, 奚可哉! (『尙書引義』卷1「舜典

---

92. 이 구절은『악기(樂記)·악상(樂象)』에 나온다.

三」)

속악(俗樂)의 문제는 음률이 조화롭지 않아 영(永)에 절제가 없다는 점이다. 구궁지률(九宮之律)은 옛날의 진정한 음률이 아니며, 심약(沈約)과 주백기(周伯琦)의 성론(聲論)도 진정한 성론이 아니다. 음률이 없어지면 소리가 혼란스러워진다. 소리가 혼란스러워지면 영(永)이 절제되지 않는다. 영(永)이 절제되지 않으면 말로 중정(中正)하고 평화롭게 영물(詠物)하고 서사(敍事)하지 못할 것이다. 그래서 정악(正樂)으로 돌아가고자 한다면 우선 황종(黃鐘)을 정확하게 정해야 되고, 그 다음 황종을 바탕으로 다른 음률을 제정해야 한다. 그 다음 소리를 음률과 맞게 하고 영(永)이 소리를 어울리게 해준다. 이렇게 해야 남북구궁(南北九宮)과 민간의 음탕하고 문란한 곡조, 그리고 변경 지역의 지나치게 강직하고 맹렬한 곡 들이 전부 사라지게 될 것이다. 만약에 지나치게 소심하고 논쟁이 일어나는 것을 겁내며, 속된 음악이 안 좋다고 생각하기 때문에 길고 짧음·빠르고 느림·열고 닫음·음과 양 등의 음악을 모두 배제하게 한다면, 이는 마치 뜨거운 국물로 입을 데어서 찬 음식을 먹을 때도 입으로 불어야 되는 것처럼 웃기고 우스꽝스러운 일이다.

故俗樂之淫, 以類相感, 猶足以生人靡蕩之心; 其近雅者, 亦足動志士幽人之歌泣. 志雖不正, 而聲律尚有節也. 故聞「河滿子」而腸斷, 唱"大江東去"[93]而色飛. 下至「九宮之曲」「梁州序」「畫眉序」之必歡;「小桃紅」「下山虎」之必悲, 移宮易用而哀樂無紀. (『尚書引義』卷1「舜典三」)

비록 속악(俗樂)이 음탕하고 문란하지만 사람의 마음을 감동시켜 정신을 흔들리게 할 수 있다. 아악(雅樂)에 가까운 음악도 속세(俗世)를 피해 조용히

---

93. 이 대목은 蘇軾의 「낭도사(浪淘沙)·적벽회고(赤壁懷古)」에 나온다.

사는 사람과 절의(節義)가 있는 선비를 감동시킬 수 있으며, 이유 없이 노래하면서 울게 만들 수 있다. 이것은 비록 음악으로 표현하는 뜻이 올바르지 않지만, 음률이 중정하고 절제하기 때문이다. 그래서 「하만자(何滿子)」를 들으면 가슴이 토막토막 찢어지는 듯이 아플 것이고, "큰 강물이 동쪽으로 흘러나간다."라고 부를 때 의기양양해질 것이다. 「구궁지곡(九宮之曲)」·「양주서(梁州序)」·「화미서(畫眉序)」 등을 들으면 반드시 즐겁고 유쾌해질 것이고, 「소도홍(小桃紅)」·「하산호(下山虎)」 등을 들으면 반드시 슬퍼질 것이다. 왜냐하면 음률이 사람을 슬프거나 기쁘게 만들 수 있기 때문이다.

若夫閭巷之謠, 與不知音律者之妄作, 如扣腐木, 如擊濕土, 如含辛使淚而弄腋得笑; 稚子腐儒, 搖頭傾耳, 稍有識者, 已掩耳而不欲聞. 彼固率衆庶之知, 而幾同於禽獸, 其可以槪帝舜·後夔之格天神, 綏祖考, 賞元侯, 教胄子, 移風易俗之大用哉? (『尚書引義』 卷1 「舜典三」)

민간의 곡조나 음률을 터득하지 않는 사람이 무턱대고 만든 음악은 마치 썩은 나무를 두드리는 것이나 혹은 젖은 땅을 치는 것과 같이 탁탁하고 재미없다. 또한 사람들이 매운 것을 먹으면 눈물이 나고, 가려운 곳을 가볍게 긁으면 하하거리며 크게 웃는 것과 같다. 이렇게 하는 것은 단지 사람의 감관을 자극할 뿐이고, 사람의 마음을 감동시킬 수는 없다. 무지한 어린아이와 진부한 유생(儒生)은 이러한 음악을 들으면 머리를 흔들면서 말로 형용할 수 없을 정도로 미묘하다고 생각할 것이다. 그러나 조금이라도 견문이 있는 사람이라면 귀를 막고 더 이상 듣기 싫어할 것이다. 이러한 음악은 일반인의 애호를 만족시킬 수 있지만 짐승처럼 저급한 것이다. 그러한 음악을 통해서는 순(舜)·기(夔) 등 사람들이 말하는 천신(天神)을 부른다거나, 조묘(祖廟)를 안정하고 편하게 할 수 있거나, 원후(元侯)를 하사할 수 있거나, 임금의 맏아들을 가르치고 지도할 수 있거나, 풍속을 돈화시키겠다는 목표는 절대 이룰 수 없다.

聖人之制律也, 其用通之於曆. 曆有定數, 律有定聲. 曆不可以疏術測, 律不可以死法求. 任其志之所之, 限其言之必詘, 短音樸節, 不合於管弦, 不應於舞蹈, 強以聲律續其本無而使合也, 是猶布九九之算以窮七政之紀, 而強盈虛·進退·朒朓·遲疾之忽微以相就. 何望其上合於天運, 下應於民時也哉? (『尙書引義』卷1「舜典三」)

성인(聖人)이 율(律)를 제정하는 용도는 역(曆)을 제정하는 용도와 서로 통한다. 역에는 정해진 수효(數爻)나 수량(數量)이 있고, 율에는 정해진 음성이 있다. 역은 일반적인 방법으로 추정할 수 없고, 율은 진부한 고정불변의 방법으로 얻을 수 없다. 뜻을 그저 따르고 뜻에 의하여 마음대로 언어를 만들며 방해가 되는 것을 모두 제거한다면, 이런 식으로 창작하는 문자는 그 음성이 단촉하여 리듬이 간단하고 아름답지 않으니 관현악기로 연주하는 것이 마땅치 않다. 또 춤으로 연출하는 것도 마땅치 않다. 만약 억지로 음률에 맞추게 한다면, 이는 마치 천문(天文) 중에 구구산법(九九算法)을 통해 해와 달 및 금목수화토(金木水火土) 등 다섯 개의 별이 변화하는 규칙을 궁구하려고 하고, 억지로 영허(盈虛)·진퇴(進退)·육조(朒朓)·지속(遲速)을 따르게 하는 것과 같다. 어찌 위로 천운(天運)에 순응하는지와 아래로 민시(民時)에 순응하는지를 따지겠는가?

不以濁則淸者不激, 不以抑則揚者不興, 不以舒則促者不順. 上生者必有所益, 下生者必有所損. 聲之洪細, 永之短長, 皆損益之自然者也. 古人審於度數, 倍嚴於後人, 故黃鍾之實, 分析之至於千四百三十四萬八千九百七, 而率此以上下之. 豈章四句, 句四言, 槪哀樂於促節而遂足乎? 志有範圍, 待律以正; 律有變通, 符志無垠; 外合於律, 內順於志, 樂之用大矣.(『尙書引義』卷1「舜典三」)

더러운 것이 없으면 맑고 투명한 것이 높이 치솟을 수 없다. 폄하하는 것이 없으면 찬양하는 것이 흥하여 발전하지 못한다. 느리고 온화한 것이 없으면 급하고 단축한 것이 순조로울 수 없다. 위로 성장하는 것은 반드시 증가하는 바가 있기 때문이다. 또 아래로 성장하는 것은 반드시 감손(減損)하는 바가 있기 때문이다. 소리의 크고 세밀함과 영(永)의 장단은 모두 증감이 자연스러워야 한다. 옛날 사람은 증가하거나 감손하는 도수(度數)에 정통하니, 그에 대한 파악이 지금 사람보다 더 엄격했다. 그래서 황종(黃鐘)의 도수는 천 사백 삼십 사만 팔천 구백 칠까지 세밀하게 계산할 수 있다. 이 도수에 의거하여 위와 아래로 다른 음률을 확정할 수 있다. 어찌 한 곡의 네 장이나 한 구절의 네 글자를 단지 빠름이나 느림만을 통해 음악을 조절하는 것이 이 정도에 이를 수 있겠는가? 뜻은 범위가 있으니 음률에 의하여 조절하고 교정해야 한다. 음률은 융통성이 있으니 뜻에 끊임없이 적합할 수 있다. 외재적으로 음률과 들어맞고 내재적으로 뜻을 순응하니, 음악엔 참으로 큰 용도가 있는 것이다.

何承天·沈約以天地五方之數爲言之長短者, 誣也. 宋濂·詹同之以院本九宮塡郊廟會樂歌者, 陋也. 朱子據刪後之『詩』, 永去言存, 而謂古詩無腔調者, 固也. 司馬公泥[94]『樂記』"動內"之文, 責范蜀公之不能舍末以取原者, 疏也. 重志輕律, 謂聲無哀樂, 勿以人爲滑天和, 相沿以迷者, 嵇康之陋倡之也. 古器之愁遺, 一毁於永嘉, 再毁於靖康, 並京房·阮逸之師傳而盡廢, 哀哉! 吾誰與歸!(『尙書引義』卷1「舜典三」)

하승천(何承天)과 심약(沈約)은 하늘과 땅 사이의 동서남북중(東西南北中)

---

94. '司馬公泥'는 '司馬公實'의 오기(誤記)이다.

다섯 개 방위의 수치를 장단에 비유하는데, 이것은 잘못된 것이다. 송렴(宋濂)과 첨동(詹同)이 원잡극(元雜劇) 중에서의 원본구궁(院本九宮)으로 교묘(郊廟)와 조회(朝會)에서의 제사 음악을 만든 것은 매우 거칠고 천박한 것이다. 주희(朱熹)는, 공자(孔子)가 정리하고 고친 후에 언어만 보존하고 영(永)을 삭제한 『시경(詩經)』을 보고 고시(古詩)에 말씨가 없다고 했는데, 이는 변통을 모르는 것이다. 사마광(司馬光: 자는 公實)은 『악기(樂記)』의 '동내(動內)'라는 표현에 근거하여 범진(范鎭: 蜀郡公에 봉해짐)이 세세한 부분을 버리고 본질을 환원하지 못한 것은 잘못한 일이라고 생각한다. 또한 뜻을 중시하고 음률을 경시하여, 소리엔 슬픔이나 기쁨이 없으며 인위적으로 하늘의 자연스럽고 중화(中和)한 소리를 혼란시켜선 안 된다고 생각한다. 이러한 관점은 혜강(嵇康)으로부터 시작해 계속 답습하면서 많은 사람을 미혹시킨다. 옛 음악의 상실은 처음에 영가(永嘉) 년간에 남쪽으로 갈 때부터 시작되었고, 그 다음에는 정강지난(靖康之亂) 때 다시 훼손되었다. 경방(京房)과 원일(阮逸)의 사상에 대한 전승도 사라졌다. 참으로 슬프다. 내가 누구한테 말할 수 있겠는가?

『畢命』之言辭也, 曰 "體要"[95]. 於是而或爲之說曰: "辭有定體焉, 有扼要焉, 挈其扼要而循其定體, 人可爲辭, 而奚以文爲? 體要者質也, 質立而文爲贅餘矣." 徇是言也, 質文之實交喪於天下, 而辭之不足以立誠久矣.

嘗試言之. 物生而形形焉, 形者質也. 形生而象象焉, 象者文也. 形則必成象矣, 象者象其形矣. 在天成象而或未有形, 在地成形而無有無象. 視之則形也, 察之則象也, 所以質以視章, 而文由察著. 未之察者, 弗見焉耳. (『尙書引義』卷6「畢命」)

「필명(畢命)에서 문사(文辭)를 담론할 때 체요(體要: 體式과 要點)가 중요하

---

95. 이 구절은 『서경(書經)·필명(畢命)』에 나온다. "辭尚體要, 不惟好異."

다고 했다. 어떤 사람은 이 말을 다음과 같이 이해했다. "문장에는 반드시 일정한 체식(體式)이 있어야 한다. 전달하려고 하는 요점이 있다면, 그 요점을 잡고 체식을 준수하여 누구나 좋은 문장을 쓸 수 있다. 그러니 문채가 무슨 소용이 있겠는가? 체요가 강조하는 것은 질(質)이므로, 질만 있으면 문채는 더이상 필요 없을 것이다." 이러한 담론을 따른다면 문질(文質)의 진정한 이치는 상실할 것이다. 그래서 오래도록 문장이 항상 마음속 진실한 생각을 표현하기에 충분치 않았던 것이다.

그 이치를 말해보자. 물(物)은 생겨나면서 형(形)을 형성한다. 이 형이 바로 질(質)이다. 형(形)은 생겨날 때 상(象)을 형성한다. 이 상이 바로 문(文)이다. 형(形)이 형성될 때 반드시 상(象)이 생기고, 상은 형을 드러내기 위해서 생긴다. 하늘에 있는 상(象)은 반드시 구체적인 형(形)이 있는 것이 아니지만, 땅에 있는 형은 반드시 구체적인 상이 있다. 형은 한 눈에 바로 식별할 수 있으나, 상은 잘 살핀 후에야 비로소 변별할 수 있다. 따라서 질은 쉽게 알아차릴 수 있는 것이고, 문는 자세히 고찰해야 비로소 명백하게 드러날 수 있는 것이다. 진지하게 고찰하지 않으면 이 점을 이해하지 못한다.

請觀於物. 白馬之異於人也, 非但馬之異於人也, 亦白馬之異於白人也. 卽白雪之異於玉也, 疏而視之, 雪·玉異而白同; 密而察之, 白雪之白, 其亦異矣. 人之與馬, 雪之與玉, 異以質也; 其白則異以文也. 故統於一白, 而馬之白必馬, 而人之白必人, 玉之白必玉, 雪之白必雪. 從白類而馬之, 從馬類而白之. 旣已爲馬, 又且爲馬之白, 而後成乎其爲白馬. 故文質不可分, 而弗俟合也, 則亦無可偏爲損益矣. (『尙書引義』卷6「畢命」)

사물을 보라. 백마(白馬)와 사람은 다르다. 단지 말만 사람과 다른 것이 아니라 백마도 백인(白人)과 다르다. 흰 눈은 옥과 다르다. 간략하게 보면 눈과 옥이 다르지만 모두 흰 색이다. 다시 자세히 살펴보면 흰 눈의 백(白)과 옥의 백도 다르다. 사람과 말, 눈과 옥의 질(質)이 다른 것이다. 그들의 백(白)은 외재적으로 봐도 서로 다르다. 따라서 똑 같은 흰 색인데 말의 흰 색은 필연적으로 말이고, 사람의 흰 색은 필연적으로 사람이며, 옥의 흰 색은 필연적으로 옥이고, 눈의 흰 색은 필연적으로 눈이다. 흰 색을 통해서 말을 식별할 수 있고, 말을 통해서 〈말에 속한〉 흰 색을 식별할 수 있다. 우선 말이라면, 동시에 말에 속하는 흰 색을 갖추어야 백마가 될 것이다. 따라서 문(文)과 질(質)을 나눌 수가 없고, 또한 그들을 합칠 수도 없다. 동시에 그들의 비율도 증가하거나 감소할 수 없다.

資於事父以事君而敬同, 同以敬, 而非以敬父者敬君. 以敬父者施之君, 則必傷於草野, 而非所以敬君. 非所以敬君, 不可爲敬. 不可爲敬, 是不能資於事父而同敬矣. 資於事父以事母而愛同, 同以愛, 而非以愛父者愛母. 以愛父者施之母, 則必嫌於疏略, 而非所以愛母. 非所以愛母, 不可爲愛. 不可爲愛, 是不能資於事父而同愛矣. 愛敬之同, 同以質也. 父與君·母之異, 異以文也. 文如其文而後質如其質也. 故欲損其文者, 必傷其質. 猶以火銷雪, 白失而雪亦非雪矣.

故統文爲質, 乃以立體; 建質生文, 乃以居要. 體無定也, 要不可扼也. 有定體者非體, 可扼者非要, 文離而質不足以立也.

奚以明其然邪? 耳·目·手·足之爲體, 人相若也, 也不相爲貸. 非若刻木以爲傀儡, 易衣而可別號爲一人也. 故疏而視之, 相若; 密而察之; 一紋一理, 未有果相似者, 因而人各爲質焉. 則質以文爲別, 而體非有定審矣. (『尙書引義』 卷6 「畢命」)

아버지를 모실 때와 군왕을 모실 때는 모두 존경이 필요하다. 하지만 비록 똑 같이 존경이 필요하다 해도 아버지에 대한 존경을 가지고 군왕을 존경하면 안 된다. 만약어 아버지에 대한 존경을 가지고 군왕을 존경한다면 반드시 거칠고 예의가 없어 보일 것이다. 군왕을 존경하는 방식이 아니기 때문이다. 군왕을 존경하는 방식이 아니면 이러한 존경은 존경이라 할 수 없다. 존경이라 칭할 수가 없는 이유는, 아버지를 모실 때와 군왕을 모실 때 그 존경이 다르기 때문이다. 아버지나 어머니를 모실 때는 모두 사랑이 필요하다. 비록 똑 같이 사랑이 필요하지만 아버지에 대한 사랑을 가지고 어머니를 사랑하면 안 된다. 만약에 아버지에 대한 사랑을 가지고 어머니를 사랑한다면 반드시 생소하고 거칠어 보일 것이다. 이것은 어머니를 사랑하는 방식이 아니기 때문이다. 어머니를 사랑하는 방식이 아니면 이러한 사랑은 사랑이라 칭할 수 없다. 사랑이라 칭할 수 없는 이유는 아버지를 모실 때와 어머니를 모실 때의 사랑이 다르기 때문이다. 부모님에 대한 사랑과 군왕에 대한 존경은 비슷한 것이고, 각각의 질(質)은 같다. 하지만 아버지와 어머니, 그리고 아버지와 군왕은 다른 것이다. 여기선 문(文)이 다르다. 오직 문이 문의 요구를 충족하야만 질은 질이 될 수 있다. 따라서 문이 이루어지지 못하면 결코 질도 드러날 수 없다. 마치 불로 눈을 녹는 것과 같아, 눈의 흰 색이 없으면 눈도 더 이상 눈이 아닌 것이다.

따라서 문장을 주도하는 것은 질(質)이다. 질을 통해서 체(體: 體式)를 만들 수 있다. 질을 만드는 동시에 문(文)이 생기고, 이는 요(要: 주제)를 구현하기 위한 것이다. 체(體)가 만약 고정되면 요(要) 또한 잡을 수 없다. 만약 체가 고정되면 더 이상 체가 아니다. 만약 요가 잡히면 더 이상 요가 아니다. 문이 없으면 질도 홀로 존재할 수 없다.

어떻게 위에 언급한 관점을 이해하겠는가? 귀와 눈과 손과 발은 체(體)인데, 사람마다 다 갖고 있지만 남에게 빌려줄 수 없다. 조각된 나무 인형과 같지 않아, 옷을 갈아입으면 바로 다른 사람이 되는 것이다. 따라서 멀리 보면 사람마다 모두 똑 같은 것 같지만, 가까이 보면 세부적으로 완전히 같은 사람은 없다. 이렇게 보면 사람마다 질(質)이 다른 것이다. 그래서 질은 문을 통해서 구분되는 것이니, 체(體)가 고정되어선 안 된다.

一人之身, 居要者心也. 而心之神明, 散寄於五藏, 待感於五官. 肝·脾·肺·腎·魂魄, 志思之藏也, 一藏失理而心之靈已損矣. 無目而心不辨色, 無耳而心不知聲, 無手足而心無能指使, 一官失用而心之靈已廢矣. 其能孤扼一心以紃群用, 而可效其靈乎? 則質待文生, 而非有可扼之要, 抑明矣.

是故先王視之而得其質, 以敦人心之誠, 而使有以自立; 察之而得其文, 以極人心之誠, 而使有以自盡; 於是而辭興焉. 夫辭所以立誠, 而爲事之會·理之著也. 緣政而有辭, 待辭以興政. 政無可荒遺而後有恒, 故辭無可簡僿而必於能達. 奚定體之必拘, 而扼要可片言盡哉? (『尙書引義』卷6「畢命」)

한 사람의 몸 안에서 가장 중요한 것은 마음이다. 그러나 마음의 정기(精氣)는 오장(五臟) 안에 곳곳에 분산하여 존재하고, 또 오관(五官)을 통해서 감촉하게 된다. 간(肝)·비(脾)·폐(肺)·신(腎)·혼백(魂魄)은 정감과 뜻, 그리고 사상을 모아 두는 곳이며, 어떤 한 가지 내장이 손해를 입으면 마음의 정기도 따라서 해를 입게 된다. 눈이 없으면 마음은 색깔을 식별할 수가 없고, 귀가 없으면 마음은 소리를 알아들 수가 없고, 손과 발이 없으면 행동을 지휘할 수가 없다. 어떤 한 가지 기관이 작용하지 않으면 마음의 정기도 이에 따라 소홀해진다. 마음만 중요시하고 오장과 오관을 버린다면, 어찌 마음의 정기가 해를 입지 않도록 할 수 있겠는가? 따라서 질(質)은 문(文)에 따라 생겨난 것이니, 잡을 수 있는 요(要)는 없다. 이렇게 보면 아주 명백할 것이다.

따라서 선왕은 관찰함으로서 질(質)을 얻었고, 이것으로 사람의 마음이 진실해지도록 애썼으니, 이에 사람들은 이러한 진실함에 의하여 스스로 설 수 있었다. 체험하고 관찰함으로서 문(文)을 얻었고, 이것을 가지고 사람 마음의 진실함을 강화시켰다. 이에 사람들은 이러한 진실함을 끝까지 견지할 수 있었다. 이리하여 문과 질을 합치는 문장이 나타나게 된다. 문장은 서사(敍事)와 이치를 밝히는 등의 방법을 통해 마음속의 진실한 생각을 드러내는 것이다. 정치와 사회에 대한 견해를 드러내기 위해 사람들은 문장을 짓기 시작했다. 거꾸로 보면 사람들이 짓는 문장도 정치에 대해 영향을 끼칠 수 있다. 정책은 실수나 잘못이 없어야 오래 유지될 수 있다. 마찬가지로 문장의 문사(文辭)가 지나치게 간단하고 단조롭지 않아야 창작의 목적에 도달할 수 있다. 표현하려고 하는 것을 체(體)가 고정시키면 반드시 구속을 받을 것이고, 간단한 몇 마디라도 요(要)를 잡을 수 없을 것이다.

夫西周之誥誓, 降而爲春秋之詞命, 降而爲戰國之遊談, 體趨卑而失要, 文趨靡而離質, 則信然矣. 乃其離質以靡者, 其將可以爲文乎? 其能用足以發其體乎? 其能詳足以盡其要乎? 蓋亦相承相襲而有雷同之體, 執其成見而動人以其要也. 是則用不窮而能詳乎體者, 戰國之遊談固不如春秋之詞命, 春秋之詞命固不如西周之誥誓矣. (『尙書引義』卷6「畢命」)

서주(西周) 시기의 고서(誥誓)가 춘추(春秋)시대에 이르러선 격이 떨어져 응대할 때 사용하는 언사(言辭)가 돼버렸다. 전국(戰國)시대에 이르러 또 다시 격이 낮아져 유세(遊說)나 담론의 말이 돼버렸다. 체(體)가 날로 비하해짐에 따라 요(要)를 점차 잃어버린 것이다. 문(文)이 나날이 더욱 화려하고 허물어짐에 따라 질(質)도 점차 잃어버린 것이다. 정말 그렇다. 질을 버리고 점차 화려하고 허물어지는 것을 설마 여전히 문라고 칭할 수 있겠는가? 계속 문장의 체(體) 안에 구현할 수 있겠는가? 계속 상세하고 생동하게 문장의 요(要)를 밝힐 수 있겠는가? 지금은 단지 이전 사람들이 쓴 문장 중의 체(體)를 답습할 뿐이고, 이전 사람들이 쓴 문장 중의 요(要)를 운용할 뿐이다. 참으로 체를 드러낼 수 있고 동시에 요를 상세하게 표현할 수 있는 것으로 보면, 전국시대의 유세와 담론이 춘추시대의 응대할 때 사용하는 언사만 못하고, 춘추시대에 응대할 때 사용하는 언사는 서주시기에 사용한 고서(誥誓)만 못하다.

　　文之靡者非其文, 非其文者非其質. 猶雪失其白而後失其雪. 夫豈有雪去白存之憂! 辭之善者, 集文以成質. 辭之失也, 吝於質而萎於文. 集文以成質, 則天下因文以達質, 而禮·樂·刑·政之用以章. 文萎而質不昭, 則天下莫勸於其文, 而禮·樂·刑·政之施如啖枯木·扣敗鼓, 而莫爲之興. 蓋離於質者非文, 而離於文者無質也. 惟質則體有可循, 惟文則體有可著. 惟質則要足以持, 惟文則要足以該. 故文質彬彬, 而體要立矣.
　　而後世所號爲辭人者: 立一體以盡文之無窮, 一開一闔, 萬應而約於一定, 非是則曰此其佚焉者矣: 立一要以虧質之固有, 去其所必資, 割其所相待, 束急而孤露其宗旨, 非是則曰此其漫焉者矣.
　　信然, 則且以一馬該天下之馬而無白馬, 以一白該天下之白而並無白人; 則且異人於馬, 而必不許同之於白, 見人亦白而謂其非人, 而斥之爲馬. 筋脈浮出於皮膚之表, 而肌肉榮衛萎而不靈, 以尺限肘, 以寸限指, 截長續短, 以爲木偶, 而生氣生理, 了不相屬.
　　故蘇洵氏之所爲體, 非體也. 錮天下於蘇洵之體, 而文之無窮者盡廢. 開闔呼應, 斤斤然僅保其一指之節, 而官骸皆詘; 竭力殫思, 以爭求肖於其體. 則不知此體也, 天下何所需之, 而若不能一旦離之也! 皎然之於詩律, 王鏊·錢福之於制義, 亦猶是也, 而辭之體裂矣.(『尙書引義』卷6「畢命」)

문장을 아름답고 예쁘게 쓴다면 더 이상 문(文)이 아닐 것이고, 문이 아니면 그 질(質)도 동시에 잃어버리게 된다. 마치 눈꽃이 흰 색을 잃어버리면 눈꽃 자체가 존재하지 않는 것과 같다. 눈이 녹은 후에 눈의 흰 색이 여전히 남아 있을 리가 있겠는가? 문장을 잘 쓰는 것은 문을 모아서 질을 구성하기 때문이다. 문장을 못 쓰는 것은 질에 대한 표현이 별로 좋지 않는 동시에 문의 수준도 보통이기 때문이다. 문을 모아서 질을 구성한다는 말은 문을 통해 질에 이를 수 있다는 말이다. 이는 예악(禮樂)과 형정(刑政)을 사용하여 국가를 잘 다스리고 번영하게 하는 이치와 같다. 문이 보통이고 질도 별로 좋지 않으면, 마치 예악과 형정을 잘 실시하지 않아서 국가가 창성하지 못하는 것과 같다. 질이 없으면 문이라고 할 수 없을 것이고 문이 없으면 질도 없어질 것이다. 오직 질이 있어야 체가 따를 수 있고, 문이 있어야 체가 묘사할 수 있는 내용이 있게 된다. 질이 있어야만 요(要)를 지킬 수 있고, 문이 있어야만 요를 완전하게 설명할 수 있다. 그래서 문과 질이 서로 잘 어울리면 체와 요가 비로소 제대로 설 수 있다.

　그러나 후세에 스스로 사인(辭人)으로 불리는 사람들은 왕왕 하나의 체(體)를 만들어 문(文)의 무궁한 변화를 방해한다. 시작과 끝에서 반드시 한 가지 고정된 체를 따라야 한다. 만약에 어떤 사람이 그렇게 쓰지 않으면 그 사람은 방종하고 예의가 없다고 평가될 것이다. 한 가지 요(要)를 확고히 세우면 질을 해하는 것이다. 질이 의지하는 문을 제거하여 되도록 압축해서 매우 간단하게 만들고, 마지막에 글의 종지(宗旨)만 남게 한다. 만약에 이렇게 쓰지 않으면 그 사람은 번잡하고 성실하지 못한다고 비판될 것이다.

　이렇게 말하는 것은 곧 한 가지 말〈馬〉로 세상 모든 말을 개괄하여 이 세상엔 백마(白馬)가 없다고 말하는 것과 같다. 또 한 가지 흰 색을 가지고 이 세상의 모든 흰 색을 개괄하여, 이 세상엔 백인(白人)이 없다고 말하는 것과 같다. 사람과 말을 구별함으로써 그들이 모두 흰 색이 아니라고 생각하며, 살이 흰 사람을 보면 그 사람은 사람이 아니라 말이라고 비판하는 격이다. 만약에 힘줄과 관절, 그리고 혈맥이 피부 위로 드러나면 근육과 기혈(氣血)이 마르고 민첩하지 않게 될 것이다. 자〈尺〉를 팔꿈치에 대고 나무마디를 손가락에 묶어긴 것으로 짧은 것을 보완한다면, 마치 나무 인형처럼 생기도 없고 연관성도 없을 것이다.

그래서 소순(蘇洵) 문장의 체(體)는 고정되어 변하지 않는 체로 볼 수 없다고 말하는 것이다. 온 세상 사람들로 하여금 소순의 이러한 체(體)만으로 창작케 한다면, 문(文)이 무궁무진하게 발휘될 가능성은 모두 상실될 것이다. 문장을 시작하고 끝내는 것과 앞뒤의 상응함이 모두 제한을 받게 될 것이니, 이는 마치 한 손가락을 사용하는데 몸의 다른 부위를 모두 사용하는 것과 같다. 모든 힘을 다 기울인 목적이 다만 소순의 체와 비슷하게 하려고 할 뿐이다. 하지만 이러한 체가 도대체 어떤 장점이 있는지 모르고 다들 그것을 모방한다. 교연(皎然)의 시율(詩律)에 대한 견해와 왕오(王鏊)·전복(錢福) 등의 과거문장(科擧文章)에 대한 인식도 마찬가지로 한 가지 체를 고정적으로 모방한 것이다. 이리하여 문장의 체가 찢어진 것이다.

韓愈氏之要, 非要也. 以擢筋出骨者爲要. 要其所要, 而不足以統天下之詳, 則不足以居天下之要矣. 漠然無當於興觀, 而使人一往而意盡, 騷騷乎其野以哀, 鼎鼎乎其小人之怒也.[96] 則不知此要也, 爲何者之要而何所會也! 歐陽修之於史, 陳師道·鍾惺之於詩, 亦祖是也, 而辭之要亂矣. (『尙書引義』 卷6 「畢命」)

한유(韓愈)의 요(要) 또한 진정한 요가 아니다. 이러한 요는 문장의 피와 살

---

96. "騷騷乎其野以哀, 鼎鼎乎其小人之怒也.": 이 내용은 『예기(禮記)·단궁상(檀弓上)』에 나온다. "故喪事雖遽不陵節, 吉事雖止不怠. 故騷騷爾則野, 鼎鼎爾則小人, 君子蓋猶猶爾." 騷騷是急切的樣子, 鼎鼎是懈怠的樣子.

을 제거하고 문장의 골격만 보유하는 것이다. 이러한 요는 상세하고 완전하게 세상 만물을 표현할 수 없다. 따라서 천하의 요라고 할 수도 없다. 이처럼 써내는 문장은 사람의 정감을 일으킬 수 없고 사람들에게 풍부한 형상을 제공할 수도 없으니, 사람들은 한 눈에 그 안의 내포된 뜻을 꿰뚫어 볼 수 있다. 마치 장례를 치를 때 너무 급하게 하여 예규(禮規)를 뛰어넘는 바람에 매우 거칠고 몰상식해 보이는 것과 같고, 또 혼례를 치를 때 너무 느릿느릿 하는 바람에 공경함이 부족해 보이는 것과 같다. 참으로 이러한 요는 도대체 무엇에 감촉되어 생긴 것인지 모르겠다. 구양수(歐陽脩)가 사서(史書)를 논의하는 것과 진사도(陳師道)와 종성(鐘惺)이 시를 논의하는 것이 다 마찬가지다. 문장 중의 요가 이로부터 혼란스러워졌다.

孤露者無體, 束急者非要, 驅天下於其阱中, 而塾師樂用爲授受之資, 豎儒圖便爲科場之贄, 徒用爭勝於蕭梁父子·溫庭筠·楊億之浮豔, 曰吾以起其衰也, 而不知其衰之彌甚也.(『尚書引義』卷6「畢命」)

식견(識見)이 좁아 몹시 고루한 것에는 체(體)가 없고, 간략한 것은 요(要)가 아니다. 하지간 이 두 가지가 이 세상의 독서인(讀書人)을 함정에 빠지게 한다. 교사들도 이러한 이치를 어린아이들에게 가르쳐 주기 좋아하고, 독서인들도 과거 시험 중에 좋은 성적을 받기 위해 분분히 소씨(蕭氏) 부자와 온정균(溫庭筠) 및 양억(楊億) 등 문채가 화려하고 요염한 작가들과 우열을 가리고자 한다. 동시에 그들은 자기가 이렇게 하는 것이 문장이 쇠락하고 스산해지는 풍조를 개선하기 위한 것이라 생각하지만, 사실 그들이 더욱 쇠락하고 스산하게 한다는 사실을 알지 못한다.

蔡氏之言曰: "趣完具之謂體." 趣完具者, 一切苟且之謂也. 誰其督責造物, 而令飛潛動植之各有其官骸·莖葉以成體? 抑誰其督責立言者, 令積字爲句, 積句爲章以塞責, 而迫不容待, 以苟完免咎乎?(『尙書引義』卷6「畢命」)

채씨(蔡氏)가 말했다. "의취(意趣)가 완비되어 있으면 곧 체(體)가 된다." 여기서 말하는 의취가 완비되었다는 것은 대략 구비되었다는 뜻이다. 누가 조물자(造物者)를 감독하여 그에게 동물과 식물에게 기관(器官)·뼈와 가지·줄기·잎사귀 등을 주어 체(體)가 되게 할 수 있겠는가? 또한 누가 글을 짓는 사람들은 감독하여 그들로 하여금 대충대충 글자를 모아 구절을 만들고 구절을 모아 문장을 만들도록 할 수 있겠는가?

先王以人文化成天下, 則言道者與道爲體, 言物者與物爲體. 故必沈潛以觀化, 涵泳以得情, 各稱其經緯, 曲盡其隱微; 而後辭之爲體, 合符於道與物之體, 以起生人之大用. 故君子以言爲樞機, 而千里之外應之如響. 今乃如或督責以應程限, 無可奈何, 取辦於俄頃, 則何異於胥吏之簿書, 漠不關心, 而徒爲遣責乎! (『尙書引義』卷6「畢命」)

선왕(先王)은 인문(人文)을 통해 천하를 교화(敎化)했다. 그래서 도(道)를 논하는 사람은 도와 한 몸이 된 것이고, 사물을 담론하는 사람은 사물과 한 몸이 된 것이다. 따라서 관찰하는 데 전심전력을 다하면 교화를 보게 될 것이고, 자세하게 음미하면 정감을 읽어낼 것이다. 맥락이 분명한 동시에 정교하고 미세하여, 그 안에 정감을 표현하는 기교가 매우 능속하고 뛰어나다. 이래야만 문사(文辭) 중에 자연스럽게 체(體)가 드러나게 된다. 여기서 말하는 체는 도(道)와 물(物)에 맞는 체인데, 사람의 마음을 각성시킬 수 있는 역할을 한다. 그래서 군자는 언사(言辭)를 매우 중요하다고 생각하고, 말 한 마디만 해도 천리 밖에서 호응을 받을 수 있다. 오늘날 문장을 지을 때는 시간을 정하고 제한

된 시간 안에 원고를 제출해야 된다. 마치 아리(衙吏)들이 세금을 내라고 재촉하는 문서처럼 조그만 정감도 없고 남을 질책하는 말밖에 없다.

張釋之曰: "秦任刀筆吏, 以亟疾苛察相高. 其敝徒文具而無惻隱之實." 趣完具之謂也. 亟疾則鄙, 乃以首尾略具而謂之體; 苛察則倍, 乃以孤露意旨而謂之要. 鄙則君子厭之, 倍則小人不服. 喋喋里巷之言, 釋之所惡於嗇夫, 康王所戒於利口, 皆以其趣完具也. (『尙書引義』卷6「畢命」)

장석지(張釋之)가 말했다. "진(秦)나라 때는 도필리(刀筆吏)를 임용하여 일을 엄격하고 신속하게 처리하는 것을 최선이라 여겼다. 그들은 문방구만 가지고 있으며 측은지심(惻隱之心)이 없다." 이것은 의취(意趣)의 구비를 말한 것이다. 신속하면 폐단이 생길 것이니, 처음과 끝을 대충 구비하는 것을 체(體)라 할 것이다. 엄격하면 도리에 벗어날 수 있으니, 간단하게 취지를 드러내는 것을 요(要)로 여길 것이다. 상스럽고 저속하면 군자가 싫어한다. 도리에 벗어나면 사람들을 설득할 수 없다. 자질구레한 일과 관련된 말은 미운 사람한테 해명하는 말이니, 강왕(康王)이 언어를 경계하라는 한 것은 의취가 구비된 까닭이다.

韓·蘇起衰, 人可爲辭. 天喪斯文, 二子其妖祥之征見與! "追琢其章, 金玉其相", 文王之所以爲文也. "草創討論, 修飾潤色", 孔子之所取以爲命也. 夫是之謂體要, 而莫有尙焉矣! (『尙書引義』卷6「畢命」)

한유(韓愈)와 소식(蘇軾)을 문장의 쇠락한 기운을 살릴 수 있는 사람으로 여겨, 후세 사람들은 다 그들을 모방하여 체(體)를 고정하고 요(要)를 잡으면 문장을 써낼 수 있다고 생각한다. 하지만 이것은 하늘이 사문(斯文)을 망하게 하려는 것이니, 그 두 사람은 곧 괴이한 징조이다. "끊임없이 꾸미고 수식하여, 문장에 금옥(金玉)과 같은 아름다운 외표(外表)가 있게 한다." 이는 주문왕(周文王) 문장의 특징이다. "문장은 먼저 대강 쓴 후에 수정하고 윤색한다." 이는 공자(孔子)가 문장을 짓는 태도이다. 체요(體要)라는 것은 참으로 지나치면 안 된다.

"詩可以興, 可以觀, 可以群, 可以怨."[97] 盡矣. 辨漢·魏·唐·宋之雅俗得失以此, 讀『三百篇』者必此也. 可以云者, 隨所以而皆可也. 於所興而可觀, 其興也深; 於所觀而可興, 其觀也審. 以其群者而怨, 怨愈不忘; 以其怨者而群, 群乃益摯. 出於四情之外, 以生起四情; 遊於四情之中, 情無所窒. 作者用一致之思, 讀者各以其情而自得. 故「關雎」, 興也; 康王晏朝, 而卽爲冰鑒. "訏謨定命, 遠猷辰告."[98] 觀也. 謝安欣賞, 而增其遐心. 人情之遊也無涯, 而各以其情遇, 斯所貴於有詩. 是故延年不如康樂, 而宋·唐之所繇升降也. 謝疊山·虞道園之說詩, 井畫而根掘之, 惡足知此? (『薑齋詩話』卷1)

"시(詩)는 흥(興)을 불러일으킬 수 있게 하고, 관찰할 수 있게 있으며, 함께 할 수 있게 하고, 원망할 수 있게 한다." 이 말은 지극히 훌륭하다. 이 말로써 한(漢)·위(魏)·당(唐)·송의 아속(雅俗)과 득실(得失)을 변별할 수 있으니, 『시경(詩經)』을 읽는 것은 필시 이 때문이다. "할 수 있게 한다."라는 것은 그 연유에 따라 모두 그렇게 될 수 있음을 말한다. 감흥이 일어난 바에서 관찰할 수 있으니, 그 흥은 심원하다. 관찰한 바에서 흥이 일어나니, 그 관찰이 자세하다. 그 함께 하는 것으로 원망하니, 원망이 더욱 잊히지 않는다. 그 원망으로 함께 하니, 함께 함은 더욱 진지해진다. 이 네 가지의 정감 밖으로 나와 그 네

---

97. 『논어(論語)·양화(陽貨)』에 나온다.
98. 『시경(詩經)·대아(大雅)·억(抑)』에 나온다.

가지 정감을 일으키고, 네 가지 정감 안에서 노니니 정감이 막힘이 없다. 작자는 하나의 생각을 드러내지만 독자는 각기 자신의 정감으로 이해한다. 그러므로 「관저(關雎)」는 흥을 일으키는 것이지만, 이는 강왕(姜王)이 조회(朝會)에서 사태를 파악하는 안목이 되었다. "위대한 계획으로 천명(天命)을 정하고, 원대한 계획은 제 시간에 선포되네." 이는 관찰하는 것이다. 그런데 사안(謝安)은 이를 감상하고선 원대한 마음을 키웠다. 인정(人情)의 느낌은 끝이 없으니, 각각은 스스로의 정감으로 이해하는 것이다. 이것이 시에 있어서 중요한 점이다. 이 때문에 안연지(安延之)가 사령운(謝靈運)보다 못한 것이며, 또한 송시(宋詩)와 당시(唐詩)의 우열이 생긴 것이다. 사방득(謝枋得)과 우집(虞集)은 시를 말하면서 너무 고정적이고 철두철미하게 파헤치니, 어찌 이러한 이치를 알겠는가?

謝靈運一意回旋往復, 以盡思理, 吟之使人卞躁之意消.「小宛」抑不僅此, 情相若, 理尤居勝也. 王敬美謂 "詩有妙悟, 非關理也"[99], 非理抑將何悟? (『薑齋詩話』卷1)

사령운(謝靈運)의 시는 하나의 의(意)가 맴돌면서 생각의 이치를 다 드러낸다. 그래서 그의 시를 읊으면 사람들의 조급함이 모두 사라진다. 『시경(詩經)·소아(小雅)·소완(小宛)』은 다만 이뿐이 아니다. 정(情)은 서로 같지만 이(理)가 아주 뛰어나다. 왕세무(王世懋)는 "시(詩)의 묘오(妙悟)는 이(理)와 관계 있는 것이 아니다."라고 했지만, 이(理)가 아니라면 어떻게 깨달을 수 있단 말인가?

興在有意無意之間, 比亦不容雕刻. 關情者景, 自與情相爲珀芥

---

99. 이 말은 원래 엄우(嚴羽)의 『창랑시화(滄浪詩話)·시변(詩辨)』에 나온다. "夫詩有別材, 非關書也; 詩有別趣, 非關理也."

也. 情景雖有在心在物之分, 而景生情, 情生景, 哀樂之觸, 榮悴之迎, 互藏其宅. 天情物理, 可哀而可樂, 用之無窮, 流而不滯; 窮且滯者不知爾. "吳楚東南坼, 乾坤日夜浮."[100] 乍讀之若雄豪, 然而適與 "親朋無一字, 老病有孤舟"相爲融浹. 當知"倬彼雲漢"[101], 頌作人者增其輝光, 憂旱甚者益其炎赫, 無適而無不適也. 唐末人不能及此, 爲玉合底蓋之說, 孟郊·溫庭筠分爲二壘. 天與物其能爲爾鬮分乎? (『薑齋詩話』卷1)

흥(興)은 뜻이 있는 것과 없는 것 사이에 있고, 비(比)는 또한 조탁(彫琢)을 허용하지 않는다. 정(情)과 관련되는 것은 경(景)인데, 이 경(景)은 저절로 정(情)과 서로 호박(琥珀)과 개자(芥子)가 된다. 정(情)은 마음에 있고 경(景)은 외물(外物)에 있다는 구분은 있지만, 경은 정을 낳고 정은 경을 낳으니, 슬픔과 기쁨을 촉발하고 영고성쇠를 맞이하는 것이 서로 그 안에 담겨 있다. 타고난 성정과 사물의 이치는 슬플 수도 있고 즐거울 수도 있으니, 그 쓰임에 다함이 없고 그 흐름에 막힘이 없다. 다함이 있고 막힘이 있는 것은 이점을 알지 못한 까닭이다. "오(吳)와 초(楚)는 동남으로 갈려있으나, 해와 달은 밤낮으로 떠 있다." 이 시는 잠깐 보면 웅혼하고 호방한 듯싶지만, "친구에게서 소식 한 자 없고, 늙고 병든 나에게는 외로운 배만 남았네."의 대목과 마침 어울린다. "밝디 밝은 저 은하수"의 내용은 사람 기르는 것을 칭송하는 이에게는 그 빛이 한층 더 두드러지지만, 가뭄을 심히 걱정하는 이에게는 그 뜨거움이 더욱 두드러진다. 그러니 경우에 따라 적합함과 적합하지 않음이 있음을 잘 알아야 한다. 당말(唐末)의 사람들은 이에 미치지 못하였다. 그들은 시의 전후가 대구(對句)를 이루어야 한다는 설을 만들었는데, 이에 맹교(孟郊)와 온정균(溫庭筠)의 두 파로 갈리었다. 하늘과 만물이 이처럼 둘로 나뉠 수 있겠는가?

---

100. 두보(杜甫)의 시 「등악양루(登岳陽樓)」에 나온다.

101. 『시경(詩經)·대아(大雅)·역박(棫朴)』에 나온다.

情景名爲二, 而實不可離. 神於詩者, 妙合無垠. 巧者則有情中景, 景中情. 景中情者, 如"長安一片月"[102], 自然是孤棲憶遠之情; "影靜千官裏", 自然是喜達行在之情. 情中景尤難曲寫, 如"詩成珠玉在揮毫"[103]. 寫出才人翰墨淋漓·自心欣賞之景. 凡此類, 知者遇之; 非然, 亦鶻突看過, 作等閑語耳. (『薑齋詩話』卷2)

정(情)과 경(景)은 이름은 둘이지만 사실 분리할 수 없다. 시(詩)가 신기(神奇)한 것은 오묘함과 결합하여 경계가 없어진 것이요, 교묘한 것은 정 안에 경이 있고 경 안에 정이 있어 그런 것이다. 경 안에 정이 있다는 것은, 예컨대 "장안(長安)의 한 조각 달"이란 대목처럼 자연스레 고독한 처지에서 먼 곳의 누구를 그리워하는 정을 그린 것이며, 또는 "내 모습은 뭇 관원(官員) 속에 고요히 서 있다."라는 대목처럼 자연스레 행재(行在)에 도달한 즐거운 정을 나타낸 것이다. 정 안에 경이 있음을 제대로 드러내는 것은 더욱 어렵다. 예컨대 "붓을 휘두르니 시가 주옥처럼 이루어지네."와 같은 내용은 시인의 필묵이 힘차고 통쾌하여 스스로 흔쾌히 여기는 광경을 그린 것이다. 대체로 이러한 점은 볼 줄 아는 사람만 이해한다. 그렇지 못하면 대충 보아 넘겨 단지 쓸데없는 말로 여길 뿐이다.

不能作景語, 又何能作情語邪? 古人絶唱句多景語, 如"高臺多悲風"[104], "蝴蝶飛南園"[105], "池塘生春草"[106], "亭皐木葉下"[107], "芙蓉

---

102. 이백(李白)의 시 「자야오가(子夜吳歌)」에 나온다.
103. 두보(杜甫)의 시 「봉화가지사인조조대명궁(奉和賈至舍人早朝大明宮)」에 나온다.
104. 조식(曹植)의 시 「잡시(雜詩)」에 나온다.
105. 장협(張協)의 시 「잡시(雜詩)」에 나온다.
106. 사령운(謝靈運)의 시 「등지상루(登池上樓)」에 나온다.
107. 류운(柳惲)의 시 「도의(擣衣)」에 나온다.

露下落"¹⁰⁸, 皆是也. 而情寓其中矣. 以寫景之心理言情, 則身心中 獨喩之微, 輕安拈出. 謝太傅於『毛詩』取"訏謨定命, 遠猷辰告"¹⁰⁹, 以此八句如一串珠, 將大臣經營國事之心曲, 寫出次第; 故與"昔我往矣, 楊柳依依; 今我來思, 雨雪霏霏"¹¹⁰同一達情之妙. (『薑齋詩話』卷2)

　　경(景)을 나타내는 시어(詩語)를 지을 줄 모르는데 어찌 정(情)을 나타내는 시어를 짓겠는가? 옛 사람들의 탁월한 시구에는 경을 나타내는 시어가 많았다. 예컨대 "높은 누대엔 쓸쓸한 바람만 가득하구나."라든지, "나비는 남쪽 동산에서 나네."라든지, "연못가에 봄풀이 파릇하다."라든지, "높은 정자(亭子)의 나무 아래 낙엽이 지누나."라든지, 혹은 "부용(芙蓉)에 이슬이 떨어지네."와 같은 대목이 모두 그러하다. 여기에는 정이 경 안에 깃들어있다. 경을 그리는 심리로 정을 말하면, 이는 몸과 마음속에 홀로 깨달은 미묘함을 편안하게 표현해 내는 것이다. 사안(謝安)은 『시경(詩經)』의 "위대한 계획으로 천명(天命)을 정하고, 원대한 계획은 제 시간에 선포되네."라는 여덟 글자를 취하여 잘 엮음으로써, 신하가 국사(國事)를 경영하려는 심사를 굽이굽이 잘 표현해 내었다. 그러므로 이는 "예전에 내가 갈 때는 수양버들 하늘거렸는데, 지금 돌아올 때는 눈보라가 몰아치네."의 대목과 정을 드러낸 오묘함에 있어서는 같다.

　　近體中二聯, 一情一景, 一法也. "雲霞出海曙, 梅柳渡江春. 淑氣催黃鳥, 晴光轉綠蘋"¹¹¹, "雲飛北闕輕陰散, 雨歇南山積翠來. 禦柳

---

108. 소각(蕭慤)의 시 「추사(秋思)」에 나온다.
109. 『시경(詩經)·대아(大雅)·억(抑)』에 나온다.
110. 『시경(詩經)·소아(小雅)·채미(采薇)』에 나온다.
111. 이 구절은 당(唐) 두심언(杜審言)의 「화진릉륙승조춘유망(和晉陵陸丞早春遊望)」에 나온다.

已爭梅信發, 林花不待曉風開"¹¹², 皆景也. 何者爲情? 若四句俱情, 而無景語者, 尤不可勝數. 其得謂之非法乎? 夫景以情合, 情以景生¹¹³, 初不相離, 唯意所適. 截分二橛, 則情不足興, 而景非其景. 且如"九月寒砧催木葉"¹¹⁴, 二句之中, 情景作對; "片石孤雲窺色相"¹¹⁵ 四句, 情景雙收; 更從何處分析? 陋人標陋格, 乃謂"吳楚東南坼"¹¹⁶ 四句, 上景下情, 爲律詩憲典, 不顧杜陵九原大笑. 愚不可瘳, 亦孰與療之? (『薑齋詩話』卷2)

사람들은 항상 근체시(近體詩) 중의 함련(頷聯)과 경련(頸聯) 가운데 하나는 정감을 묘사해야 하고 또 하나는 경치를 묘사해야 된다고 하며, 이것이 시를 창작할 때의 법도라고 말한다. 그런데 "바다 위에 꽃구름이 아주 찬란하니 아침 해가 곧 동쪽에서 떠오르겠다. 강남에는 이미 매화가 붉고 버들가지는 짙푸르게 되었으나, 강북에는 봄이 온 지 얼마 안 된다. 온화하고 따뜻한 봄철의 기후는 꾀꼬리가 노래를 부르는 것을 재촉하고, 맑고 명랑한 햇빛 밑에 푸른 부평초의 색깔은 점차 짙어진다."와, "구름이 북궐(北闕)까지 날아가다가 맑게 흩어지니, 비가 남산에서 멈추고 산이 푸르게 된다. 버드나무는 이미 매화보다 앞서 봄의 신호를 보냈는데, 원림(園林) 중의 화초들은 아침 바람을 기다리지도 않고 피었다."라는 두 시의 함련과 경련은 모두 경치를 묘사하고 있으니, 정감을 읊은 말이 어디 있단 말인가? 함련과 경련이 모두 정감을 묘사하는 시라면, 경어(景語)가 없는 시는 더욱 많다. 이 두 가지 창작 방법이 법도를

---

112. 이 구절은 당(唐) 이징(李嶠)의 「봉화성제종봉래향흥경각도중류춘우중춘망지작응제(奉和聖制從蓬萊向興慶閣道中留春雨中春望之作應制)」에 나온다.

113. "경이정합(景以情合), 정이경생(情以景生)": 경치와 정감은 서로 호응하고, 정감은 경치 안에서 생겨난다는 말이다. 정경(情景)은 분리할 수 없다는 뜻이다.

114. 이 구절은 당(唐) 심전기(沈佺期)의 「고의(古意)」에 나온다.

115. 이 구절은 당(唐) 이기(李頎)의 「제선공산지(題璿公山池)」에 나온다.

116. 이 구절은 두보(杜甫)의 「등악양루(登嶽陽樓)」에 나온다.

지키지 않았다고 말할 수 있겠는가? 경치와 정감은 서로 호응하고, 정감은 경치 안에서 생겨난다. 본래 둘을 나눌 수 없으나, 시의(詩意)에 따라 맞추어 창작해야 한다. 이제 정감과 경치를 두 부분으로 나누면, 경치가 없으면 정감이 흥을 다해 나타날 수 없고 정감이 없으면 경치도 마땅히 있어야 할 운치를 묘사할 수 없을 것이다. 예컨대 "구월 다듬이 소리에 잎이 진다."라는 시 구절처럼 정어(情語)를 가지고 경어(景語)에 응답하거나, "편석(片石)과 고운(孤雲)을 통해서 색상(色相)을 엿본다."라는 구절처럼 구절마다 정감도 있고 경치도 있다면 어떻게 분석할 수 있겠는가? 식견이 짧고 조잡한 사람은 보는 관점도 얕을 것이다. 이러한 사람들은 "오(吳)와 초(楚) 두 지역이 동남으로 갈라진다."의 네 구절 중, 함련은 경치를 묘사하고 경련은 정감을 묘사한 것이라 하면서 이것이 율시(律詩) 창작의 전범이라고 만한다. 이 시의 작가인 두보(杜甫)가 이러한 말을 들으면 그들을 비웃을지 모르겠다. 이러한 사람들은 참으로 치유하기 어려울 정도로 어리석다. 누가 그들을 치유하겠는가?

　　無論詩歌與長行文字, 俱以意爲主. 意猶帥也. 無帥之兵, 謂之烏合. 李·杜所以稱大家者, 無意之詩, 十不得一二也. 煙雲泉石, 花鳥苔林, 金鋪錦帳, 寓意[117]則靈. 若齊梁綺語, 宋人摶合成句之出處, 役心向彼搜索, 而不恤己情之所自發, 此之謂小家數, 總在圈繢中求活計也. (『薑齋詩話』卷2)

　　시가(詩歌)든 장편의 문장이든 모두 의(意)를 핵심으로 삼아야 한다. 의(意)는 장수와 같다. 장수가 없는 병사를 오합지졸(烏合之卒)이라 한다. 이백(李白)이나 두보(杜甫)가 대가(大家)로 불리는 것은, 그들의 시 가운데 의(意)가 없는 것이 열에 한둘도 안 되기 때문이다. 안개 · 구름 · 샘 · 돌 · 꽃 · 새 · 이

---

117. "우의(寓意)": 사물이나 경물에 뜻을 기탁하여 '경중정(景中情)'의 경지를 이루는 것을 말한다.

끼·숲·금으로 만든 문고리의 쇠·비단 휘장 등에 의(意)가 깃들면 신령스러워진다. 예컨대 제(齊)와 양(梁)나라 사람들이 화려한 언어를 추구하고 송(宋)나라 사람이 기존 시의 출처를 모아 이루는 것은, 그것들에 마음을 뺏겨 자신의 정(情)이 자연스럽게 드러남을 살피지 않는 것이다. 이러한 것을 일러 소가(小家)의 재주라고 하는데, 결국 고정된 틀 속에서 표현할 방도를 찾는 격이다.

把定一題·一人·一事·一物, 於其上求形模, 求比似, 求詞采, 求故實; 如鈍斧子劈櫟柞, 皮屑紛霏, 何嘗動得一絲紋理? 以意爲主, 勢次之. 勢者, 意中之神理也. 唯謝康樂爲能取勢, 宛轉屈伸, 以求盡其意, 意已盡則止, 殆無剩語: 夭矯連蜷, 煙雲繚繞, 乃眞龍, 非畫龍也. (『薑齋詩話』卷2)

제목 하나·인물 하나·사실 하나·경물 하나를 정해 놓고, 그 위에서 형상과 비유와 문채(文彩)와 전고(典故)를 구하는 것은, 마치 무딘 도끼날로 상수리나무를 쪼개면 부스러기가 날리는 것과 같으니 어떻게 제대로 된 단 하나의 문리(紋理)나마 얻겠는가? 마땅히 의(意)를 주로 하고 세(勢)를 그 다음으로 해야 한다. 세(勢)라는 것은 의(意) 가운데의 신리(神理)이다. 오직 사령운(謝靈運)만이 이 세(勢)를 잘 취하여 마음껏 운용하였다. 그 의(意)를 끝까지 다 드러내고자 하면, 의(意)가 다하고 나서 남는 것이 없게 된다. 구부리고 펴고 길게 하고 구불구불하게 하여 운무(雲霧)가 휘감아 돌도록 해야, 비로소 그림으로 나타낸 용이 아닌 진짜 용이 되는 것이다.

論畫者曰: "咫尺有萬里之勢." 一"勢"字宜著眼. 若不論勢, 則縮萬里於咫尺, 直是『廣輿記』前一天下圖耳. 五言絶句, 以此爲落想時第一義, 唯盛唐人能得其妙. 如"君家住何處? 妾住在橫塘. 停船暫借問, 或恐是同鄕"[118], 墨氣[119]所射, 四表無窮, 無字處皆其意也. 李獻吉詩: "浩浩長江水, 黃州若箇邊? 岸回山一轉, 船到堞樓前."[120] 固自不失此風味[121]. (『薑齋詩話』 卷2)

그림을 논하는 사람은 "지척(咫尺)에 만리(萬里)의 세(勢)를 그려내야 한다."고 하는데, 여기 이 "세(勢)"자에 주의해야 한다. 만약 세(勢)를 따지지 않으면 그저 만리를 지척으로 축약한 것이니, 이는 단지 『광여기(廣輿記)』 앞에 그려놓은 세상의 지도에 불과하다. 오언절구(五言絶句)에서는 구상할 때 이점을 가장 중요시하는데, 오직 성당(盛唐)의 시인만이 그 오묘함을 터득하였다. 예컨대 "그대의 집은 어딘가요? 나는 횡당(橫塘)에 산답니다. 배를 멈추고 잠시 묻습니다. 혹시 같은 고향 아닐까 해서요." 이 시에는 묵기(墨氣)가 사방에 흘러넘쳐 그 어느 글자에든 모두 의(意)가 서려있다. 이몽양(李夢陽)의 시 "크고 넓은 장강(長江)의 물결, 황주(黃州)는 대체 어디인가? 강기슭이 산허리를 감아 도는데, 어느덧 배는 황주의 성루(城樓)에 이르렀네."는 실로 이 풍미(風味)를 잃지 않았다.

---

118. 최호(崔顥)의 시 「장간행(長干行)」에 나온다.
119. "묵기(墨氣)": '묵(墨)'은 빛깔로 보면 검은 것이고, 사용하는 이로 보면 문인(文人)과 연관된다. 따라서 묵기(墨氣)는 현묘함과 문인의 운치, 즉 현기(玄氣)와 문기(文氣)를 함께 포괄하고 있다.
120. 이몽양(李夢陽)의 시 「황주(黃州)」에 나온다.
121. "풍미(風味)": 풍(風)은 원래 사람의 내재정신, 도덕, 인격의 외재적 표현 및 그것이 낳는 이른바 사람을 감화시키는 힘 등을 가리킨다. 이 때문에 풍(風)과 미(味)가 조합된 풍미(風味)는 처음엔 정신세계의 외재적 표현을 가리키는 말로 쓰였다. 이때는 풍도(風度)나 풍채(風采)와 같은 의미이다. 그런데 풍(風)의 원래 뜻 가운데 사람을 감화시킨다는 의미가 있고 여기에 그 감화를 받는 자의 체험이 더해지게 되면서, 풍미는 예술작품의 미감이 드러내는 심미적 역량을 가리키는 개념이 되었다. 풍미를 풍과 미로 나누어 보자면, 풍은 심미대상의 본질과 많이 연관되고 미는 주관적인 심미체험과 더 연관되는 것이라 할 수 있다.

『小雅·鶴鳴』之詩, 全用比體, 不道破一句, 『三百篇』中創調也. 要以俯仰物理, 而詠歎之, 用見理隨物顯, 唯人所感, 皆可類通; 初非有所指斥一人一事, 不敢明言, 而姑爲隱語也. 若他詩有所指斥, 則皇父·尹氏·暴公, 不憚直斥其名, 曆數其慝, 而且自顯其爲家父, 爲寺人孟子, 無所規避. 詩教雖云溫厚, 然光昭之志, 無畏於天, 無恤於人, 揭日月而行, 豈女子小人半含不吐之態乎? 『離騷』雖多引喩, 而直言處亦無所諱. 宋人騎兩頭馬, 欲博忠直之名, 又畏禍及, 多作影子語, 巧相彈射, 然以此受禍者不少. 旣示人以可疑之端, 則雖無所誹誚, 亦可加以羅織. 觀蘇子瞻烏台詩案, 其遠謫窮荒, 誠自取之矣. 而抑不能昂首舒吭以一鳴, 三木加身, 則曰"聖主如天萬物春", 可恥孰甚焉! 近人多效此者, 不知輕薄圓頭惡習, 君子所不屑久矣. (『薑齋詩話』卷2)

『시경(詩經)·소아(小雅)·학명(鶴鳴)』이라는 시는 전편(全篇)에 비유를 사용하고 직접적인 말은 한 마디도 없는데, 이는 『시경』 가운데 특별한 예(例)이다. 이 시의 작가는 하늘과 땅 사이에 처하여 만물의 이치를 관찰하고, 이를 시로 읊었다. 만물의 이치는 작가가 사물을 관찰함에 따라 드러난 것으로, 작가가 감촉한 이러한 이치는 모두 인간에게 적합한 것이라 생각한다. 작가는 이 시를 통하여 어떤 사람이나 사물을 풍자하려고 시도했으나, 명확하게 말하지 못했으므로 자연사물을 빌려서 비유한 것은 아니다. 『시경』에는 직접 비판하고 풍자한 시가 많다. 예컨대, 「십월지교(十月之交)」에서는 세 번 황부(皇父)를 지적하여 탓하며, 「절남산(節南山)」에서는 세 번 윤씨를 질책하고, 「하인사(何人斯)」에서도 직접 포공(暴公)을 비판하고 질책했다. 작가들은 직접적으로 비판하는 것을 겁내지 않으며, 오히려 이러한 간사한 신하의 과실을 하나하나 열거하고, 심지어 가부(家父)·사인(寺人)·맹자(孟子)와 같이 자기의 성씨와 이름까지 시에 기입하기를 회피하지 않는다. 물론 시로 교육하는 것에 대해 온유돈후(溫柔敦厚)라는 요구가 있지만, 지향(志向)이 광명정대한 사람은 하늘의 위엄이 두렵지 않다. 그들은 남의 동정과 연민을 구하지 않고 자신으로부터 나아가니, 마치 눈부신 햇살이 태양과 달을 들고 걸어가는 것과 같다. 어찌 어린 여자아이처럼 우물쭈물한 모습을 남에게 보일 수 있겠는가? 비록 「이소(離騷)」에 비유가 많긴 하지만 솔직히 말하는 것도 피하진 않는다. 그러나 송대(宋代) 사람은 그렇지 않다. 이리저리 움직이며 중심을 못 잡으면서 직설로 말할 계제를 찾으나, 솔직히 말하면 재앙을 당할까 두려워한다. 그래서 그들은 은유(隱喩)가 있는 문사(文辭)를 씀으로써 완곡하게 풍자한다. 하지만 이렇게 하더라도 문자의 문제 때문에 화를 당한 사람이 적지 않다. 그들의 시문 중에 의심할 만한 곳이 있기 때문에, 직접적으로 말하지 않더라도 꼬투리를 잡힐 수 있고 죄명의 꾸밈을 당할 수 있다. 소식(蘇軾)이 오대시안(烏臺詩案)을 겪어 관직을 강등당하고 먼 곳으로 보내진 것은, 굴욕을 자초한 것으로 남을 원망할 수 없다. 그는 감히 하고 싶은 말을 하지도 못하고 더구나 감옥에까지 갔는데, 감옥 안에서 "현명한 임금이 하늘과 같아, 만물이 스스로 봄이 되듯 생기발랄해진다."라는 시를 만들어 임금의 환심을 샀다. 참으로 수치스럽다. 오늘날 사람들은 시를 지을 때 이런 것을 모방하기 좋아하는데, 이러한 교활하고 가벼운 창작의 기법은 진정한 군자들이 우습게 여겨 눈에 두지도 않음을 모른다.

立門庭者必餖飣, 非餖飣不可以立門庭. 蓋心靈人所自有, 而不相貸, 無從開方便法門, 任陋人支借也. …… 如劉彦昺詩:"山圍曉氣蟠龍虎, 臺枕東風憶鳳皇."[122] 貝廷琚詩:"我別語兒溪上宅, 月當二十四回新." "如何萬國尙戎馬, 只恐四鄰無故人."[123] 用事不用事,

---

122. 이 구절은 유언병(劉彦昺)의 「조춘정오대제(早春呈吳待制)」에 나온다.
123. 이상의 구절들은 패경(貝瓊)의 「기내제륙희지(寄內弟陸熙之)」에 나온다.

總以曲寫心靈, 動人興觀群怨, 卻使陋人無從支借. 唯其不可支借, 故無有推建門庭者; 而獨起四百年之衰.(『薑齋詩話』卷2)

시와 관련된 종파(宗派)를 창립하면 필연적으로 모방과 답습을 요구할 것이다. 모방과 답습을 하지 않으면 종파가 형성되지 않을 것이다. 마음과 영혼으로 새롭고 독창적인 시를 짓는 사람은 학식이 짧고 너절한 사람한데 구체적인 창작의 기법을 가르쳐줄 수 없다. …… 유언병(劉彦昺)의 시를 예로 들면, "산이 새벽의 기운을 에워싸고 마치 용과 호랑이가 둥지를 틀고 있는 것 같아, 누대(樓臺) 근처 동풍(東風)이 불어올 때 봉황새가 내려온 장면을 그리워한다."라고 했다. 또 패경(貝瓊: 자는 廷琚)는 "나는 고향의 집을 떠난 지 몇 년이 되었다." "여러 나라들이 얼마나 전쟁을 중시하는지는 막론하고, 내가 오직 두려운 것은 고향에 들어갈 때 아는 사람이 한 명도 없을 것 같다는 점이다."라고 하였다. 그들의 시엔 낯선 전고(典故)가 별로 없지만 모두 잘 지었다. 시에 전고를 운용하는지 여부는 중요치 않다. 진정 중요한 것은 시가 사람의 마음을 표현해야 한다는 점이다. 사람들이 시를 읽을 때 흥기할 수 있고, 관찰할 수 있고, 함께할 수 있고, 원망할 수 있어야 좋은 시라 할 수 있다. 이것은 견식이 얕은 사람이 모방하고 배울 수 없는 것이다. 좋은 시는 모방할 수 없으니, 훌륭한 시인들은 문파(門派)를 건립하지 않더라도 사백 년 이래 문단(文壇)의 쇠락한 기운을 진흥할 수 있다.

昔人謂書法至顏魯公而壞, 以其著力太急, 失晉人風度[124]也. 文章本靜業, 故曰"仁者之言藹如也", 學術風俗皆於此判別. 着力急者心氣粗, 則一發不禁; 其落筆必重, 皆囂陵競亂之徵也. 俗稱歐·蘇等爲"大家", 試取歐陽公文與蘇明允幷觀, 其靜躁·雅俗·貞淫, 昭然可見. 心粗筆重, 則必以縱橫·名法兩家之言爲宗主, 而心術壞,

---

124. "풍도(風度)": 풍미(風味)·풍취(風趣)·풍채(風采)와 같은 뜻이다.

世敎陵夷矣. 明允其明驗也. 啓·禎諸公欲挽萬曆俗靡之習, 而競躁之心勝, 其落筆皆如椎擊, 刻畫愈極, 得理愈淺; 雖有才人, 無可勝澄淸之任. 就中唯沈去疑·杜南谷爲有超然之致, 猶未醇也, 其他勿論已. 代聖賢以引伸至理, 而䞋面張拳, 奚足哉? 胡元詩人如貫雲石·薩天錫·馮子振, 欲矯宋詩之衰, 而䊮氣乘之; 啓·禎文多類此意者, 亦天實爲之邪? (『薑齋詩話』卷2)

옛사람들은 서예가 안진경(顔眞卿)에 이르러 무너졌다고 말한다. 그 이유는 힘을 주는 것이 너무 세차고 진(晉)나라 사람의 풍도(風度)를 잃었기 때문이다. 문장은 원래 조용하게 하는 일이기에 "인자(仁者)의 말은 온화하다."고 하였다. 학술이나 풍속은 모두 여기에서 판별된다. 힘을 주는 것이 세찬 것은 그 심기가 거칠기 때문이다. 이에 한 번 발동하면 멈출 수 없고, 그러한 상태에서 붓을 들면 반드시 묵직해진다. 이러한 것은 모두 번잡하고 어지러운 것의 징표이다. 세상에서는 구양수(歐陽脩)와 소순(蘇洵)을 대가(大家)라고 하는데, 그 둘의 작품을 한 번 보면 조용함과 시끄러움·우아함과 비속함·정숙함과 음란함을 명확히 알 수 있다. 마음이 조급하고 붓이 무거운 것은 종횡가(縱橫家)·명가(名家)·법가(法家)의 말을 종주(宗主)로 삼았기 때문이다. 그리하여 문장을 쓰면 마음이 무너지고 세상의 교화가 쇠퇴하게 된다. 소순이 바로 그 증거이다. 천계(天啓)와 숭정(崇禎) 연간의 많은 이들이 만력(萬曆) 연간의 비속하고 저급한 습속을 만회해 보고자 하였으나, 조급한 마음이 앞서 그 붓을 내리는 것이 마치 망치로 두드리는 듯하였다. 이 때문에 드러내고자 하는 바는 더욱 극단적이고 이치를 터득하는 것은 더욱 천박하였다. 비록 재주 있는 이가 있더라도 그것을 제대로 바꿀 수 없었다. 그 가운데 다만 심거의(沈去疑)와 두도견(杜道堅)이 초일(超逸)의 기상을 가졌으나 순박하지는 못했다. 다른 사람은 더 말할 것도 없다. 성현(聖賢)을 대신하여 지극한 도리를 펴는데, 얼굴을 붉히고 주먹을 휘두르는 완력으로 한다면 어찌 가능하겠는가? 원대(元

代)의 시인 관운석(貫雲石)·살천석(薩天錫)·풍자진(馮子振)이 송시(宋詩)의 쇠퇴를 바로잡고자 하였으나, 이국적인 맛이 스며들었다. 천계(天啓)와 숭정(崇禎) 연간의 글 또한 이와 유사하니, 이것은 어찌 할 수 없는 것인가?

自李贄以佞舌惑天下, 袁中郞·焦弱侯不揣而推戴之, 於是以信筆掃抹爲文字, 而誚含吐精微·鍛煉高卓者爲"咬姜呷醋". 故萬曆壬辰以後, 文之俗陋, 亘古未有. 如必不經思惟者而後爲自然之文, 則夫子所云草創·討論·修飾·潤色[125], 費爾許斟酌, 亦"咬姜呷醋"邪? 比閱陶石簣文集, 其序記書銘, 用虛字如蛛絲罥蝶, 用實字如屐齒粘泥, 合古今雅俗, 堆砌成篇, 無一字從心坎中過, 眞莊子所謂"出言如哇"[126]者, 不數行, 卽令人頭重. 蓋當時所尙如此, 啓·禎間始洗濯之. 而艾千子猶以"莽莽蒼蒼"論文, 不知"莽莽蒼蒼"者, 卽俗所謂"莽撞", 孟子所云"茅塞"[127]也. (『薑齋詩話』 卷2)

이지(李贄)가 교묘한 혀로 세상을 현혹시킨 이래 원굉도(袁宏道)와 초횡(焦竑)이 헤아리지 않고 그를 추숭하였다. 이에 붓을 함부로 휘두르면서 기존의 체재를 지워 없애버리는 방식으로 글을 썼는데, 그들은 정미한 뜻을 함축하거나 고상한 문체로 수식된 문장을 "생강을 씹고 식초를 마시는 짓"이라 힐난하였다. 이 때문에 만력(萬曆) 연간의 임진년(壬辰年) 이후 그와 같은 문장의 비속(卑俗)은 일찍이 없었다. 만약 생각을 거치지 않은 문장이 자연스러운 문장이라면, 공자(孔子)가 말한 이른바 초창(草創)·토론·수식·윤색은 모두 헛된 짓이니, 이 또한 "생강을 씹고 식초를 마시는 짓"인가? 예컨대 도망령(陶望

---

125. "草創·討論·修飾·潤色": 이 내용은 『논어(論語)·헌문(憲問)』에 보인다. "子曰: 爲命, 裨諶草創之, 世叔討論之, 行人子羽修飾之, 東里子産潤色之."
126. 『장자(莊子)·대종사(大宗師)』에 "嗌言若哇"이란 말이 나온다.
127. 『맹자(孟子)·진심하(盡心下)』에 나온다.

齡)의 문집을 읽어보면 그의 서(序)·기(記)·서(書)·명(銘)은, 허자(虛字)를 사용한 것은 마치 나비가 거미줄에 걸린 듯하고, 실자(實字)를 사용한 것은 나막신 굽에 진흙이 붙어있는 듯하였다. 또한 고금(古今)의 아속(雅俗)을 모아 덕지덕지 문장을 이루니, 그 어느 한 글자라도 마음속으로부터 나온 것이 없었다. 이것은 실로 장자(莊子)가 일컬은 바 "말하는 것이 마치 꽥꽥거리는 것 같다."의 상태이니, 몇 줄 안 가서 바로 머리를 지끈거리게 한다. 대체로 당시에 사람들이 숭상한 바가 이와 같았는데, 천계(天啓)와 숭정(崇禎) 연간에야 비로소 그러한 경향이 사라졌다. 애남영(艾南英)은 또한 언어가 경박하고 무모하다는 말로 문장을 논했는데, 이 경박하고 무모함이 바로 세상에서 말하는 경박하고 종잡을 수 없는 것이자 맹자가 말한 우둔함임을 알지 못했다.

17. 유희재(劉熙載)

『六經』, 文之範圍也. 聖人之旨, 於經觀其大備; 其深博無涯涘, 乃『文心雕龍』所謂 "百家騰躍, 終入環內" 者也. (『藝槪』「文槪」)

육경(六經)은 문장의 법식과 기준이다. 성인(聖人)의 관점이 거의 모두 육경 안에 기재되어 있다. 육경은 심오하고 넓어 끝이 없으니, 바로『문심조룡(文心雕龍)』에서 말한 것처럼 설령 후대의 문장이 천변만화하였을지라도 모두 육경의 영향을 받은 것이다.

莊子文看似胡說亂說, 骨裏卻盡有分數. 彼固自謂猖狂妄行而蹈乎大方也, 學者何不從蹈大方處求之? (『藝槪』「文槪」)

장자(莊子)의 문장은 표면상으로 보면 허튼소리 같지만 내재적으로는 매우 일리가 있다. 장자는 일찍이 비록 자기의 행동이 제멋대로지만 대도(大道)를 따를 수 있다고 말하였다. 장자의 문장을 학습하는 사람은 왜 먼저 대도를 따르지 않으면서 장자를 본받으려 하는가?

莊子寓眞於誕, 寓實於玄, 於此見寓言之妙. (『藝槪』「文槪」)

장자(莊子)는 허황된 문장 속에 진리를 담고 있고, 공상적인 고사(故事) 안에 현실을 감추고 있다. 이로부터 장자 우언(寓言)의 오묘한 점을 알 수 있다.

文之神妙, 莫過於能飛. 莊子之言鵬曰 "怒而飛"[128], 今觀其文, 無端而來, 無端而去, 殆得 "飛" 之機者. 烏知非鵬之學爲周耶? (『藝槪』「文槪」)

---

128. 이 대목은『장자(莊子)·소요유(逍遙遊)』에 나온다.

문장의 가장 신묘한 경지는 '비(飛)' 할 수 있는 것보다 뛰어난 게 없다. 장자는 대붕(大鵬)이 "노하여 날아오른다."고 말하는데, 지금 장자의 문장을 읽어보면 〈필법이 변화무쌍하여〉 단서가 없으니 어찌 '비(飛)'의 비결을 터득할 수 있겠는가? 아마도 대붕의 '비(飛)'는 바로 장자에게서 학습한 것일 것이다.

意出塵外, 怪生筆端[129], 莊子之文, 可以是評之. 其根極則『天下篇』已自道矣, 曰: "充實不可以已."(『藝槪』「文槪」)

"문장의 경지는 인간의 상상을 벗어나 붓끝으로 각종 기괴하고 허황된 상황을 묘사하였다."라고 한 이 구절은 장자(莊子)를 평가하는 문장으로 쓰일 수 있다. 장자는 「천하(天下)」편에서 자신이 문장을 쓰는 근본을 말하였다. 바로 "부단히 자신에게 충실해야 한다."라는 것이다.

韓文起八代之衰, 實集八代之成. 蓋惟善用古者能變, 以無所不包, 故能無所不掃也.(『藝槪』「文槪」)

한유(韓愈)의 문장은 팔대(八代: 東漢·魏·晉·宋·齊·梁·陳·隋) 이래 문장이 쇠퇴하던 분위기를 진작시켰고, 또한 팔대 이래 문장이 성취했던 바를 종합하였다. 이는 고대의 정화(精華)를 잘 학습하고 응용한 사람만이 바꿀 수 있다. 그는 옛 사람의 각종 문장을 통해 그 결점과 장점이 어디에 있는지 알았기 때문에 비로소 옛 사람들 문장의 좋지 않은 기풍을 일소할 수 있었다.

八代之衰, 其文內竭而外侈; 昌黎易之以萬怪惶惑, 抑遏蔽掩[130],

---

129. "意出塵外, 怪生筆端": 이 구절은 주경현(朱景玄)의 『당조명화록(唐朝名畵錄)』에 나온다. 원래는 왕유(王維)의 회화에 대한 평어(評語)이다.
130. "萬怪惶惑, 抑遏蔽掩": 이 구절은 소순(蘇洵)의 「상구양내한제일서(上歐陽內翰第一書)」에 나온다. "韓子之文, 如長江大河, 渾浩流轉, 魚鼈蛟龍, 萬怪惶惑, 而抑遏蔽掩不使自

在當時眞爲補虛消腫良劑. (『藝槪』「文槪」)

　팔대(八代)의 문장이 쇠락하여 진흥하지 못하고, 내용은 공허하여 외재적으로 문사(文辭)만 풍부하였다. 한유(韓愈)는 이러한 문풍(文風)을 바꾸었다. 새로운 문풍은 내재적으로 기발하고 특출하며 풍부한 것이 마치 강에 가득한 각종 진기하고 괴이한 생물과 같고, 외재형식은 매우 소박하여 예봉(銳鋒)을 새나가지 않게 하니 마치 강이 물고기·자라·용 등의 기이한 생물을 감추고 그들을 수면 위로 노출시키지 않은 것과 같다. 이것은 당시 쇠퇴하던 문풍을 치료하는 좋은 약이 되어, 허황된 문사(文辭)를 제거하고 공허한 내면을 채워주었다.

昌黎論文曰: "惟其是爾."[131] 余謂 "是"字注脚有二; 曰正·曰眞. (『藝槪』「文槪」)

　한유(韓愈: 호는 昌黎)가 문장을 논하여 말하였다. "문장은 마땅히 써야할 형식에 따라 자연스럽게 쓰여야 한다." 나는 여기 '마땅히 써야할 형식'이라는 것에 두 가지 의미가 있다고 생각한다. 하나는 문장이 정도(正道)에 부합해야 한다는 것이고, 다른 하나는 문장은 진실해야 된다는 것이다.

昌黎以 "是" "異" 二字論文, 然二者仍須合一. 若不異之是, 則庸而已; 不是之異, 則妄而已. (『藝槪』「文槪」)

　한유(韓愈)는 '시(是)'·'이(異)' 두 글자를 사용하여 문장을 평론하는데, 이 두 가지를 결합시키려 한다. 만약 '시(是)'만 있고 '이(異)'가 없으면, 〈즉 옛 사람을 긍정하기만 하고 그들과 다르고자 하지 않으면〉 그런 문장은 매우 평범

露, 而人望見其淵然之光·蒼然之色, 亦自畏避不敢迫視."
131. 이 구절은 한유(韓愈)의 「답유정부서(答劉正夫書)」에 나온다.

하게 쓸 수 있다. 만약 '시(是)'가 없고 '이(異)'만 있으면, 그런 문장은 매우 과대망상에 빠지게 된다.

昌黎文兩種, 皆於「答尉遲生書」發之;一則所謂"昭晣者無疑"·"行峻而言厲"是也;一則所謂"優遊者有餘", "心醇而氣和"是也. (『藝槪』「文槪」)

한유(韓愈)의 문장은 두 종류로 나눌 수 있는데,「답위지생서(答尉遲生書)」에서 이미 말하였다. 하나는 "문장은 분명하고 조리 있게 써서 사람들이 의혹을 품지 않게 해야 하며", "풍격은 엄정하고 언어는 굳세고 간결해야 한다."는 것이다. 다른 하나는 "문장은 유유자적하고 태연자약하게 써야 하며", "풍격은 자연스럽고 질박하며 온유하고 화평스럽게 해야 한다."는 것이다.

文或結實, 或空靈, 雖各有所長, 皆不免著於一偏. 試觀韓文, 結實處何嘗不空靈, 空靈處何嘗不結實. (『藝槪』「文槪」)

문장은 어떤 경우에는 아주 충실하고 어떤 경우에는 매우 신묘하지만, 이 두 가지는 각각 장점이 있다. 그러나 〈한 가지만을 배우면〉 편견에 빠지기가 쉽다. 또한 한유(韓愈)의 문장을 보면, 충실한 부분은 신묘하지 않은 데가 없고 신묘한 부분 또한 충실하지 않은 바가 없다.

東坡文雖打通牆壁說話, 然立脚自在穩處. 臂如舟行大海之中, 把柁未嘗不定, 視放言而不中權者異矣. (『藝槪』「文槪」)

소식(蘇軾: 호는 東坡)의 문장은 매우 영민하고 날렵하지만, 그 근본은 안정적이어서 변동하지 않는다. 이는 곧 배로 대해(大海)를 다닐 때 방향타가 매우 안정적인 것과 같다. 언사(言辭)가 제멋대로이면서 주제에 드러내지 못하는 그런 문장과는 다르다.

坡文多微妙語. 其論文曰"快"[132]·曰"達"[133]·曰"了"[134], 正爲非此不足以發微闡妙也.

소식(蘇軾)의 문장은 매우 정미하고 고묘(高妙)한 언어가 있다. 그는 '쾌(快)'·'달(達)'·'료(了)'를 가지고 문장의 창작을 논하는데, 만약 이 세 가지에 이르지 못하면 문장의 미묘한 바를 드러낼 방법이 없기 때문이다.

東坡最善於沒要緊底題說沒要緊底話, 未曾有底題說未曾有底話, 抑所謂"君從何處看, 得此無人態"[135]耶! (『藝槪』「文槪」)

소식(蘇軾)은 한적한 필치를 가지고 아무 상관없는 한담처럼 말하는 것과 일찍이 없었던 필치를 가지고 아무도 드러내지 않았던 말을 하는데 능숙하였다. 바로 이것이 이른바 "그대는 어떻게 기러기가 사람이 없을 때의 모습을 알았는가."라는 것이 아니겠는가?

子由曰: "子瞻之文奇, 吾文但穩耳."[136] 余謂百世之文, 總可以"奇""穩"兩字判之. (『藝槪』「文槪」)

---

132. "쾌(快)": 문장으로 즐거움을 삼는 심태(心態)를 말한다.

133. "달(達)": 문사(文辭)가 분명하여 마음속의 생각을 완전히 드러내는 것을 말한다.

134. "료(了)": 문사(文辭)를 간결하게 하면서 동시에 생동감 있게 작자의 뜻을 묘사하는 것을 말한다.

135. 이 구절은 소식(蘇軾)의 「고우진직궁처사화안(高郵陳直躬處士畫雁)」에 나온다. "野雁見人時, 未起意先改. 君從何處看, 得此無人態. 無乃槁木形, 人禽兩自在. 北風振枯葦, 微雪落璀璀. 慘淡雲水昏, 晶熒沙礫碎. 弋人悵何慕, 一擧渺江海."

136. 이 구절은 소추(蘇轍)가 편집(編輯)한 『난성유언(欒城遺言)』에 나온다.

소철(蘇轍: 자는 子由)이 말하였다. "소식(蘇軾: 자는 子瞻)의 문장은 기이하고 뛰어나지만 나의 문장은 매우 평범할 뿐이다." 나는 옛날부터 있었던 문장을 모두 '기(奇)'와 '온(穩)'으로 판단한다.

自『典論·論文』以及韓·柳·俱重一"氣"字. 余謂文氣當如『樂記』二語曰: "剛氣不怒, 柔氣不懾." (『藝槪』「文槪」)

『전론(典論)·논문(論文)』부터 한유(韓愈)·유종원(柳宗元)에 이르기까지 모두 '기(氣)'를 중시하였다. 나는 문기(文氣)는 마땅히 『예기(禮記)·악기(樂記)』에서 "양강(陽剛)의 기를 가득 채우면서도 조급하지 않고, 음유(陰柔)의 기를 가득 채우면서도 유약(柔弱)하지 않다."라고 말한 바와 같아야 한다고 생각한다.

文貴備四時之氣, 然氣之純駁厚薄, 尤須審辨. (『藝槪』「文槪」)

문장은 사시(四時)의 기(氣)를 갖춰야 한다. 그러나 문기(文氣)는 순수하면서도 뒤섞였으며 심후(深厚)하면서도 단순하니, 자세한 판별이 필요하다.

文要與元氣相合, 戒與盡氣相尋. 翕聚·債張, 其大較矣. (『藝槪』「文槪」)

문장은 마땅히 원기(元氣)가 가득한 상태에서 자연스럽게 완성되어야 하지 문기(文氣)가 약한 상황에서 억지로 창작할 수는 없다. 〈문장의 창작에서〉 수렴과 확장이 대체로 이러하다.

文之要, 本領氣象而已. 本領[137]欲其大而深, 氣象[138]欲其純而懿. (『藝槪』「文槪」)

문장의 요점은 본령과 기상(氣象)을 갖추는 데 있다. 본령은 크고 깊어야 하고, 기상은 순수하고 아름다워야 한다.

白賁占於賁之上爻, 乃知品居極上之文, 只是本色. (『藝槪』「文槪」)

'백분(白賁)'은 분괘(賁卦) 효위(爻位)의 가장 상단에 있는데, 이를 통해 알 수 있는 것은 최고의 문장에 순위를 매긴다면 그것은 다듬지 않은 자연스러운 문장이라는 것이다.

文尙華者日落, 尙實者日茂. 其類在色老而衰, 智老而多矣. (『藝槪』「文槪」)

작가가 화려한 문풍(文風)을 추구하면 작품이 갈수록 나빠지고, 질박한 문풍을 추구하면 작품이 갈수록 좋아진다. 이는 마치 미모만 있는 사람이 늙게 되면 사람 자체가 쇠약해지나, 지혜가 있는 사람은 나이가 들수록 가치가 있게 되는 것과 같다.

文貴法古, 然患先有一古字橫在胸中. 蓋文惟其是, 惟其眞. 舍是與眞, 而於形模求古, 所貴於古者果如是乎? (『藝槪』「文槪」)

문장은 옛 것을 학습하는 것을 중요하게 여기나, 문장을 쓰기 전엔 옛 사람의 생각을 모방할 수 없다. 문장은 적절하고 진실하여야 한다. 만약 문장이 적

---

137. "본령(本領)": 여기서는 문장을 짓는 재능을 말한다.
138. "기상(氣象)": 여기서는 문장의 정신적 풍모를 말한다.

절하지도 않고 진실하지도 않으면서 겨우 형태로만 옛 사람을 본뜬다면, 이렇게 옛 것을 학습해서야 되겠는가.

　『國語』言"物一無文", 後人更當知物無一則無文. 蓋一乃文之眞宰, 必有一在其中, 斯能用夫不一者也. (『藝槪』「文槪」)

　『국어(國語)』에서 "사물이 하나뿐이면 문채가 없다."라고 하였는데, 만약 시종(始終)을 꿰뚫는 '일(一)', 즉 중심점이 없다면 문장을 쓸 수 없음을 후세 사람들은 알아야 한다. '일(一)'은 문장을 지배하는 것이니, 반드시 '일(一)'이 있어야만 〈그 '일(一)'을 중심에 놓고〉 각기 서로 다른 재료와 언사(言辭) 등을 사용하여 좋은 문장을 쓸 수 있다.

　詩可數年不作, 不可一作不眞. 陶淵明自庚子距丙辰十七年間, 作詩九首, 其詩之眞, 更須問耶? 彼無歲無詩, 乃至無日無詩者, 意欲何明? (『藝槪』「詩槪」)

　시인은 몇 년 동안 한 수의 시도 쓰지 못하기도 하지만, 그렇다고 결코 진실한 감정이 없는 시를 쓸 수는 없다. 도연명(陶淵明)은 경자(庚子)년부터 병진(丙辰)년까지 17년 동안 겨우 9수의 시를 썼는데, 그렇다 해서 시의 감정의 진실함에 의문이 있다고 말할 수 있는가? 그들은 매년 시를 썼고, 심지어 매일 시를 쓰기도 했지만 시 가운데 나타나는 것이 과연 무엇이란 말인가?

　太白詩以『莊』·『騷』爲大源, 而於嗣宗之淵放, 景純之俊上, 明遠之驅邁, 玄暉之奇秀, 亦各有所取, 無遺美焉. (『藝槪』「詩槪」)

　이백(李白)의 시는 『장자(莊子)』와 「이소(離騷)」가 주요한 원천이다. 또한 완적(阮籍: 자는 嗣宗)의 깊으면서 거리낌이 없는 것, 곽박(郭璞: 자는 景純)의 굳세고 뛰어난 것, 포조(鮑照: 자는 明遠)의 옛 전고(典故)와 옛 시문(詩文)의 시구를 떨쳐낸 것, 사조(謝朓: 자는 玄暉)의 빼어나고 비범한 것 등에 대해 모두 학습하여 빠뜨림이 없다.

李詩鑿空而道[139], 歸趣難窮, 由風多於雅, 興多於賦也. (『藝槪』「詩槪」)

이백(李伯)의 시는 상상력이 풍부하고 필법이 자유로우며 시의 요지 또한 헤아리기 어려운데, 이것은 이백의 시가 국풍(國風)을 학습한 요소가 소아(小雅)를 학습한 것보다 많고, 흥(興)을 운용한 수법이 부(賦)를 운용한 수법보다 많기 때문이다.

幕天席地, 友月交風[140], 原是平常過活, 非廣己造大也. 太白詩當以此意讀之. (『藝槪』「詩槪」)

천(天)을 장막으로 삼고 지(地)를 침석(枕席)으로 삼으며, 명월(明月)과 벗하고 청풍(淸風)과 짝하는 것은 원래 이백(李白)의 가장 일반적인 생활태도이다. 결코 일부러 자기를 과장하여 호언장담을 지어낸 것이 아니다. 이백의 시를 읽을 때에는 마땅히 이러한 인식을 가져야 한다.

太白詩言俠·言仙·言女·言酒, 特借用樂府形體耳. 讀者或認作眞身, 豈非皮相. (『藝槪』「詩槪」)

---

139. "착공이도(鑿空而道)": 직역하면 근거 없이 말한 것을 뜻하는데, <이백(李白)처럼> 상상력이 풍부하고 필법(筆法)이 자유로운 것을 말한다.
140. "幕天席地, 友月交風": 이 구절은 당대(唐代) 왕적(王績)의 「답자사두지송서(答刺史杜之松書)」에 나온다.

이백(李白)이 시에서 협객을 이야기하고 신선을 이야기하고 미녀를 이야기하고 술을 이야기할 때, 모두 악부(樂府)의 형식을 차용하였다. 일부 사람들은 이백의 순수함이 바로 협객·신선·미녀·술에 대해 쓴 것이라 인식하는데, 이러한 인식은 어찌 피상만 본 것이 아니겠는가.

杜詩高·大·深俱不可及. 吐棄到人所不能吐棄爲高, 涵茹到人所不能涵茹爲大, 曲折到人所不能曲折爲深.(『藝槪』「詩槪」)

두보(杜甫)의 시는 고(高)·대(大)·심(深)의 세 가지 특징을 가지고 있는데, 이는 다른 사람이 도달하지 못한 것이다. 시 가운데 허황되고 용속(庸俗)하며 번거로운 사조(辭藻)를 빼고 또 다른 사람들이 도달하지 못한 경지를 빼면, 이것이 두보 시의 고(高)이다. 시 가운데 각종 사물을 포함하고 또 다른 사람들이 도달하지 못한 경지를 포함하면, 이것이 두보 시의 대(大)이다. 시 가운데 완곡한 수법을 사용하고 또 복잡하여 다른 사람들이 도달하지 못한 경지가 두보 시의 심(深)이다.

杜詩只有無二字足以評之. 有者, 但見性情氣骨也; 無者, 不見語言文字也.(『藝槪』「詩槪」)

두보(杜甫)의 시는 다만 '유(有)'와 '무(無)' 두 글자만 사용하여 평가해도 충분하다. '유(有)'는 두보 시에 가득한 그의 성정과 기골을 가리킨다. '무(無)'는 두보 시의 자연스럽고 순박하여 장구를 세심히 다듬은 흔적이 없는 것을 가리킨다.

杜陵云: "篇終接混茫."[141] 夫篇終而接混茫, 則全詩亦可知矣. 且

---

141. 이 구절은 두보(杜甫)의 『기팽주고삼십오사군(寄彭州高三十五使君)·괵주잠이십칠장

有混茫之人, 而後有混茫之詩, 故莊子云: "古之人在混茫之中."[142]
(『藝槪』「詩槪」)

두보(杜甫)는 시에서 "시의 전편(全篇)이 끝나자 아득하여 정신이 없다."라고 하였는데, 만약 한 수의 시를 끝까지 읽고서 독자가 순박함과 넓고 깊음의 경지에 잠긴다면 시 전체의 풍격(風格) 또한 이로써 알 수 있다. 순박함과 넓고 깊음을 가지고 있는 사람이야말로 순박하며 넓고 깊은 시를 쓸 수 있기에, 장자(莊子)가 "고대의 사람은 소박하고 크다."라고 말한 것이다.

意欲沈著, 格欲高古. 持此以等百家之詩, 於杜陵乃無遺憾. (『藝槪』「詩槪」)

시의 함의는 깊고 중후해야 하며, 격조는 고고(高古)해야 한다. 이러한 기준을 가지고 시인들의 시를 평가하면, 두보(杜甫)의 시는 완전히 여기에 부합한다.

論李·杜詩者, 謂太白志存復古, 少陵獨開生面; 少陵思精, 太白韻高. 然眞賞之士, 尤當有以觀其合焉. (『藝槪』「詩槪」)

이백(李白)과 두보(杜甫)의 시를 평론하는 사람은, 이백의 복고(復古)에 힘썼고 두보는 새로운 기상을 개창하였는데, 두보의 시는 문사(文思)가 정밀하고 심오하며 이백의 시는 풍운(風韻)이 고일(高逸)하다고 생각한다. 그러나 시를 이해하고 시를 감상하는 사람들은 마땅히 이 두 사람의 시가 서로 통하는 지점을 음미해야 한다.

사참삼십운(虢州岑二十七長史參三十韻)』에 나온다.
142. 이 구절은 『장자(莊子)·선성(繕性)』에 나온다.

代匹夫匹婦語最難, 蓋饑寒勞困之苦, 雖告人, 人且不知, 知之,
必物我無間者也. 杜少陵·元次山·白香山不但如身入閭閻, 目擊
其事, 直與疾病之在身者無異. 頌其詩, 顧可不知其人乎? (『藝槪』
「詩槪」)

평민들의 말투를 가지고 시를 쓰는 것이 가장 어렵다. 왜냐하면 평민들의 굶주림과 추위의 고생을 겪어보지 않은 사람들은 이해하기 어렵기 때문이다. 평민들의 고통을 진실하게 느끼고자 한다면, 자기가 직접 백성에게로 가야 한다. 두보(杜甫)·원결(元結: 자는 次山)·백거이(白居易)는 직접 백성 사이에 갔을 뿐만 아니라 직접 백성의 생활을 보았으며, 더욱이 그들 자신 또한 생활이 곤궁하였고 게다가 질병에 걸려 생계가 곤란한 백성과 별 다를 게 없었다. 그들의 시를 읽으면 그들이 어떤 사람인지 이해할 수 없겠는가?

東坡詩善於空諸所有, 又善於無中生有, 機括實自禪悟中來. 以
辯才三昧而爲韻言, 固宜其舌底瀾翻如是. (『藝槪』「詩槪」)

소식(蘇軾)의 시는 초월적인 경지를 체득하는 데 뛰어나고 또 상상이 뛰어나 필법이 신기한데, 이것은 대부분 선학(禪學)의 깨달음에서 나온 것이다. 그는 선종(禪宗)의 응변(應辯)에 능한 재주로 시를 썼으니, 그의 시는 물결의 무늬처럼 변화무쌍하였다.

東坡『題與可畫竹』云: "無窮出淸新." 余謂此句可爲坡詩評語,
豈偶借與可以自寓耶? 杜於李亦以淸新相目.[143] 詩家"淸新"二字,
均非易得. 元遺山於坡詩, 何乃以新譏之? (『藝槪』「詩槪」)

소식(蘇軾)은 「서조보지소장여가화죽(書晁補之所藏與可畫竹)」에서 "끝없이

---

143. 이 대목은 두보(杜甫)의 「춘일억이백(春日憶李白)」에 나온다.

유희재 · 273

청신(淸新)하다."라고 하였는데, 나는 이 구절이 소식을 평론한 말이라고 생각한다. 소식이 문동(文同: 자는 與可)의 그림에 대한 평가를 빌려 자기의 시를 평가한 것인가? 두보(杜甫) 또한 '청신(淸新)'으로 이백(李白)의 시를 평론하였다. 시에서 '청(淸)'과 '신(新)' 두 가지 풍격은 모두 얻기 쉽지 않다. 원호문(元好問: 호는 遺山)이 소식의 시를 평가할 때, 왜 소식의 시가 신기하면서 속되지 않음을 풍자하려 했는가?

太白長於風, 少陵長於骨, 昌黎長於質, 東坡長於趣. (『藝槪』「詩槪」)

이백(李白) 시의 장점은 표표히 떠다니는 것이고, 두보(杜甫) 시의 장점은 기골과 굳셈이며, 한유(韓愈) 시의 장점은 순박하고 중후함이고, 소식(蘇軾) 시의 장점은 끊임없이 샘솟는 흥취이다.

詩以出於『騷』者爲正, 以出於『莊』者爲變. 少陵純乎『騷』, 太白在『莊』·『騷』間, 東坡則出於『莊』者十之八九. (『藝槪』「詩槪」)

「이소(離騷)」에 근원하는 시는 정통이고, 『장자(莊子)』에 근원하는 시는 변격(變格)이다. 두보(杜甫)의 시는 전부 「이소」에서 나왔고, 이백(李白) 시의 근원은 『장자』와 「이소」의 사이이며, 소식(蘇軾)의 시는 십중팔구 모두 『장자』에서 나왔다.

文所不能言之意, 詩或能言之. 大抵文善醒, 詩善醉, 醉中語亦有醒時道不到者. 蓋其天機之發, 不可思議也. (『藝槪』「詩槪」)

문장으로는 분명한 의사를 말할 수 없고, 아마 시로 분명히 말할 수 있을 것이다. 대체로 문장은 사람이 의식이 있을 때인 것 같고, 시는 사람이 술에 취해 있을 때인 것 같다. 술에 취했을 때는 말할 수 있으나 의식이 분명할 때는 말하지 못한다. 왜냐하면 술에 취했을 때에 사람의 본성이 드러나게 되어 상상할 수 없는 미묘한 경지에 이르게 되기 때문이다.

詩之所貴於言志者, 須是以直溫寬栗爲本. 不然, 則其爲志也荒矣. 如『樂記』所謂"喬志"·"溺志"是也. (『藝槪』「詩槪」)

시는 말의 뜻을 중요하게 여기는데, 정감은 마땅히 정직하고 온화하고 관후(寬厚)하고 엄숙해야 한다. 만약 이와 같지 않다면 그러한 정(情)은 절제가 없게 되니, 이는 마치『악기(樂記)』에서 말하는 "방자한 뜻"이나 "탐닉하는 뜻"과 같다.

『文心雕龍』云: "嵇志淸峻, 阮旨遙深." 鍾嶸『詩品』云: "郭景純用俊上之才, 劉越石仗淸剛之氣." 余謂"志""旨""才""氣", 人占一字, 此特就其所尤重者言之, 其實此四字, 詩家不可缺一也. (『藝槪』「詩槪」)

『문심조룡(文心雕龍)』에서 "혜강(嵇康)의 시는 절개가 있고 맑고 높아 세속의 때가 끼지 않았으며, 강직하고 솔직하다. 완적(阮籍)의 시는 뜻이 깊어 꿰뚫어 보기가 어렵다."고 하였다. 종영(鍾嶸)은『시품(詩品)』에서 "곽박(郭璞: 자는 景純)은 특출한 재능으로 시를 썼고, 유곤(劉琨: 자는 越石)의 시에는 맑고 강직한 기골이 가득하다."라고 하였다. 나는 '지(志)'·'지(旨)'·'재(才)'·'기(氣)'의 네 글자는 이 네 명에게 하나씩 어울리는데, 이는 대부분 어떤 사람의 시의 특성이 특히 어떤 한 글자에 편중되어 있기 때문이라 생각한다. 사실 이 네 글자는 모두 시인이 시를 쓰면서 빠뜨릴 수 없는 것이다.

不發乎情, 卽非禮義, 故詩要有樂有哀; 發乎情, 未必卽禮義, 故詩要哀樂中節. (『藝槪』「詩槪」)

시가 만약 감정을 품고 있지 않다면, 그러한 시는 어떠한 예의(禮義)도 없다고 할 수 있다. 따라서 시는 비애나 희열 등의 감정을 품고 있어야 한다. 시가 만일 감정을 품고 있다 해도 모두 예의에 부합하지는 않는다. 따라서 시에는 그러한 비애나 희열의 감정에 절제가 있어야 하고 지나치지 않아야 예의에 부합한다.

天之福人也, 莫過於予以性情之正; 人之自福也, 莫過於正其性情. 從事於詩而有得, 則樂而不荒, 憂而不困, 何福如之! (『藝槪』「詩槪」)

하늘이 인간에게 복을 내리는 것 가운데 사람의 정직한 성정(性情)보다 더한 것은 없다. 사람이 스스로 구하는 복은 자기를 단정하게 하는 성정보다 더한 것은 없다. 이러한 사람이 만일 시를 쓰면 더욱이 성취하는 바가 있을 것이다. 그렇다면 그가 즐거움을 쓸 때도 절제가 없는 방탕함에 빠지지 않을 것이며, 비애를 쓸 때도 슬픈 정감에 갇히지 않을 것이다. 이것이 얼마나 복인가!

詩格, 一爲品格之格, 如人之有智愚賢不肖也; 一爲格式之格, 如人之有貧富貴賤也. (『藝槪』「詩槪」)

시격(詩格)은 한편으로는 품격의 격을 가리키는데, 사람에게 지혜·어리석음·어짊·쓸모없음이 있는 것과 같다. 다른 한편으로는 격식의 격을 가리키는데, 사람에게 빈부귀천이 있는 것과 같다.

詩品出於人品. 人品悃款樸忠者最上, 超然高擧·誅茅力耕者次之, 送往勞來·從俗富貴者無譏焉. (『藝槪』「詩槪」)

시품(詩品)은 인품(人品)에서 나온다. 어떤 사람이 국가에 대해 충실하고 진실하며 성실하다면 그의 시품 또한 매우 높을 것이다. 어떤 사람이 세속을 초탈하여 속세 바깥에 은거하면서 혼자 산다면, 그의 시품은 웬만할 정도일 것이다. 어떤 사람이 매일 부귀하고 권세가 있는 사람과 교제한다면 그의 시품은 내가 비난할 가치도 없을 것이다.

氣有淸濁厚薄, 格有高低雅俗. 詩家泛言氣格, 未是. (『藝槪』「詩槪」)

기(氣)는 청(淸)·탁(濁)·후(厚)·박(薄)으로 나눌 수 있고, 격조는 고(高)·저(低)·아(雅)·속(俗)으로 나눌 수 있다. 시를 평가하는 많은 사람은 대강 기(氣)와 격(格)이라는 말을 사용하는데, 사실 정확하지 않은 것이다.

凡詩迷離者要不間, 切實者要不盡, 廣大者要不廓, 精微者要不僻. (『藝槪』「詩槪」)

대체로 모호하고 흐릿한 시는 맥락이 끊어지지 않게 해야 한다. 대체로 규범에 맞는 시는 끝없이 이어져 여운을 가져야 한다.

詩要超乎"空""欲"二界. 空則入禪, 欲則入俗. 超之之道無他, 曰"發乎情止乎禮義"[144]而已. (『藝槪』「詩槪」)

시는 공계(空界)와 욕계(欲界)를 초월해야 한다. 시에서 공(空)을 추구하면 선어(禪語)가 되기 쉽다. 시에서 욕(欲)을 찬양하면 저속해지기 쉽다. 이 두 가

---

[144] 이 구절은 「모시서(毛詩序)」에 나온다.

지 병폐에서 벗어나는 데는 다른 방법이 있는 것이 아니라 "정(情)에서 발하여 예의에서 멈추는 것" 뿐이다.

詩質要如銅牆鐵壁, 氣要如天風海濤.(『藝槪』「詩槪」)

시의 내면은 매우 충실하여 틈이 없는 철옹성과 같아야 한다. 시의 기운(氣韻)은 매우 웅장하고 막힘이 없어 마치 하늘의 바람이 바다 물결을 일으키는 것과 같아야 한다.

詩不可有我而無古, 更不可有古而無我. 典雅·精神, 兼之斯善.(『藝槪』「詩槪」)

시는 시인 멋대로 표현함으로써 고인(古人)의 법도를 드러내지 않아서는 안 된다. 또한 오로지 옛 사람만을 학습하여 자기만의 특징이 없어서도 안 된다. 격조도 우아하게 하고 또 개인의 특색을 온축하여, 이 두 가지를 겸비해야만 좋은 시이다.

元微之作『杜工部墓志』, 深薄宋·齊間吟寫性靈·流連光景之文. 其實性靈光景, 自風雅肇興便不能離, 在辨其歸趣之正不正耳.(『藝槪』「詩槪」)

원진(元稹: 자는 微之)이 쓴 「당고공부원외랑두군묘계명(唐故工部員外郎杜君墓系銘)」에서, 그는 남조 송(宋)과 제(齊) 시기의 개인의 심사를 드러내거나 자연풍광을 묘사하는 문장을 매우 경멸하였다. 이것은 사실 『시경(詩經)』에서 시작되었는데, 시를 쓸 때 심사를 드러내는 것과 풍광을 그리는 것은 빠질 수 없다. 관건은 시의 종지(宗旨)가 정도(正道)에 부합하는지 여부를 살피는 것이다.

詩中固須得微妙語, 然語語微妙, 便不微妙. 須是一路坦易中, 忽然觸著, 乃足令人神遠[145]. (『藝槪』「詩槪」)

시에서 물론 정밀하고 교묘한 언어가 필요하겠으나 만약 매 구마다 매우 정묘하기만 하면 한 편의 시로는 정묘하지 않게 된다. 가장 좋은 것은 평범한 어구 중에 홀연히 정묘한 언어를 만나게 되는 것으로, 이것은 사람에게 유원(悠遠)한 여운을 일으키게 한다.

花鳥纏綿, 雲雷奮發, 弦泉幽咽, 雪月空明; 詩不出此四境. (『藝槪』「詩槪」)

꽃과 새가 어우러져 있는 것, 구름과 우뢰가 흔들리고 힘차고 높은 것, 졸졸 대는 샘물이 처량하고 슬픈 것, 밝은 달과 흰 눈이 비추고 밝은 것. 시 가운데 이 네 가지 풍격을 뛰어넘는 것은 없다.

賦當以眞僞論, 不當以正變論. 正而僞, 不如變而眞. 屈子之賦, 所由尙已. (『藝槪』「賦槪」)

부(賦)를 감상할 때에는 마땅히 그것이 나타내는 감정이 진실한 지 여부를 살펴야지 그것의 형식이 정통인지 아닌지를 살펴서는 안 된다. 형식은 정통이나 감정이 거짓된 부(賦)는, 형식이 정통이 아니고 규범을 따르지 않으나 감정이 진실한 부(賦)만 못하다. 굴원(屈原)의 부(賦)가 바로 이러하다.

屈子之纏綿, 枚叔·長卿之巨麗, 淵明之高逸, 宇宙間賦, 歸趣總不外此三種. (『藝槪』「賦槪」)

---

145. "신원(神遠)": 정신이 여운을 갖게 되어 아득한 경지에 이르는 것을 말한다.

굴원(屈原)의 부(賦)는 이리저리 얽혀있고, 매승(枚乘: 자는 叔)·사마상여(司馬相如: 자는 長卿)의 부(賦)는 크고 씩씩하며 아름다우며, 도잠(陶潛)의 부(賦)는 고원하고 한가롭다. 세상의 부(賦)는 그 풍격이 대체로 이 세 가지를 뛰어넘는 것이 없다.

實事求是, 因寄所托, 一切文字不外此兩種, 在賦則尤缺一不可. 若美言不信, 玩物喪志, 其賦亦不可已乎! (『藝槪』「賦槪」)

내용이 진실해야 하고, 물상을 묘사할 때에는 감정을 기탁해야 한다. 모든 작품이 이 두 가지를 벗어날 수 없으니, 부(賦)로 말하자면 더더욱 하나라도 빠져서는 안 된다. 만약 어떤 부(賦)가 언어는 화려하지만 내용이 헛되거나 혹은 물상만 묘사하고 감정을 기탁하지 않는다면, 이러한 부(賦)는 버려야 되지 않겠는가!

春有草樹, 山有煙霞, 皆是造化自然, 非設色之可擬. 故賦之爲道, 重象尤宜重興. 興不稱象, 雖紛披繁密而生意索然, 能無爲識者厭乎. (『藝槪』「賦槪」)

봄에 꽃과 나무가 있고 산에 구름과 노을이 있는데, 이것은 모두 자연이 만드는 것이지 인공적으로 그려내는 것이 아니다. 그러므로 부(賦)에 대해 말하자면, 사물을 묘사하는 것도 중요하지만 정감을 내포해야 한다. 만약 사람의 정감과 물상의 묘사가 조화되지 않는다면, 물상에 대한 묘사가 아주 섬세하고 정밀할지라도 부(賦) 전체가 생기를 잃어버릴 것이니 견식 있는 사람이라면 질리지 않겠는가.

在外者物色, 在我者生意, 二者相摩相蕩而賦出焉. 若與自家生意無相入處, 則物色只成閒事, 志士遑問及乎? (『藝槪』「賦槪」)

　문자로 외재 사물의 모습을 묘사하고 내재적으로 개인의 정감을 드러내는 것, 이 두 가지가 서로 결합해야만 좋은 부(賦)가 써진다. 만일 사물의 묘사가 작자 자신의 정감을 체현할 수 없다면 의미가 없게 되니, 어떤 사람이 부(賦)에 관심을 기울이겠는가?

　賦取窮物之變. 如山川草木, 雖各具本等意態, 而隨時異觀, 則存乎陰陽晦明風雨也. (『藝槪』「賦槪」)

　부(賦)는 사물의 각종 변화를 모두 묘사해야 한다. 예컨대 산천초목은 모두 각각의 특색을 가지고 있으나 기후나 장소가 같지 않아 날씨와 비바람 등의 환경 여건에 따라 변화하는데, 그것들의 정태(情態) 또한 그에 따라 변화한다.

　賦家之心, 其小無內, 其大無垠, 故能隨其所值, 賦像班形, 所謂 "惟其有之, 是以似之"[146]也. (『藝槪』「賦槪」)

　부(賦)를 짓는 사람의 마음은 아주 작은 사물에까지도 깊이 들어가고, 무한한 시공을 내포하기도 한다. 이 때문에 그는 만나는 각종 사물에 비추어 각자의 모습을 그려낼 수 있다. 이것이 바로 『시경(詩經)』에서 말하는 "오직 그것이 있기 때문에 그것과 비슷한 것이다."라는 것이다.

　賦以象物, 按實肖象易, 憑虛構象難. 能構象, 象乃生生不窮矣. 唐釋皎然以"作用"論詩, 可移之賦. (『藝槪』「賦槪」)

　부(賦)에서 사물의 모습을 묘사할 때, 실물을 묘사하는 것은 비교적 쉽고

---

146. 이 구절은 『좌전(左傳)·양공(襄公)3년』에서 인용한 『시경(詩經)』의 한 구절이다. 지금의 『시경』에는 없다.

허구의 사물을 묘사하는 것은 비교적 어렵다. 사물을 구상할 수 있어도 새로운 사물의 형상은 끊임없이 나타난다. 당대(唐代) 승려 교연(皎然)이 시를 논할 때 '작용(作用)'설을 제기하였는데, 이 설은 또한 부(賦)에 적용할 수 있다.

賦取乎麗, 而麗非奇不顯, 是故賦不厭奇. 然往往有以竟體求奇, 轉至不奇者, 由不知以蓄奇爲泄奇地耳. (『藝槪』「賦槪」)

부(賦)는 마땅히 아름답게 쓰여야 하는데, 신기함을 말해야만 부가 아름답게 되어 사람을 감동시킬 수 있기 때문에 부(賦)는 결코 신기(新奇)를 배척하지 않는다. 그러나 몇몇 부(賦)는 편 전체에 신기(新奇)를 드러냄으로써 도리어 신기함 없이 평범하게 되어 버리는데, 이것은 작자가 부(賦)에 신기한 문사(文辭)만을 가득 채우면 문장 전체가 도리어 신기하지 않게 되는 것을 모르기 때문이다.

以精神代色相, 以議論當鋪排, 賦之別格也. 正格當以色相寄精神, 以鋪排藏議論耳. (『藝槪』「賦槪」)

부(賦)를 쓸 때 정감만 나타내고 물상의 묘사를 중시하지 않거나, 혹은 의론(議論)만 드러내고 문사(文辭)를 소홀히 하는 것은 모두 부(賦)를 짓는 정통의 필법이 아니다. 부(賦)의 정통 필법은 사물의 모습을 묘사할 때 정감을 기탁하고, 문사를 배치할 때 의론을 숨기는 것이다.

賦尚才不如尚品. 或竭盡雕飾以誇世媚俗, 非才有餘, 乃品不足也. 徐·庾兩家賦所由卒未令人滿志與! (『藝槪』「賦槪」)

부(賦)를 쓸 때, 작가의 재능을 중시하는 것은 품격수양을 중시하는 것만 못하다. 몇몇 사람은 전력을 다해 문사(文辭)를 다듬어 세속의 얕은 심미관에 영합하는데, 이것은 결코 그들이 풍부한 창작 재능을 가지고 있다는 것을 의미하지 않으며, 도리어 그들의 문장품격이 고상하지 않다는 것을 드러낸다. 이것이야말로 바로 서릉(徐陵)과 유신(庾信) 두 사람의 부(賦)가 사람들을 만족시키지 못하는 이유이다.

周美成詞, 或稱其無美不備. 余謂論詞莫先於品. 美成詞信富豔精工, 只是當不得個"貞"字. 是以士大夫不肯學之, 學之則不知終日意縈何處矣. (『藝槪』「詞曲槪」)

주방언(周邦彦: 자는 美成)의 사(詞)에 대해 어떤 사람은 매우 완미하다고 한다. 나는 사(詞)의 잘잘못을 평론할 때, 먼저 사(詞)의 품격을 살펴야 한다고 생각한다. 주방언의 사(詞)는 확실히 정미하고 세밀하지만, 정절(貞節)이 모자란다. 따라서 사대부 모두 그의 사(詞)를 학습하려 하지 않는데, 만일 그의 사(詞)를 학습하면 생각이 은연중 온종일 사악한 데 빠지게 된다.

白石才子之詞, 稼軒豪傑之詞. 才子豪傑, 各從其類愛之, 強論得失, 皆偏辭也. (『藝槪』「詞曲槪」)

강기(姜夔: 호는 白石道人)의 사(詞)는 재능이 뛰어난 사람의 사(詞)이고, 신기질(辛棄疾: 호는 稼軒)의 사(詞)는 호걸의 사(詞)이다. 재능 있는 사람이나 호걸은 각자 자기의 성정(性情)에 맞는 사(詞)를 편애한다. 만약 그들 두 사람의 사(詞)에 우열을 가리고자 한다면, 필시 편파적이고 공정하지 않을 것이다.

詞或前景後情, 或前情後景, 或情景齊到, 相間相融, 各有其妙. (『藝槪』「詞曲槪」)

사(詞) 중에 어떤 것은 먼저 경(景)을 쓰고 다음에 정(情)을 편다. 어떤 것은 먼저 정(情)을 펴고 다음에 경(景)을 쓴다. 또 어떤 것은 정(情)과 경(景)이 결합되어 혼연일체가 된다. 이 세 가지 유형은 각기 묘한 점이 있다.

 詞要放得開, 最忌步步相連; 又要收得回, 最忌行行愈遠. 必如天上人間, 去來無跡, 斯爲入妙. (『藝槪』「詞曲槪」)

 사(詞)를 쓸 땐 풀어놓아야 하니, 차근차근 규칙대로 써나가는 것을 가장 꺼린다. 또한 거둬들어야 하니, 주제에서 벗어나 멀어지는 것을 가장 꺼린다. 만약 풀고 거둬들임이 자유로워 혼연히 자취가 없는 사(詞)야말로 절품(絶品)이라 할 수 있다.

 "詞眼"二字, 見陸輔之『詞旨』. 其實輔之所謂眼者, 仍不過某字工, 某句警耳. 余謂眼乃神光所聚, 故有通體之眼, 有數句之眼, 前前後後無不待眼光照映. 若舍章法而專求字句, 縱爭奇競巧, 豈能開闔變化, 一動萬隨耶? (『藝槪』「詞曲槪」)

 '사안(詞眼)' 두 글자는 육행직(陸行直: 자는 輔之)의 『사지(詞旨)』에 보인다. 사실 육행직이 말하는 '사안(詞眼)'은 어떤 글자의 쓰임이 매우 좋다거나 혹은 어떤 구(句)가 매우 훌륭하게 쓰였다고 말하는 것에 불과하다. 나는 '안(眼)'은 빛이 한데 모이는 지점인데, 전체 문장의 '안(眼)'이 있고 또 몇 개 구(句)의 '안(眼)'이 있으니, 사(詞)의 앞뒤가 모두 '안(眼)'을 가지고 맥락을 조응해야 한다고 생각한다. 만약 편장(篇章)의 구조를 고려하지 않고 겨우 자구(字句)의 기발함만 추구하면, 신기(新奇)하게 썼더라도 어떻게 이러한 '안(眼)'이 전체 문장을 연결시켜 전체 구조가 그 '안(眼)'을 중심으로 변화할 수 있을 것이며, 또 그 '안(眼)'이 조금이라도 바뀌면 전체의 사(詞)가 모두 그에 따라 변화할 수 있겠는가?

詞之爲物, 色香味宜無所不具. 以色論之, 有借色, 有眞色. 借色每爲俗情所豔, 不知必先將借色洗盡, 而後眞色見也. (『藝槪』「詞曲槪」)

사(詞)의 문체는 마땅히 색(色)·향(香)·미(味)를 모두 갖추어야 한다. 색(色)을 가지고 말하면, 빌린 색과 참된 색이 있다. 빌린 색은 종종 속인(俗人)들이 놀랍고 기뻐하지만, 그들은 빌린 색을 깨끗이 닦아내면 사(詞)의 참된 색이 비로소 드러나게 되는 것을 알지 못한다.

昔人論詞要如嬌女步春. 余謂更當有以益之, 曰: 如異軍特起, 如天際眞人. (『藝槪』「詞曲槪」)

옛날 사람들이 사(詞)를 논할 땐, 사(詞)가 마땅히 아리따운 여자가 봄볕 사이로 천천히 걷는 것과 같아야 한다고 생각하였다. 나는 사(詞)가 마땅히 다음과 같은 특징을 가져야 한다고 생각한다. 새로 만들어진 군대가 우뚝 선 모습처럼 호방하거나, 혹은 천상(天上)의 신선처럼 자연스럽게 세속을 초탈해야 한다.

詞尙淸空妥溜, 昔人已言之矣. 惟須妥溜中有奇創, 淸空中有沈厚, 才見本領. (『藝槪』「詞曲槪」)

사(詞)는 마땅히 청아하고 적절하며 자연스러워야 하는데, 이것은 앞선 사람들이 이미 논하였다. 만약 알맞고 자연스러운 가운데 신기(新奇)한 문자를 포함할 수 있고, 맑고 허령한 가운데 깊은 정감과 함의를 기탁할 수 있다면, 이것이야말로 본령을 가진 것이다.

黃魯直跋東坡『卜算子』"缺月掛疏桐"一闋云: "語意高妙, 似非吃煙火食人語, 非胸中有萬卷書, 筆下無一點塵俗氣, 孰能至此!"
余案: 詞之大要, 不外厚而淸. 厚, 包諸所有; 淸, 空諸所有也. (『藝槪』「詞曲槪」)

황정견(黃庭堅: 자는 魯直)이 소식(蘇軾)의 『복산자(卜算子)』에 나오는 "이지러진 달이 빈 오동나무에 걸렸네."라는 사(詞)의 뒤에 적었다. "언어와 함의가 모두 매우 고묘(高妙)하여 세상 사람들이 말하는 것과 같지 않으니, 가슴 속에 만 권의 책이 있고 붓 아래 문자가 단 한 점도 속기(俗氣)에 물들지 않은 것이 아니라면 그 누가 이렇게 쓰겠는가!" 나는 사(詞)를 짓는 핵심은 바로 두터우면서 맑아야 한다고 생각한다. 후중(厚重)은 사인(詞人)이 드러내고자 하는 사상을 내포케 하고, 청공(淸空)은 사(詞)의 표현을 최대한 담박하게 해준다.

詞要淸新, 切忌拾古人牙慧. 蓋在古人爲淸新者, 襲之卽腐爛也. 拾得珠玉, 化爲灰塵, 豈不重可鄙笑! (『藝槪』「詞曲槪」)

사(詞)는 참신하고 세속적이지 않게 써야지 옛 사람의 언어를 훔쳐서는 안 된다. 왜냐하면 옛 사람의 입장에서 매우 참신한 문구라도 현재의 사람이 다시 모방하면 매우 진부할 수 있기 때문이다. 당신이 주옥(珠玉)을 주웠더라도 〈지금 소용이 없다면〉 그것은 쓸데없는 것이 되어버리니, 사람들에게 비웃음 당하는 것이 아니겠는가!

詞之妙莫妙於以不言言之, 非不言也, 寄言也. 如寄深於淺, 寄厚於輕, 寄勁於婉, 寄直於曲, 寄實於虛, 寄正於餘, 皆是. (『藝槪』「詞曲槪」)

사(詞)가 오묘한 점은 하나의 관점을 나타내고자 할 때 그것을 말하지 못한다는 것이다. 아니, 나타내지 못하는 것이 아니라 기탁의 방식으로 나타내는 것이다. 예컨대, 평범한 것에 심오한 것을 기탁하기도 하고, 가볍고 얕은 것에 중후한 것을 기탁하기도 하며, 약하고 부드러운 것에 강하고 굳센 것을 기탁하기도 하고, 완곡한 것에 직접적인 것을 기탁하기도 하며, 허구적인 것에 진실한 것을 기탁하기도 하고, 단편적인 것에 주제를 기탁하기도 하는데, 이 모두가 기탁의 방식이다.

古樂府中至語, 本只是常語. 一經道出, 便成獨得. 詞得此意, 則極煉如不煉, 出色而本色, 人籟悉歸天籟矣.(『藝槪』「詞曲槪」)

고대 악부(樂府) 중에서 가장 좋은 언어는 그저 일상생활의 상용어에 불과하다. 그러나 일단 쓰이게 되면 독특하고 좋은 문구로 변하게 된다. 사(詞)를 쓸 때 만약 이 점을 깨달으면, 가장 세밀하고 정제된 언어가 마치 조탁이 없는 것과 같이 된다. 가장 훌륭한 언어는 본래 가장 자연스러운 언어이다. 어떤 뛰어난 사람이 조탁하더라도 최후에 이르러서는 모두 자연스러운 생동으로 변하여 조탁을 거치지 않은 것처럼 된다.

詞莫要於有關系. 張元幹仲宗因胡邦衡謫新州, 作『賀新郞』送之, 坐是除名, 然身雖黜而義不可沒也. 張孝祥安國於建康留守席上賦『六州歌頭』, 致感重臣罷席. 然則詞之興觀群怨, 豈下於詩哉!(『藝槪』「詞曲槪」)

사(詞)는 마땅히 작자의 경험과 관계가 있다. 장원간(張元幹: 자는 仲宗)은 호전(胡銓: 자는 邦衡)이 좌천되어 신주(新州)로 가게 되자 「하신랑(賀新郞)」이라는 사(詞)를 지어 그를 송별하였는데, 이 때문에 장원간이 파면을 당하였다. 하지만 그가 조정에서 쫓겨났더라도 그의 신의는 사라지는 않았다. 장효상(張孝祥: 자는 安國)이 건강(健康)에 있을 때 어느 연회석에서 「육주가두(六州歌

頭)」를 썼는데, 당시 대신(大臣)이던 장준(張浚)이 마음이 슬퍼져 그만 연회석을 떠나버렸다. 이로써 보면, 사(詞) 중의 '흥(興)·관(觀)·군(群)·원(怨)'이 시(詩)만 못하다고 할 수 있겠는가?

桓大司馬之聲雌, 以故不如劉越石. 豈惟聲有雌雄哉? 意趣氣味皆有之. 品詞者辨此, 亦可因詞以得其人矣. (『藝槪』「詞曲槪」)

환온(桓溫)의 성음(聲音)은 유곤(劉琨)에 비해 여성성이 조금 있기 때문에 유곤만 못하다. 성음만 남성성과 여성성으로 나눌 수 있는 것이 아니다. 의취(意趣)와 취향(趣向) 또한 그렇다. 사(詞)를 감상하는 사람이 만약 남성성과 여성성을 변별할 수 있다면, 사(詞)를 읽어 이해할 수 있고, 사(詞)를 지은 작가를 알 수 있다.

齊·梁小賦, 唐末小詩, 五代小詞, 雖小卻好, 雖好卻小, 蓋所謂 "兒女情多, 風雲氣少"[147]也. (『藝槪』「詞曲槪」)

제(齊)·양(梁) 시기의 소부(小賦)와 당대(唐代) 말기의 소시(小詩) 및 오대(五代) 시기의 소사(小詞)는, 비록 길이는 짧으나 매우 잘 쓰였다. 또 비록 잘 써지기는 했으나 경계가 협소하다. 이것이 바로 이른바 "남녀 간의 정(情)은 많으나, 풍운(風雲)의 기(氣)는 적다."라는 것이다.

詞澹語要有味, 壯語要有韻, 秀語要有骨. (『藝槪』「詞曲槪」)

사(詞)는 평담(平淡)의 언어로 맛깔나게 써야 하고, 호방하고 장대한 언어로 운치 있게 써야 하며, 뛰어나고 아름다운 언어로 골기(骨氣)가 있게 써야 한다.

---

147. 이 대목은 종영(鍾嶸)의 『시품(詩品)』에 나온다.

詞進而人亦進, 其詞可爲也; 詞進而人退, 其詞不可爲也. 詞家穀到名教之中自有樂地, 儒雅之內自有風流, 斯不患其人之退也夫!(『藝槪』「詞曲槪」)

사(詞)를 잘 쓰면 쓸수록 작가의 인품 또한 더욱 좋게 되는데, 이러한 사(詞)는 써도 된다. 만약 사(詞)를 잘 쓰면 쓸수록 인품이 퇴보한다면, 이러한 사(詞)는 써선 안 된다. 사(詞)의 작가가 만약 유가적 교화(教化)를 받아들일 수 있어 스스로 만족할 수 있으며 유아(儒雅)한 가운데 풍류의 기상이 존재할 수 있게 된다면, 이 사람의 인품이 후퇴할 것을 염려할 필요는 없을 것이다.

曲以破有·破空爲至上之品. 中麓謂小山詞"瘦至骨立, 血肉銷化俱盡, 乃煉成萬轉金鐵軀", 破有也; 又嘗謂其"句高而情更欵", 破空也. (『藝槪』「詞曲槪」)

유(有)를 버리고 공(空)을 벗어난 사(詞)가 가장 좋은 사(詞)이다. 이개선(李開先: 호는 中麓)은 안기도(晏幾道: 호는 小山)의 사(詞)를 일러 "마르고 여위어 뼈가 드러나고 혈육은 모두 소진되니, 마침내 굳센 금강(金剛)의 몸으로 단련되었다."고 했는데, 이것은 유(有)를 깬 것이다. 또한 "문구가 고묘(高妙)하고, 정감은 더욱 진지하다."라고 했는데, 이것은 공(空)을 깬 것이다.

聖人作『易』, 立象以盡意[148]. 意, 先天, 書之本也; 象, 後天, 書之用也. (『藝槪』「書槪」)

성인(聖人)이 『역경(易經)』을 지음에 상징적인 괘상(卦象)으로써 '성인지의(聖人之意)'를 드러내었다. 의(意)는 형상 이전에 존재하는 정신으로써 서예의 근본이다. 상(象)은 그러한 정신으로부터 만들어진 형상으로써 서예의 쓰임새

---

148. 『역전(易傳)·계사상(繫辭上)』에 나오는 말이다.

이다.

孫過庭『書譜』云: "篆尙婉而通." 余謂此須婉[149]而愈勁, 通而愈節, 乃可. 不然, 恐涉於描字也.(『藝槪』「書槪」)

손과정(孫過庭)이『서보(書譜)』에서 말했다. "전서(篆書)는 완곡하면서 연결이 중요하다." 나는 이것이 반드시 완곡하면서 굳세고, 연결되면서도 절도가 있어야 한다고 생각한다. 그렇지 않으면 자연스럽지 않은 글자가 될 것 같다.

隷形與篆相反, 隷意卻要與篆相用, 以峭激蘊[150]紆餘, 以倔强寓款婉, 斯征品量. 不然, 如撫劍疾視, 適足以見其無能爲耳.(『藝槪』「書槪」)

예서(隷書)의 형상과 전서(篆書)는 서로 다르다. 그런데도 예서와 전서는 서로 쓰임이 있어야 한다. 가파르고 거센 것으로 감돌고 완곡한 맛을 함축하고, 강경하고 강직한 것으로 완만하고 부드러운 맛을 기탁함으로써 품평을 구한다. 그렇게 하지 않으면 마치 칼을 쥐고 노려보는 것과 같으니, 그 무능함을 잘 보여주는 것일 따름이다.

他書法多於意[151], 草書意多於法[152]. 故不善言草者, 意法相害; 善言草者, 意法相成. 草之意法, 與篆隷正書之意法, 有對待, 有傍通;

---

149. "완(婉)": 완곡(婉曲)을 뜻한다. 이 범주는 부드럽고 간지러우면서, 자리자리하진 않지만 그렇다고 애처롭지도 않은 미감을 말한다.

150. "온(蘊)": 함축의 뜻이다.

151. "의(意)": 필의(筆意)를 가리키며, 정취(情趣)·기운(氣韻)·풍격(風格) 등을 포괄하는 개념이다.

152. "법(法)": 필법(筆法)을 가리키며 필세(筆勢)를 포괄하는 개념이다.

若行, 固草之屬也. (『藝槪』「書槪」)

다른 서체(書體)는 의(意)가 많으나 초서(草書)는 법(法)이 많다. 그래서 초서를 잘 설명하지 못하면 의와 법이 서로 해를 입힌다. 초서를 잘 설명하면 의와 법이 서로 완전해진다. 초서의 의·법은 전(篆)·예(隸)·정서(正書)의 의·법과 대립되기도 하고 서로 통하기도 한다. 행서(行書)는 본디 초서에 속한다.

古人草書, 空白少而神[153]遠, 空白多而神密. 俗書反是. (『藝槪』「書槪」)

옛사람의 초서는 공백이 적으면 신운(神韻)이 고원(高遠)하고, 공백이 많으면 신운이 조밀하다. 하지만 품격이 떨어지는 서예는 이와 반대이다.

懷素自述草書所得, 謂觀夏雲多奇峯[154], 嘗師之. 然則學草者徑師奇峯可乎? 曰: 不可. 蓋奇峯有定質, 不若夏雲之奇峯無定質也. (『藝槪』「書槪」)

회소(懷素)가 자신의 초서에 대해 말하기를, 여름날 구름의 기괴한 봉우리 같은 자태를 보며 항상 그것으로부터 영감을 얻는다고 하였다. 그러면 초서를 배우고자 하면 기봉(奇峯)을 본받기만 하면 되는가? 그렇지 않다. 일반적인 기봉은 정해진 형상(形狀)이 있으나 하운(夏雲)의 기봉은 고정된 형상이 없는 것이다.

---

153. "신(神)": 신운(神韻)을 가리킨다.
154. "하운다기봉(夏雲多奇峯)": 여름날 구름의 기괴한 봉우리 같은 자태를 말한다. 자연의 오묘한 변화를 나타낸 말이며, 이것이 예술적 영감의 원천임을 가리킨다.

昔人言, 爲書之體, 須入其形, 以若坐·若行·若飛·若動·若往·若來·若臥·若起·若愁·若喜狀之, 取不齊也. 然不齊之中, 流通照應, 必有大齊者存. 故辨草者, 尤以書脈爲要焉. (『藝槪』「書槪」)

옛사람이 서예의 형체를 말할 때는 반드시 그 형상에 부합하도록 했다. 앉은 것처럼, 걷는 것처럼, 나는 것처럼, 움직이는 것처럼, 가는 것처럼, 오는 것처럼, 눕는 것처럼, 일어나는 것처럼, 슬픈 것처럼, 기쁜 것처럼 등의 말로 묘사하였으며, 쓰는 용어가 일률적이지 않았다. 그러나 같지 않은 가운데 또한 통하고 조응하는 바가 있으니, 필시 완전히 같은 의상(意象)이 있었다. 그래서 초서를 판별하는 것은 특히 서세(書勢)의 기맥(氣脈)을 요점으로 삼아야 한다.

草書之筆畫, 要無一可以移入他書, 而他書之筆意, 草書卻要無所不悟. (『藝槪』「書槪」)

초서의 필획은 한 획이라도 다른 서체로 옮아갈 수 없도록 해야 한다. 하지만 다른 서체의 필의를 초서가 이해하지 못하는 것이 없도록 해야 한다.

正書居靜以治動, 草書居動以治靜. (『藝槪』「書槪」)

정서(正書)는 정태(靜態)에 처하는 것으로써 움직임을 나타내고, 초서는 동태(動態)에 처함으로써 고요함을 드러낸다.

欲作草書, 必先釋智遺形, 以至於超鴻蒙, 混希夷, 然後下筆. 古人言"匆匆不及草書"[155], 有以也. (『藝槪』「書槪」)

초서를 쓰고자 하면 먼저 지식을 버리고 형체를 잊어야 한다. 그리하여 물

---

155. 이 구절은 장지(張芝)의 말이다.

상 밖으로 초월하여 자연스러움에 몸을 맡긴 다음 붓을 들어야 한다. 옛사람이 말한 "총망하여 겨를이 없어 흘려 쓴다."라는 말은 바로 이 뜻이다.

蔡邕洞達[156], 鍾繇茂密. 余謂兩家之書同道, 洞達正不容針, 茂密正能走馬. 此當於神者辨之. (『藝槪』「書槪」)

채옹(蔡邕)은 유창하고 종요(鍾繇)는 빽빽하다. 나는 이 둘의 서예가 한 가지라고 생각한다. 유창함도 바늘 끝만큼의 틈도 허용하지 않으며, 빽빽함에도 또한 말이 달릴 수 있다. 이는 응당 신운(神韻)으로 판가름해야 한다.

崔子玉『草書勢』云: "放逸生奇." 又云: "一畫不可移." "奇"與 "不可移"合而一之, 故難也. (『藝槪』「書槪」)

최원(崔瑗)은 「초서세(草書勢)」에서 말했다. "얽매임 없는 호방함이 기이함을 만들어낸다." 또 말했다. "한 획이라도 고칠 수 없다." '기이함'과 '고칠 수 없음'은 합쳐서 하나가 된다. 그러므로 어려운 것이다.

羲之之器量, 見於郗公求婿時, 東床坦腹, 獨若不聞, 宜其書之靜而多妙也. 經綸見於規謝公以虛談廢務, 浮文妨要, 宜其書之實而求是也. (『藝槪』「書槪」)

왕희지(王羲之)의 그릇됨은 치감(郗鑑)이 사위를 구하고자 했을 때 드러났다. 사윗감으로 살펴보니 동쪽 침상에 편하게 누워 관심 없는 듯했다. 과연 그의 서예는 조용히 가라앉으면서도 변화가 기묘하다. 나라를 다스리는 재능과 포부는 사안(謝安)에게 허황된 말로 직무를 저버리지 말라고 타이른 데에 나

---

156. "동달(洞達)": 유창함을 말한다. 가운데가 통하는 것을 동(洞)이라 하고, 주변이 통하는 것을 달(達)이라 한다.

타난다. 겉만 화려하고 내실이 없는 문사(文詞)는 중요한 직무에 해를 입히니, 과연 그의 서예에는 실질적인 것이 있다.

右軍書"不言而四時之氣亦備"[157], 所謂"中和誠可經"也. 以毗剛毗柔之意學之, 總無是處. (『藝槪』「書槪」)

왕희지(王羲之)의 서예는 "드러내지는 않아도 사시(四時)의 기운을 모두 갖추었다." 이른바 "중정(中正)과 화평함이 진실로 따를 만하다."고 할 것이다. 강유(剛柔)에 기탁해 그를 배우지만 종내 그러한 글씨가 나오지 않는다.

右軍書以二語評之, 曰: 力屈萬夫, 韻高千古. (『藝槪』「書槪」)

왕희지의 서예는 두 마디로 평가할 수 있다. 기력(氣力)은 만 사람을 당하고, 기운(氣韻)은 천고(千古)에 드높다.

北書以骨[158]勝, 南書以韻[159]勝. 然北自有北之韻, 南自有南之骨也. (『藝槪』「書槪」)

북파(北派)의 서예는 강건한 필력에서 뛰어나고, 남파(南派)의 서예는 신운(神韻)에서 뛰어나다. 그러나 북파도 그들 나름의 신운이 있고, 남파도 그들 나름의 강건함이 있다.

南書溫雅, 北書雄健. 南如袁宏之牛渚諷詠, 北如斛律金之「敕勒

---

157. 이 내용은 『세설신어(世說新語)·덕행(德行)』에 나온다.
158. "골(骨)": 여기서는 강건한 필력을 말한다.
159. "운(韻)": 여기서는 신운(神韻)을 말한다.

歌」. 然此只可擬一得之士, 若母群物而腹衆才者, 風氣[160]固不足以
限之. (『藝槪』「書槪」)

 남파(南派)의 서예는 온아(溫雅)하고 북파(北派)의 서예는 웅건(雄建)하다. 남파는 예컨대 동진(東晉)의 원굉(袁宏)이 우저(牛渚)의 배 위에서 풍자의 노래를 읊은 것처럼 정감을 드러내고, 북파는 예컨대 북제(北齊)의 곡률금(斛律金)이 사기를 북돋기 위해「칙륵가(敕勒歌)」를 부른 것처럼 기세가 호방하다. 하지만 이는 다만 한 군데에 뛰어난 사람을 예로 들었을 뿐이다. 만약 만물(萬物)과 만인(萬人)을 받아들여 함께 논한다면, 풍격(風格)이란 본디 제한을 둘 수 없는 것이다.

 李陽冰篆活潑飛動, 全由力能擧其身. 一切書皆以身輕爲尙, 然
除卻長力, 別無輕身法也. (『藝槪』「書槪」)

 이양빙(李陽氷)의 전법(篆法)은 나는 듯 약동하니, 기력(氣力)으로 그 몸을 들 수 있을 듯싶다. 일체의 서예가 모두 몸을 경건(輕建)하게 하는 것을 중요하게 여긴다. 그러나 기력을 증강시키는 것을 없애면 몸을 경건하게 만들어 가볍게 올리는 법은 없게 될 것이다.

 歐·虞並稱, 其書方圓[161]剛柔, 交相爲用. 善學虞者和而不流, 善

---

160. "풍기(風氣)": 풍아(風雅)의 기운(氣韻), 즉 풍격(風格)을 말한다.
161. "방원(方圓)": 한 쌍의 미학범주로서의 방(方)과 원(圓)은 크게 두 종류로 분류할 수 있다. 하나는 심미형식에서의 방원이고, 다른 하나는 심미법칙으로서의 방원이다. 심미형식으로서의 방과 원은 서화의 용필에서 드러난다. 방원은 원래 두 가지 도구의 성능을 말한다. 방은 모난 도형을 그리는 구(矩)라는 도구가 만들어내는 형상이고, 원은 둥근 도형을 그리는 규(規)라는 도구가 만들어내는 형상이다. 이로부터 방원이라는 말은 규구(規矩)와 관련을 맺게 되며, 더 나아가 규구법칙의 의미까지 갖게 될 것이다. 규구가 없이 방원이 만들어지지 않듯이 구체적인 예술규율 없이는 기본적인 예술기교가 있을 수 없으니, 규구에 대한 훈련

學歐者威而不猛. (『藝槪』「書槪」)

구양순(歐陽詢)과 우세남(虞世南)을 병칭하는 것은, 그 서예의 방원(方圓)·강유(剛柔)가 서로 쓰임이 되기 때문이다. 우세남의 서예를 잘 배운 이는 부드러우면서 드러내지 않고, 구양순의 서예를 잘 배운 사람은 위엄을 갖추면서도 흉포하지 않다.

孫過庭草書, 在唐爲善宗晉法. 其所書『書譜』, 用筆破而愈完, 紛而愈治, 飄逸[162]愈沈着[163], 婀娜愈剛健. (『藝槪』「書槪」)

손과정(孫過庭)의 초서는 당대(唐代)에서 진인(晉人)의 서법(書法)을 존숭하고 잘 배운 것이다. 그가 쓴 『서보(書譜)』는 용필(用筆)이 빈 듯하면서도 완정(完整)하고, 어지러운 듯하면서도 엄정하다. 맑게 흩날리는 듯하면서도 침착하고, 가볍고 아리따운 듯하면서도 강건하다.

秦碑力勁, 漢碑氣厚, 一代之書, 無有不肖乎一代之人與文者. 「金石略序」云: "觀晉人字畫, 可見晉人之風猷; 觀唐人書蹤, 可見唐人之典則." 諒哉! (『藝槪』「書槪」)

진비(秦碑)는 필력이 강건하고, 한비(漢碑)는 기세가 웅혼하다. 한 시대의 서예는 그 시대의 사람과 문장을 닮지 않은 것이 없다. 「금석략서(金石略序)」에서 말했다. "진인(晉人)의 자획(字劃)을 보면 진인의 풍채(風采)와 품격을 알

은 예도(藝道)에 들어설 수 있는 기본적인 관문이 된다.
162. "표일(飄逸)": 소탈하고 자연스러운 한일(閑逸)의 의경(意境)과 정취(情趣)를 나타내는 미학범주이다. 얽매임이 없고, 황홀하여 포착할 수 없는 경지를 말한다. 초예(超詣)가 세속 초탈의 정신을 표현하는데 치중하는 반면, 표일은 일반인 내지 일반세계와는 다른 선인(仙人)과 선계(仙界)의 정치(情致)를 더 강조하여 나타낸다.
163. "침착(沈着)": 침착(沈著)과 같은 말이며, 깊고 두터운 심사(心思)나 양태를 말한다.

수 있다. 당인(唐人)의 서적(書跡)을 보면 당인의 전장(典章)과 법칙을 알 수 있다." 정말 그렇다.

書之要, 統於"骨氣"二字. 骨氣而曰洞達者, 中透爲洞, 邊透爲達. 洞達則字之疏密肥瘦皆善, 否則皆病. (『藝槪』「書槪」)

서예의 요점은 '골기(骨氣)' 두 글자로 통괄할 수 있다. 골기를 동달(洞達)이라 말하는데, 가운데가 통하는 것을 동(洞)이라 하고 주변이 통하는 것을 달(達)이라 한다. 동달하기에 글자의 소밀(疏密)·비수(肥瘦)가 모두 좋다. 그렇지 않으면 모두 틀린 것이다.

書要兼備陰陽二氣. 大凡沈着屈鬱, 陰也; 奇拔豪達, 陽也. (『藝槪』「書槪」)

서예는 음양(陰陽) 이기(二氣)를 동시에 갖춰야 한다. 대개 침착하면서 얽힌 것은 음기(陰氣)이고, 호방하고 장엄한 것은 양기(陽氣)이다.

高韻深情, 堅質浩氣, 缺一不可以爲書. (『藝槪』「書槪」)

고아(高雅)한 격조와 심원(深遠)한 정감, 충실하고 순박하며 바르고 강직한 기(氣), 그 어느 것 하나 빠져도 서예가 되지 않는다.

書要力實而氣空, 然求空[164]必於其實, 未有不透紙而能離紙者也. (『藝槪』「書槪」)

서예를 하려면 필력이 충실하고 기운은 그윽해야 한다. 하지만 그윽함은

---

164. "공(空)": 변화무쌍하여 포착하기 힘든 그윽한 경지를 말한다.

반드시 그 충실함에서 구해야 한다. 종이 뒤로 배어나올 정도의 힘이 없이 그 기운이 종이 밖에까지 이를 수 있는 것은 없다.

書要心思微, 魄力大. 微者條理於字中, 大者旁礡乎字外. (『藝槪』「書槪」)

서예는 마땅히 심사(心思)는 세밀해야 하고 기세(氣勢)는 커야 한다. 미세하다 함은 글자 속에 이치가 있고, 크다 함은 글자 밖에 웅위(雄偉)가 있다.

筆畫少處, 力量要足, 以當多; 瘦處, 力量要足, 以當肥. 信得"多少""肥瘦"形異而實同[165], 則書進矣. (『藝槪』「書槪」)

필획이 적은 곳은 힘을 충분히 주어 필획이 많음에 맞먹게 해주어야 한다. 마른 곳도 힘을 충분히 주어 살진 것에 맞먹게 해주어야 한다. 형체는 다르나 실질은 같게 하는 이러한 '다소(多少)'와 '비수(肥瘦)'의 요령을 확실히 터득하면, 서예는 발전이 있게 된다.

書與畵異形而同品. 畵之意象[166]變化, 不可勝窮, 約之, 不出神·能·逸·妙四品而已. (『藝槪』「書槪」)

서예와 그림은 다른 형상(形狀)이지만 같은 종류이다. 회화의 의상(意象) 변화는 이루 다 할 수 없다. 요약컨대, 신(神)·능(能)·일(逸)·묘(妙)의 사품(四品)을 벗어나지 않을 따름이다.

---

165. "형이실동(形異實同)": 형체는 다르나 실질은 같게 한다는 말이다. 예컨대, 필획이 적은 곳은 힘을 충분히 주어 필획이 많음에 맞먹게 해주고, 마른 곳은 힘을 충분히 주어 살진 것에 맞먹게 해주어야 한다는 것이다.

166. "의상(意象)": 우의(寓意)가 깃들인 형상, 혹은 형상을 통해 뜻을 드러냄을 말한다.

司空表聖之『二十四詩品』, 其有益於書也, 過於庾子愼之『書品』. 蓋庾『品』只爲古人標次第, 司空『品』足爲一己陶胸次也. 此惟深於書而不狃於書者知之. (『藝槪』「書槪」)

사공도(司空圖)의 『이십사시품(二十四詩品)』은 서예에 유익한 것으로, 유견오(庾肩吾)의 『서품(書品)』보다 낫다. 유견오의 품평(品評)은 오직 옛사람들을 위해 등급을 나타낸 것이지만, 사공도의 품평은 스스로를 위해 흉금을 도야하기에 충분하다. 이는 오직 서예에 정통하면서도 서예에 얽매이지 않는 사람만이 안다.

論書者曰"蒼"·曰"雄"·曰"秀", 余謂更當益一"深"字. 凡蒼而涉於老禿, 雄而失於粗疏, 秀而入於輕靡者, 不深故也. (『藝槪』「書槪」)

서예를 논하는 사람들은 '창(蒼)'·'웅(雄)'·'수(秀)'를 말하는데, 나는 여기에 '심(深)'자를 하나 더해야 한다고 생각한다. 대개 무성하다가도 모지라지거나, 웅대하다가도 건성이 되거나, 빼어나다가도 천박해지는 것은 모두 깊지 않은 까닭이다.

怪石以醜爲美[167], 醜到極處, 便是美到極處. 一醜字中丘壑未易盡言. (『藝槪』「書槪」)

괴석(怪石)은 추함을 아름다움으로 삼는다. 추하면 추할수록 그 아름다움은 더 커진다. '추(醜)'자 하나에 심원한 의경(意境)이 다 드러난다.

---

167. "이추위미(以醜爲美)": 추함을 아름다움으로 삼는다는 말로, 심추(審醜)의 기본적인 방식을 가리킨다.

俗書非務爲姸美, 則故託醜拙. 美醜不同, 其爲爲人之見一也. (『藝槪』「書槪」)

품격이 높지 않은 서예는 아름다움을 위해 애쓰지 않는다. 그래서 고의로 추졸(醜拙)에 기탁한다. 미(美)와 추(醜)는 같지 않지만 그 사람됨을 드러내는 것은 같다.

揚子以書爲心畫, 故書也者, 心學也. 心不若人而欲書之過人, 其勤而無所也宜矣. (『藝槪』「書槪」)

양웅(揚雄)은 서예를 마음의 그림으로 여겼다. 그러므로 서예라는 것은 심학(心學)인 것이다. 마음이 남만 못한데도 서예는 남을 넘어서고자 하는 사람은 비록 고생해도 소득이 없는데, 이는 이상한 일이 아니다.

筆性墨情, 皆以其人之性情爲本. 是則理性情者, 書之首務也. (『藝槪』「書槪」)

필묵의 성정(性情)은 모두 그 사람의 성정을 근본으로 한다. 이렇게 이(理)·성(性)·정(情)은 서예 창작에서 가장 중요한 요점이다.

書, 如也, 如其學, 如其才, 如其志, 總之曰如其人而已. (『藝槪』「書槪」)

서예는 그대로 드러남이다. 그 학문이 드러나고, 그 재주가 드러나며, 그 지의(志意)가 드러난다. 궁극적으로 서예는 그 사람됨을 그대로 알 수 있다.

學書通於學仙, 煉神最上, 煉氣次之, 煉形又次之. (『藝槪』「書槪」)

서예를 배우는 것은 도교(道敎)의 수련(修練)과 같다. 정신을 수련하는 것이 가장 최상이고, 정기(精氣)를 수련하는 것이 그 다음이며, 형체를 수련하는 것이 또 그 다음이다.

書貴入神, 而神有我神[168]他神[169]之別. 入他神者, 我化爲古也; 入我神者, 古化爲我也. (『藝槪』「書槪」)

서예는 입신(入神)을 중히 여기는데, 신(神)에는 아신(我神)과 타신(他神)의 구별이 있다. 고인(古人)의 출중한 기법과 교융하는 것은 내가 그것을 법 받는 것이고, 나의 서의(書意)를 세우는 것은 이를 고인의 기법에 실어 드러내는 것이다.

書當造乎自然. 蔡中郎但謂書肇於自然, 此立天定人, 尙未及乎由人復天也. (『藝槪』「書槪」)

서예는 마땅히 천지만물의 자연보다 한층 더 우월한 새로운 또 하나의 자연을 창출해내야 한다. 채옹(蔡邕)은 다만 자연으로부터 법 받을 것만을 말했을 뿐이다. 이는 천성(天性)이 사람의 성정(性情)을 규정하는 것으로, 사람이 다시 천(天)을 재창조해 나가는 도리에까지는 미치지 못하는 것이다.

學書者有二觀, 曰觀物, 曰觀我. 觀物以類情, 觀我以通德. 如是則書之前後莫非書也, 而書之時可知矣. (『藝槪』「書槪」)

---

168. "아신(我神)": 나의 서의(書意)를 세워 이룩한 경지를 말한다. 타신(他神)을 고(古)로 본다면 아신(我神)은 금(今)이다.

169. "타신(他神)": 입신(入神)의 경지에 이른 고인(古人)의 출중한 기법을 말한다. 아신(我神)을 금(今)으로 본다면 타신(他神)은 고(古)이다.

서예를 배우는 데는 이관(二觀)이 있다. 하나는 관물(觀物)이고 다른 하나는 관아(觀我)이다. 물성(物性)을 파악함으로써 만물의 정상(情狀)을 분류·구별하고, 자신의 성정(性情)을 잘 도모하여 천지만물의 신묘한 천성(天性)과 회통(會通)해야 한다. 이와 같이 하면 서예의 전후에 서예 아닌 것이 없으며, 그 서예가 나온 시대를 알 수 있다.

유가미학 원전 선역

초판인쇄	2020년 10월20일
초판발행	2020년 10월30일

지은이	임태승
펴낸이	안위정
디자인	여우
펴낸곳	도서출판비투(B2)
주소	경기도 하남시 덕풍남로 11, 104-202
전화	070-7534-4525
팩스	070-7614-3586
이메일	b2publishing@naver.com
등록번호	126-92-30155
등록일	2014년 6월1일

© 임태승 2020

ISBN
값 35,000원

* 이 저서는 2019년 성균관대학교 유가예술문화콘텐츠연구소의 지원을 받아 수행된 연구임 (SKKU-ICACC-2019).